Espaces d'une écriture antillaise

Patrick Chamoiseau

Patrick Chamoiseau

FRANCO *POLY* PHONIES 5

Collection dirigée par/
Series editors:

Kathleen Gyssels
et/and
Christa Stevens

Patrick Chamoiseau

Espaces d'une écriture antillaise

Lorna Milne

Rodopi

Amsterdam - New York, NY 2006

Illustrations couverture: Photographies de Lorna Milne.
Plan du bateau négrier tiré de: Thomas Clarkson, *The History of the Rise, Progress, and Accomplishment of the Abolition of the African Slave Trade by the British Parliament* (Longman, Hurst, Rees & Orme, 1808), Tome II. Collections de la bibliothèque de l'Université de St Andrews.

Cover design: Pier Post

The paper on which this book is printed meets the requirements of 'ISO 9706: 1994, Information and documentation - Paper for documents - Requirements for permanence'.

Le papier sur lequel le présent ouvrage est imprimé remplit les prescriptions de "ISO 9706:1994, Information et documentation - Papier pour documents - Prescriptions pour la permanence".

ISBN-10: 90-420-2021-0
ISBN-13: 978-90-420-2021-4

Printed in The Netherlands

Pour Flora et Janet

« L'espace saisi par l'imagination ne peut rester l'espace indifférent livré à la mesure et à la réflexion du géomètre. Il est vécu. Et il est vécu, non pas dans sa positivité, mais avec toutes les partialités de l'imagination ».

Gaston Bachelard, *Poétique de l'espace*.

Remerciements

Tout d'abord je tiens à remercier trois institutions sans lesquelles ce travail aurait été impossible : la School of Modern Languages de l'université de Saint Andrews, qui promeut si activement une véritable culture de recherche ; la British Academy, pour m'avoir accordé une bourse permettant l'achat de matériels ainsi qu'un indispensable séjour à la Martinique ; et l'Arts and Humanities Research Board qui a financé un semestre de congé sabbatique. Ce genre de soutien désintéressé étant absolument essentiel dans le domaine des Lettres et des Sciences Humaines, je félicite ces organisations pour l'implication et les encouragements inestimables dont ils ont su faire preuve.

Je veux aussi exprimer ma reconnaissance envers certains individus, car si j'ai pris un plaisir constant à la préparation de ce livre, c'est en grande partie grâce aux contacts aussi bien personnels que professionnels qui se sont formés ou renforcés à l'occasion de ce travail, contacts avec des gens qui de par leur intelligence, leur générosité et leur conscience professionnelle ont largement contribué à l'évolution de ce projet. En première ligne, je remercie très chaleureusement Patrick Chamoiseau lui-même, qui a interrompu un programme chargé pour m'accorder un entretien. Ma profonde gratitude va également à Ian Higgins pour sa générosité sans bornes et ses conseils précieux ; et à Clémence Christophe, pour ses suggestions judicieuses concernant le manuscrit. Enfin, mes sincères remerciements à Guy Deslauriers de Kreol Productions, qui m'a autorisée à travailler sur ses films ; au personnel des bibliothèques universitaires de Saint Andrews et des Antilles-Guyane en Martinique, surtout le service du Fonds Régional ; et aux collègues et amis qui m'ont conseillée et soutenue, en particulier Susie Bainbrigge, David Bevan, Paul Burt, Jacqui et Mark Butler, Myriam Célestine, Jacqueline et Pierre Degoul, Mary Gallagher, Christine Gascoigne, David Gascoigne, Paul Gifford, Johnnie Gratton, Louise Haywood, Jean-Yves Laurichesse, Typhaine Leservot, Maeve McCusker, Francis et Véronique Pham van Suu, Alison Ramsay, Peter Read, Norman Reid, Catherine Schydlowsky, Isabelle Scott, Micky Sheringham et Michael Tilby.

Liste des abbréviations

Les détails de publication des différents ouvrages de Chamoiseau figurent dans la Bibliographie et ne seront pas repris dans les notes de bas de page. Les abbréviations suivantes seront utilisées dans le texte même.

Au temps de l'antan. Contes du pays Martinique	TA
Biblique des derniers gestes	BDG
Cases en pays-mêlés	CPM
Chronique des sept misères	CSM
Ecrire en pays dominé	EPD
Elmire des sept bonheurs	ESB
Eloge de la créolité	EC
Emerveilles	E
L'Epoque Delgrès	ED
L'Esclave vieil homme et le molosse	EVHM
Une enfance créole I. Antan d'enfance	AE
Une enfance créole II. Chemin-d'école	CE
Guyane traces-mémoires du bagne	GTMB
Lettres créoles	LC
Livret des villes du deuxième monde	LVDM
Martinique	M
Solibo Magnifique	SM
Texaco	T
Tracées de Mélancolies	TM

Lexique

Certains termes et noms propres figurant dans les citations tirées de l'œuvre de Patrick Chamoiseau nécessitent peut-être quelques mots d'explication. La plupart appartiennent au créole standard (bien que l'orthographe soit souvent variable) et figurent dans le *Dictionnaire de créole martiniquais* de Raphaël Confiant[1].

Eléments de vocabulaire

ajoupa (n. m.)	petite construction légère servant de cuisine ou de dépôt près de la case familiale, ou d'abri temporaire lors de déplacements en forêt ou à travers les îles. Utilisée par les tribus caraïbes qui envahissent les Antilles au cours du 13e siècle
avant (n. m.)	le passé
arbuste filao (n. m.)	arbre des pays tropicaux, cultivé surtout pour son bois
baboule (n. f.)	mensonge, baliverne
béké (n. m.)	blanc des Antilles, appartenant aux familles des planteurs européens
bidjoule (adj.)	beau
calebasse (n. f.)	fruit du calebassier, ressemblant à une gourde ; récipient formé par le fruit vidé et séché
carbet (n. m.)	abri sans murs et sans plancher, réservé aux hommes des tribus caraïbes
Chouval-trois-pattes (n. m.)	cheval à trois jambes, monstre figurant dans les contes créoles
Didier (n. m.)	eau minérale gazeuse produite à la Martinique et vendue aux Antilles

[1] Cet ouvrage actuellement désigné « in progress » par son auteur n'est disponible qu'en ligne: une « édition-papier » est envisagée pour l'avenir. Voir le site http: //www.palli.ch/~kapeskreyol/dictionnaire.html

djob (n. m.)	travail occasionnel, travail au noir
djobeur (n. m.)	portefaix, personne qui vit de « djobs »
dorlis (n. m.)	incube ayant la capacité d'abuser d'une femme endormie sans qu'elle le sache (pendant qu'elle « dort lisse »)
doudou (n. m.)	chéri
doudouisme (n. m.)	exotisme (s'applique surtout à la littérature et aux écrivains antillais exotistes du 19e siècle)
driver (v.)	errer
drive (n. f.)	errance
driveur (n. m.)	celui qui erre
en-ville (n. f.)	la ville
final (adv.)	enfin
fondoc (n. m.)	le fin fond
foyalais (adj.)	de Fort-de-France (anciennement Fort-Royal)
gouverneur (n. m.)	contremaître dans la plantation
grand-case (n. f.)	au départ, grande case, ou lieu de résidence partagé par plusieurs familles arawaks ; plus tard, dans la plantation, résidence commune des gouverneurs, ou maison du planteur
habitation (n. f.)	plantation
marronner (v.)	fuire pour échapper à l'esclavage
marronnage (n. m.)	fuite
marron (n. m.)	esclave évadé
femme matador (n. f.)	femme forte, imposante, respectée. Selon le glossaire de *Tracées de mélancolies*, Matador était le « surnom d'une courtisane de Saint-Pierre de la fin du XIXe siècle qui faisait l'étalage de ses bijoux. Par extension, femme de caractère qui en impose par son audace » (TM 102)
Mentô (n. m.)	mentor
migan (n. m.)	ragoût de viandes et de fruit à pain qu'on fait mijoter dans une grande cocotte
morne (n. m.)	colline
ne...hak	ne...rien
ouélélé (n. m.)	brouhaha
pomme cannelle (n. f.)	anone (fruit sucré) ; petit pain en forme d'une fleur
quénette (n. f.)	petit fruit très sucré

savane (n. f.)	grande prairie herbeuse
soucougnan (n. m.)	esprit malin nocturne
trace (n. f.)	chemin
tracée (n. f.)	sentier
zibié (n. m.)	oiseau
zombi (n. m.)	revenant

Noms propres

Man	titre attribué par respect et affection à une femme mûre, mariée ou mère de famille ; peut être attaché au nom ou au prénom
Ti-	diminutif s'attachant comme préfixe au prénom, souvent comme marque d'affection
Manman Dlo	esprit féminin ou sorcière des eaux qui enjôle les êtres humains pour les amener à la noyade
Ti-Jean-Lorizon	personnage des contes créoles
Ti-Sapotille	personnage des contes créoles

Chapitre I

Introduction
Cartes d'identité : espace et imaginaire littéraire

Chaque société a sa propre façon de penser et de vivre l'espace. Non seulement cela, le paysage qui entoure, nourrit et oriente un peuple joue un rôle dans la constitution de l'imaginaire, de la culture et, partant, de l'identité même des individus qui l'habitent. Ainsi, selon l'historien Simon Schama, les énormes forêts sombres et denses de l'Allemagne représentent une clé de l'imaginaire germanique qui a été réinterprétée dans les contes, légendes, tableaux et autres manifestations culturelles des époques successives, tandis qu'en Grande-Bretagne c'est plutôt le rêve du *Greenwood*, des bois verts et protecteurs, qui a façonné de génération en génération l'imaginaire anglais[1]. Schama ne voit pas ce phénomène comme la simple influence d'une entité neutre (la nature) sur une autre (l'être humain). Au contraire, il s'agit d'un échange profond entre la psyché et son environnement :

> Les paysages sont culturels avant d'être naturels ; ce sont des constructions que l'imaginaire projette sur le bois, l'eau, le rocher. [...] Mais, reconnaissons-le, une fois qu'une certaine idée du paysage, un mythe, une vision s'établissent en un lieu donné, ils ont le don de brouiller les catégories, et de rendre la métaphore plus réelle que son référent, de s'intégrer au décor, en somme[2].

Les spécificités concrètes d'un espace existent ainsi en relation étroite et symbiotique avec les particularités de la culture qui l'habite ; en s'informant mutuellement, les unes et les autres s'intègrent, d'une part, aux facteurs d'identité collective et, d'autre part, à la panoplie des ressources – images, thèmes, références – aptes à exprimer et à

---

1 Voir Simon Schama, *Le Paysage et la mémoire*, trad. Josée Kamoun, Paris, Seuil, 1999.

2 *Ibid.*, p. 73.

projeter cette identité. Comme l'affirme Christine Chivallon dans son étude *Espace et identité à la Martinique*, « L'espace est sans doute ce par quoi les procédures de construction de soi et de reconnaissance de soi à l'autre sont en mesure de pleinement se réaliser »[3]. Et cela est possible, comme le reconnaît Chivallon à l'instar d'experts tels que Lévi-Strauss et Bourdieu, parce que : « C'est avant tout cette capacité de l'espace à servir d'outil symbolique, à participer si efficacement à la 'mécanique du sens' qui le rend si fortement indissociable du travail de définition identitaire »[4]. Ce symbolisme de l'espace, il faut le souligner, repose surtout sur la relativité : le positionnement d'un élément par rapport à un autre, que celui-ci soit nommé ou non[5]. Aussi le rapport centre-périphérie, par exemple, sous-tend-il depuis longtemps déjà notre façon de traduire certaines relations politiques où le pouvoir est représenté comme un centre focal tandis que la périphérie figure la subordination ; de même, le rapport spatial inférieur-supérieur reflète incontournablement et depuis toujours un jugement ou rapport moral. La co-existence de ces trois caractéristiques de l'espace – rapport à l'imaginaire, rapport à l'identité, potentiel symbolique – en font un outil d'analyse privilégié pour mieux comprendre les cultures et les produits culturels. Marc Augé résume fort bien cette notion à propos de ce qu'il appelle les « lieux anthropologiques », en les qualifiant d'espaces « dont l'analyse a du sens parce qu'ils ont été investis de sens »[6].

Or les Antilles sont d'un intérêt tout particulier à cet égard, comme l'ont déjà noté ethnologues, sociologues, philosophes et critiques littéraires[7]. Patrick Chamoiseau lui-même reconnaît tout de suite la

---

3 Christine Chivallon, *Espace et identité à la Martinique. Paysannerie des mornes et reconquête collective 1840–1960*, Paris, CNRS Editions, 1998, p. 7.

4 Chivallon, *op. cit.* 1998, pp. 237–8. Voir aussi à cet égard Gaston Bachelard, *La Poétique de l'espace*, Paris, Presses Universitaires de France, 1973.

5 Les études du « lieu » menées par Marc Augé et influencées par celles de Michel De Certeau confirment aussi l'importance des « relations de coexistence » de tous les éléments que comporte le lieu. Voir Marc Augé, *Non-Lieux, Introduction à une anthropologie de la surmodernité*, Paris, Seuil, 1992 ; et Michel de Certeau, *L'Invention du quotidien 1. Arts de faire*, Paris, Gallimard (Folio Essais), 1990.

6 *Ibid.*, p. 69.

7 A propos de cette tendance, voir aussi Mary Gallagher, *Soundings in French Caribbean Writing since 1950: The Shock of Space and Time*, Oxford, Oxford Univerity Press, 2003, p. 4. Parmi les nombreuses analyses de l'espace dans la littérature antillaise, l'ouvrage de Gallagher elle-même est sans doute l'un des

nature « problématique » de la relation des Antillais à leur espace, et nous livre en même temps la clé même de ce sujet fascinant :

> Glissant en a parlé dans *Le Discours Antillais* en disant que nous avons un rapport problématique à la terre dans laquelle nous vivions dans la mesure où tous ceux qui sont ici se sont vécus en exil. On le raconte bien dans *Lettres Créoles* avec Confiant. Au départ il y a le sentiment d'exil et tous ceux qui se sont installés ici ne se sont pas installés pour fonder une civilisation, ou fonder une lignée : ils sont venus pour exploiter et repartir – ça, c'étaient les colons. Quant aux esclaves, on leur a imposé leur présence ici, ce qui fait que l'inscription dans l'espace, l'inscription dans la terre, le regard possessif ou possesseur qu'un habitant d'un lieu quelconque traditionnel aurait pu poser sur un paysage, sur un espace, ici nous ne l'avons jamais eu. Et c'est pourquoi on a toujours eu dans l'imaginaire populaire le sentiment non pas d'être de passage sur cette terre, mais d'être « locataires » de cette terre : c'est toujours la terre du Béké, la terre du Maître, la terre du Blanc, on n'a jamais eu un sentiment de possession pendant longtemps. Et on n'a jamais eu le désir d'inscription dans ce sol, dans cette histoire, dans cette culture[8].

Ces propos de Chamoiseau révèlent très clairement que le nœud du problème de l'espace aux Antilles a toujours été, et demeure aujourd'hui, le rapport des Antillais à leurs origines dans un espace hautement marqué par les structures – et surtout par les hiérarchies – coloniales. Il est donc évident qu'une bonne partie du « sens » dont les espaces antillais ont été « investis » selon la formule d'Augé, se fonde sur une certaine perception du passé. Comme les « lieux anthropologiques » d'Augé, les espaces antillais « se veulent (on les veut) identitaires, relationnels et *historiques* »[9].

C'est pourquoi les nombreux experts qui ont étudié ce malaise des Antillais vis-à-vis de leur pays se sont vu obligés, non seulement de situer leurs analyses dans une relation symbolisée spatialement par les rapports inférieur-supérieur ou centre-périphérie, mais aussi de reconnaître à tout moment l'influence des éléments les plus saisissants

---

exemples les plus brillants. Non seulement Gallagher étudie en profondeur presque tous les écrivains antillais francophones les plus connus depuis 1950, mais elle élargit le champ d'analyse en restituant systématiquement le lien thématique et philosophique entre l'espace et le temps, démontrant par là que la littérature antillaise capte d'une manière particulièrement intense le croisement de ces deux dimensions. Nous verrons ci-dessous la justesse et l'importance de cette démarche, laquelle s'imposera toutefois moins explicitement dans la présente étude.

8 Dans un entretien inédit avec l'auteur, Martinique, le 9 mars 2000.

9 Augé, *op. cit.*, p. 69 ; c'est nous qui soulignons.

de l'histoire sur la perception de l'espace. Par exemple, dans l'analyse postmoderniste d'Antonio Benítez-Rojo, auteur de *The Repeating Island*[10], la région caribéenne, dans toute sa diversité, n'est à voir ni comme un ensemble cohérent et transparent, ni comme un lieu d'anarchie indéchiffrable, mais plutôt, suivant la théorie du Chaos, comme un « méta-archipel » composé d'infinies « répétitions » d'une île virtuelle possédant des caractéristiques particulières et reconnaissables, lesquelles se modifieraient pourtant avec chaque répétition ; en d'autres termes, la région se présenterait comme un désordre au sein duquel on pourrait néanmoins identifier certaines récurrences. Dans ce milieu, la récurrence la plus importante serait sans doute celle de la présence historique dans chaque société antillaise de la Plantation, système totalisant et fondateur qui a engendré toute une série de phénomènes concomitants devenus aujourd'hui emblématiques pour les cultures créoles[11] : la traite elle-même, et son instrument capital, le bateau négrier ; le marronnage, ou fuite des esclaves ; et la production du sucre et surtout du rhum, pour n'en citer que quelques-uns. Selon Benítez-Rojo, l'individu né dans les îles antillaises et, dès lors, sa communauté connaissent une pulsion constante de rejeter la violence qui définissait cet univers primaire centré sur la plantation. Pour lui, l'identité antillaise oscille donc perpétuellement entre deux désirs « spatiaux » : celui de la fuite, et celui de l'enracinement ou, pour emprunter les termes de Benítez-Rojo lui-même, celui de l'*ici* et celui du *là-bas*. Cet ensemble de phénomènes se traduirait dans la littérature antillaise par un discours narratif continuellement interrompu et parfois presque entièrement

---

[10] Antonio Benítez-Rojo, *The Repeating Island: the Caribbean and the Postmodern Perspective*, trad. James Maraniss, Durham, Duke University Press, 2e édition, 1996 (publié d'abord en espagnol sous le titre *La Isla que se repite*, Ediciones del Norte, 1989.) Sauf indication du contraire toutes les traductions sont les nôtres. Bien que le livre de Benítez-Rojo soit écrit d'un point de vu hispaniste et qu'il soit basé sur l'analyse d'ouvrages en espagnol et en anglais, les structures théoriques qu'il emploie exercent une influence non négligeable sur les études de la région, et restent donc aussi incontournables qu'intéressantes.

[11] De très nombreux critiques ont examiné l'étymologie, l'évolution et les différents emplois du terme « créole ». Nous l'utiliserons dans cette étude pour désigner la langue, bien sûr, mais aussi pour identifier la population et la culture des Antillais créolophones de couleur, c'est-à-dire que nous en exclurons généralement le cas particulier des Békés. Pour une discussion approfondie du terme « créole », voir Gallagher, *Soundings*, *op. cit.*, pp. 27–31.

miné par d'autres types de discours, de formes ou de voix qui « se proposent comme des véhicules pour pousser le lecteur et le texte vers le territoire marginal [...] de l'absence de violence »[12].

L'oscillation entre l'*ici* et le *là-bas* se manifeste aussi dans d'autres domaines selon Benítez-Rojo :

> En général, le présent de chaque Antillais oscille comme une pendule, c'est un présent qui implique un désir d'avoir à la fois l'avenir et le passé. Aux Antilles, on oscille soit vers l'utopie soit vers un paradis perdu, et ceci non seulement au sens politico-idéologique, mais surtout au sens socio-culturel – n'oubliez pas que [Toussaint] Louverture a abandonné le vaudou pour embrasser le siècle des Lumières. C'est pourquoi il y a toujours des groupes qui essaient de réapproprier l'africain, ou l'européen, ou le créole, tandis qu'il y en a d'autres qui parlent de la tendance vers une synthèse raciale, sociale et culturelle qui se veut totalement « nouvelle ». En réalité, je pense que ni l'un ni l'autre de ces espaces ne sera jamais conquis ; l'Afrique, l'Europe, l'Asie, les sociétés créoles d'avant la Plantation sont toutes [...] irrécupérables. [...] la seule chose que l'on pourra trouver, c'est ce qu'on a déjà découvert : des différences. Bref, chaque Antillais, où qu'il se trouve, se trouve suspendu dans le vide au mi-point [...] entre un plancher qui voyage de l'*ici* jusqu'au *là-bas* et un plafond qui s'achemine du *là-bas* jusqu'à l'*ici*[13].

Etant données toutes ces instabilités, Benítez-Rojo conçoit l'espace antillais en sa totalité comme une expression métaphorique de sa propre réalité géographique, insistant sur l'importance de la mer comme gage d'identité : « La région antillaise est indispensablement

12 « which propose themselves as vehicles to drive the reader and the text to the marginal [...] territory of the absence of violence ». Benítez-Rojo, *op. cit.*, p. 25.

13 « Generally, every Caribbean person's present is a pendular present, a present that implies a desire to have the future and the past at once. In the Caribbean one either oscillates toward a utopia or toward a lost paradise, and this is not only in the politico-ideological sense, but, above all, in the sociocultural sense – remember L'Ouverture's [*sic*] move from voodoo to the Enlightenment. That is why there are always groups trying to recover the African, or European, or Creole, while others talk of moving toward a racial, social, and cultural synthesis that sees itself as a 'new' world. I think, in truth, that neither one place nor the other will ever be reached ; Africa, Europe, Asia, and the creole societies that preceded the Plantation are all [...] irrecoverable. [...] The only thing that will ever be put into the boat is just what's there today: differences. In short, every Caribbean person, wherever he is, finds himself suspended in the void at the midpoint [...] between a floor that travels from *here* to *there* and a ceiling that moves from *there* to *here* ». *Ibid.*, pp. 251–2.

et de par sa nature le royaume des courants marins, des vagues, des plis et des replis, de la fluidité et de la sinuosité »[14].

Dans une étude qui juxtapose les analyses de Benítez-Rojo à celles d'Edouard Glissant[15], le critique américain Eric Sellin, plus proche des Antilles franco-créolophones, revient sur cette prééminence de la mer pour suggérer que les traits principaux de la psyché antillaise trouvent leur origine dans, entre autres, la topographie concrète des îles. Sellin les décrit comme des espaces physiquement réduits et reserrés, mais qui s'ouvrent néanmoins sur les possibilités multiples d'« une mer qui fait éclater les terres éparpillées en arc. Une mer qui diffracte », paradoxe qui « permet à chacun d'être là et ailleurs, enraciné et ouvert, perdu dans la montagne et libre sous la mer, en accord et en errance » comme le dit Glissant dans *Poétique de la Relation*[16]. Ces qualités géographiques qui se trouvent reflétés pour Sellin comme pour Glissant dans la condition créole, s'avèrent essentielles dès qu'il s'agit de distinguer celle-ci de la culture de métropole. Chez Glissant, cette comparaison s'exprime en termes géographiques quand il oppose à la Méditerranée plutôt fermée et entourée de pays qui ont contribué successivement à la vieille idée européenne d'universalité, la Caraïbe, zone d'ouvertures et de diversités[17]. Selon Sellin :

> Ici [aux Antilles] on découvre la prédominance du continu par rapport au moment ; du vécu de la collectivité naturelle et de la mémoire orale de cycles météorologiques et agricoles par rapport à une chronologie politique et religieuse imposée par l'Europe lointaine ; et on découvre les mailles en croisillons d'une tapisserie faite de différentes ethnies et couches sociales, dont l'étoffe même est étroitement tissée d'un mélange ou d'un métissage de gens qui ont dû, pour le bien ou pour le mal, trouver un *modus vivendi* dans l'espace diminutif d'une île[18].

---

14 « The Caribbean is the natural and indispensable realm of marine currents, of waves, of folds and double-folds, of fluidity and sinuosity ». *Ibid.*, p. 11.

15 Notamment Edouard Glissant, *Le Discours antillais*, Paris, Gallimard (Folio Essais 313), 1997 ; et *Poétique de la Relation*, Paris, Gallimard, 1990.

16 Glissant, *Poétique*, *op. cit.*, p. 46.

17 *Ibid.*

18 « We have here a continuum prevailing over moment, a natural collective lived and oral memory of cycles in weather and crop yields prevailing over a political and religious chronology imposed by Europe from a distance, and we have the criss-cross mesh of the tapestry of ethnic groups and social strata whose very fabric is tightly woven in a mix or métissage of people who have been forced to find a modus vivendi, for better or for worse, in the cramped space of an island ».

Quant à l'expression littéraire, Sellin voit dans la topographie et la nature antillaises un complexe de significations qui permet à l'écrivain de faire converger l'expression esthétique et l'expérience vécue, tout en représentant, en réactivant même sur le plan métaphorique, cet autre élément indispensable à l'identité qu'est l'histoire :

> Le marronnage ou la fuite vers les mornes pour échapper à l'esclavage [...] a peut-être son équivalent esthétique. Il peut très bien arriver à l'écrivain dont l'histoire a été écrasée de chercher dans les signes et symboles de la nature : le refuge (arbre, forêt, ravin, morne impénétrable) ; la fuite (fleuve, coursier fantomatique au pas léger, oiseau du destin) ; la disponibilité et la libération (mer, rivière qui découle d'une source dans les mornes pour se jeter dans cette mer ultime et infinie)...[19]

De tels choix littéraires seraient le résultat de ce que Sellin appelle une « synesthésie générique » ou « symbiose entre les pulsions métaphoriques de l'esprit d'un auteur et les différents stimuli produits par son environnement »[20]. Pour Sellin, donc, la « carte » psychique dressée par l'écrivain antillais à la recherche d'une identité est là « non seulement pour le guider mais existe aussi en tant que résultat de l'exploration spirituelle elle-même »[21].

Dominique Chancé semblerait être d'accord avec ces aperçus de l'imaginaire spatial antillais lorsqu'elle souligne l'importance de la géographie pour l'écrivain, observant que « L'écrivain antillais est celui qui exalte la nature, décrit le paysage antillais, structure son discours à l'image du pays qui l'habite, archipels de textes éclatés comme l'archipel des Caraïbes, surgissements violents comme les volcans, cycles et tourbillons qui semblent en osmose avec les

---

Eric Sellin, « A Congruence of Landscape and the Mind Or, the Cartography of the Colonized Psyche », *The Literary Review*, 39, 1995, pp. 492–502 (p. 500).

19 « Marronnage, or fleeing to the rugged hills to escape slavery [...], may have its analogy in aesthetics. The writer whose history has been obliterated may well seek – in the glyphs and symbols of nature – refuge (trees, forests, ravines, rugged impenetrable mountains), flight (rivers, swift phantom steeds or birds of destiny), freedom and release (the sea, rivers flowing from the source in the hills to that infinite and ultimate sea)... ». *Ibid.*, p. 497.

20 « generic synæsthesia » ou « a symbiosis between the metaphorical impulses of the writer's mind and the various stimuli of his or her surroundings ». *Ibid.*, p. 493.

21 « not only [...] a guide but [...] also the product of the spiritual exploration itself ». *Ibid.*, p. 500.

cyclones »[22]. Toutefois, Chancé établit une différence entre ce besoin général de dégager, d'une part, les particularités de l'environnement qui distinguent et en quelque sorte déterminent les Antilles et l'Antillais ; et d'autre part, le projet des auteurs du mouvement de la créolité (dont Patrick Chamoiseau, bien sûr), qu'elle analyse avec une grande finesse et qui est, selon elle, plus axé sur des principes culturels. Elle souligne que :

> L'écrivain créole se définit [...] de manière plus culturelle que géographique. [...] La créolité ne tient pas à un paysage, mais à une réalité anthropologique, historique. Le paysage n'est pas créole. Il est martiniquais ou guadeloupéen, éventuellement antillais. Le peuple est créole, la langue, la culture sont créoles. L'« écrivain créole » est donc celui qui cherche sa légitimité et son inscription dans la culture, dans la relation à un peuple, à une Histoire, à un « imaginaire » que manifeste la « parole ». Sa position est donc à construire, elle ne peut se légitimer dans une simple naturalité[23].

Et pourtant, comme nous serons amenés à l'observer, l'œuvre de Patrick Chamoiseau réserve une place fondamentale à des espaces qui sont présentés dans toutes leurs particularités antillaises. Ce qu'il faut souligner, à l'instar de Chancé, c'est que les espaces littéraires dans l'œuvre de Chamoiseau sont des constructions investies de culture, et donc d'histoire et de politique. Ceci n'est pas nouveau, certes : mais nous verrons que les espaces campés par Chamoiseau ont chacun une ambiance et des connotations particulières, engendrées tant par une combinaison d'idéaux « créolistes » qu'il partage avec ses confrères, que par son imaginaire poétique particulier. Comme il le dit dans *Martinique* :

> [...] le pays natal n'a pas la géographie du pays où l'on est né. Ce n'est pas une terre, c'est une mémoire de sensations qui remontent à l'enfance, de visions familières, de perspectives amicales, de sentiments locataires d'une histoire personnelle. Ce n'est pas une contrée, découverte carte en main, ni un sol dont on a épuisé les secrets. C'est, en fait, une résidence intérieure dont les hauts et les bas ne relèvent pas de la géométrie (M 4).

---

22 Dominique Chancé, *L'Auteur en souffrance. Essai sur la position et la représentation de l'auteur dans le roman antillais contemporain (1981–1992)*, Paris, Presses Universitaires de France, 2000, p. 139.

23 *Ibid.*, p. 140.

Notons que l'importance primordiale de la mer que l'on trouve chez Glissant, Benítez-Rojo et Sellin, pour ne citer qu'eux, est loin d'être apparente chez Chamoiseau qui n'en parle guère dans ses romans[24], et va jusqu'à affirmer que « ma Martinique n'est pas une île. Ni pour moi, ni pour mes frères et sœurs, ni pour les gens d'ici-dans » (M 4), ajoutant quand on le questionne à ce sujet que « l'horizon [de la Martinique] est fragmenté par des mornes, des paysages, la mer n'existe pas [...] dans l'imaginaire populaire. C'est un imaginaire de la terre, de la survie liée à la terre, aux plantes, il n'y a pas de présence de la mer »[25]. En même temps, il deviendra clair au cours de nos analyses que Chamoiseau propose surtout une littérature très solidement ancrée dans l'*ici* de la Martinique. Ce qu'il importe de mettre en avant est, premièrement, la capacité des spécificités topographiques à véhiculer une charge identitaire puissante ; et deuxièmement, l'importance de l'espace comme ressource littéraire pour donner à comprendre – voire pour situer – l'être humain.

Néanmoins, avant d'entrer dans l'analyse détaillée des espaces « chamoisiens », il convient d'étoffer quelque peu le constat que nous venons de faire, selon lequel la représentation de l'espace chez Chamoiseau serait tant politique que culturelle. Cette notion est décisive pour bien comprendre le contexte martiniquais et, de là, les pratiques littéraires en question, car pour un écrivain comme Chamoiseau, il va sans dire que les Antilles constituent un espace colonisé ou du moins, comme il le dit lui-même, « dominé »[26]. Possession française à partir de 1635 et économie esclavagiste jusqu'en 1848, la Martinique en tant que colonie a connu une longue période de ce que Chamoiseau appelle la « domination brutale » (EPD 17) avant d'accéder au statut de département d'outre-mer français en 1946. Selon Chamoiseau, pourtant, ce statut apparemment plus égal de DOM n'a pas libéré la Martinique de sa domination : bien au

[24] La section de *Biblique des derniers gestes* qui se déroule dans un village de pêcheurs est une exception relativement récente.

[25] Entretien inédit du 9 mars 2000.

[26] Voir la chronique « Une semaine en pays dominé », que Chamoiseau a publiée périodiquement dans la revue hebdomadaire *Antilla* en 1995 et 1996. Ces articles contiennent un mélange de commentaires sur les évènements de la semaine précédant la parution de chaque numéro et d'observations sur la condition « dominée » de la Martinique (elle-même un « DOM », d'où peut-être en partie la préférence pour ce terme). Certains de ces textes sont repris dans le livre *Ecrire en pays dominé*.

contraire. D'un point de vue social, politique, économique et culturel, l'assimilation du créole par le français s'est produite à une si grande vitesse qu'on en arrive aujourd'hui à un moment critique. Si Raphaël Confiant, Jean Bernabé et l'équipe du GEREC-F[27] poursuivent, depuis les années 1980, une campagne de défense et de valorisation de la langue créole, la culture créole, elle, semble être en danger de disparition : les pratiques traditionnelles se perdent ; les structures mentales et valeurs morales sont en mutation – mais la population antillaise ne fait montre d'aucun désir de conserver ce patrimoine intangible.

Ainsi la départementalisation placerait-elle la Martinique sous un nouveau type d'assujetissement, « la domination devenue silencieuse » (EPD 18). Chamoiseau s'explique :

> La botte en travers de la gorge n'est plus nécessaire [...]. Les dominations n'ont plus besoin d'armée ou de drapeau ou de présence effective. Nous ne sommes « DOM » que parce que nous nous y accrochons désespérément, et que nous n'avons strictement rien à proposer d'autre. La domination nous a décérébrés[28].

Selon l'optique de Chamoiseau, la toute-puissance de la métropole, l'économie de transferts, l'assistanat et tout ce qui s'ensuit mènent donc simultanément, d'une part, à une « déresponsabilisation généralisée »[29] de la part de la population ; et, d'autre part, à une sorte de fracture culturelle et – surtout – identitaire.

---

27 Groupe d'Etudes et de Recherches en Espace Créolophone et Francophone, basé à l'université des Antilles-Guyane.

28 Patrick Chamoiseau, « Une Semaine en pays dominé », *Antilla*, 671, 6 mars 1996, pp. 4–7 (p. 6). Dans *Ecrire en pays dominé*, la métaphore de « décérébration » des citoyens des DOM-TOM est reprise dans le néologisme amusant « dotomisé » qui rappelle bien sûr le mot « lobotomisé » (EPD 196). Dans les deux cas, l'emploi du participe passé suggère la soumission passive des Antillais « dotomisés » devant l'intervention cruelle d'un sujet actif externe.

29 Chivallon, *Espace et identité*, *op. cit.* 1998, p. 22, fait référence dans ces termes à l'analyse d'Edouard Glissant dans *Le Discours antillais*. La synthèse historique offerte par Chivallon (pp. 16–22) résume admirablement les principaux évènements et tendances relevés par l'historiographie classique à propos de la formation sociale martiniquaise (historiographie que Chivallon elle-même remet en question de plusieurs points de vue au cours de son ouvrage).

L'Espace dominé et l'identité colonisée

Une des descriptions les plus claires et les plus succinctes de la situation « coloniale » aux Antilles et qui reste valable aujourd'hui est celle de la psychologue praticienne Julie Lirus qui, citant les théoriciens Albert Memmi et Frantz Fanon, détaille l'effet exercé sur l'identité psycho-sociale et culturelle de l'Antillais par la domination française[30]. Elle analyse ce phénomène du point de vue de la représentation de soi de l'Antillais, laquelle est composée selon elle de deux éléments majeurs, l'image de soi et l'image sociale :

> L'image de soi c'est l'image propre, c'est-à-dire la conscience de soi pour soi, la perception de soi par soi, la façon dont l'individu se perçoit lui-même en se référant à ses traits de personnalité, son caractère, ses tendances, ses aptitudes, ses caractéristiques corporelles, ses goûts, etc. L'image sociale c'est l'être pour autrui. Elle se constitue à partir des indices sur soi-même que l'individu attribue à sa relation à autrui. A ce moment c'est l'Autre – individu ou groupe – qui est à l'origine de la façon dont le sujet se perçoit sur un ou plusieurs points particuliers[31].

Cet aspect social de la représentation de soi est capital, car :

> La société nous oblige constamment à nous définir même si cette évaluation de Soi reste incomplète et décevante. [...] La vie sociale nous donne une première idée de nous parce qu'elle nous classe et nous situe au milieu des autres, par rapport aux autres. Notre identité est assurée par nos statuts et nos rôles et ceux-ci nous renseignent sur nous-mêmes préalablement à tout effort d'introspection. Ces notions de modèle, de statuts et de rôle sont très importantes dans le cadre des sociétés antillaises à structure encore coloniale où les processus de personnalisation peuvent conduire fréquemment les sujets à s'aliéner dans un personnage, à porter un masque blanc[32].

Il est évident que dans ce type de société coloniale les modèles offerts aux habitants de toutes les races – modèles renforcés par le

---

30 Julie Lirus, *Identité antillaise: contribution à la connaissance psychologique et anthropologique des Guadeloupéens et des Martiniquais*, Paris, Editions Caribéennes, 1979.

31 *Ibid.*, pp. 25–6.

32 *Ibid.*, p. 26. La référence au « masque blanc » renvoie bien sûr à Frantz Fanon, *Peau noire, masques blancs*, Paris, Seuil, 1995.

système scolaire, les conditions sociales, les interdits linguistiques[33], bref, par toutes les structures administratives, culturelles, économiques et politiques du territoire[34] – sont surtout des modèles blancs et européens. En même temps, le statut et le rôle de l'habitant de couleur lui sont imposés par la classe (européenne) dominante ou du moins, dans le cas des Antilles contemporaines, par le centre de pouvoir parisien. Il en résulte tout un complexe de conséquences sur l'auto-représentation, car :

> L'ambition première du colonisé est d'égaler le modèle prestigieux, de lui ressembler jusqu'à disparaître en lui. Cette démarche implique l'admiration vis-à-vis du colonisateur et le refus de soi. L'amour du colonisateur est sous-tendu d'un cortège de sentiments qui vont de la honte à la haine de soi. Lorsque le colonisé adopte les valeurs colonisatrices, il adopte en inclusion sa propre dévalorisation[35].

---

33 Sur les inégalités sociales entourant, et structurant, l'emploi du créole et du français, voir surtout Dany Bébel-Gisler, *La Langue créole force jugulée. Etude socio-linguistique des rapports de force entre le créole et le français aux Antilles*, Paris et Montréal, L'Harmattan et Nouvelle Optique, 1981 ; pour un compte rendu plus récent, voir Gertrud Aub-Buscher, « Linguistic Paradoxes. French and Creole in the West Indian DOM at the Turn of the Century », in Gertrud Aub-Buscher et Beverley Ormerod Noakes (eds), *The Francophone Caribbean Today: Language, Literature, Culture*, Barbade, Jamaïque, Trinité-et-Tobago, University of the West Indies Press, 2003, pp. 1–15.

34 Lirus note par exemple que la subordination de l'Antillais créole se trouve renforcée par les conditions économiques. L'étude qu'elle cite, effectuée en 1976, démontre que 2,1% seulement des chômeurs martiniquais sont Blancs, alors que 21,4% font partie des Mulâtres et 65% des Noirs, prouvant qu'« en dépit de l'évolution actuelle de la société martiniquaise, les strates économiques, sociales et phénotypiques sont étroitement liées, quoiqu'on [*sic*] en dise » (Lirus, *op. cit.*, p. 44). Si les chiffres plus récents ne révèlent pas systématiquement les taux de chômage selon l'ethnie, ils confirment néanmoins que les DOM sont particulièrement touchés par ce problème. Il y avait 30,3% de chômeurs en Martinique en 1998 selon le rapport annuel de l'IEDOM, année où d'ailleurs 15% de la population des DOM relevaient du RMI, contre 3% en métropole. Et selon Benhaddouche et Para, malgré une baisse depuis 1999, le taux de chômage s'élevait à 24% aux Antilles-Guyane en juin 2002, contre 9% en métropole à pourcentage de la population sur le marché du travail égal. Voir Jacques Larché *et al.*, *Guadeloupe, Guyane, Martinique, La Réunion: la départementalisation à la recherche d'un second souffle*. Rapport d'information 366 – commission des lois, publié par le Sénat français, 1999 (http://www.sénat.fr/rap/r99-366_mono.html) ; et Ali Benhaddouche et Georges Para, « Un marché du travail toujours fragile », *Antiane-Eco*, 56, juin 2003 (http://www.insee.fr/fr/insee_régions/guyane/publi/AE56_Activité_chomage.htm)

35 Lirus., *op. cit.*, p. 27.

Lirus se sert de ses observations sur le complexe d'infériorité engendré par le processus d'imitation et d'intériorisation de valeurs européennes pour étudier une série de comportements dysfonctionnels qui en résultent et qui vont de la survalorisation de la peau claire et du mépris de l'héritage africain jusqu'au don juanisme et même à la migration. D'ailleurs, il est frappant qu'on retrouve souvent ces comportements – parfois promus au rang de thèmes principaux – dans la fiction antillaise, où apparaît aussi très fréquemment le thème de la folie. De même, Patrick Chamoiseau prend comme prémisse le fait que, pour citer Lirus, « Les Antillais se situent journellement en face d'une hiérarchie de valeurs complexes ; il leur est difficile de choisir entre des normes collectives contradictoires, d'où leur vécu conflictuel et leurs comportements ambivalents »[36].

Chamoiseau et l'espace dominé

En fait, Chamoiseau cite lui aussi Fanon et Memmi quand il développe sa propre vision des problèmes identitaires qu'il discerne en Martinique et qui, pour lui, n'ont fait que s'accentuer depuis la départementalisation :

> [...] la départementalisation nous stérilisa. Entre deux pulses différenciateurs, nous devenions autres. Nous désertions nos aptitudes intimes. Nous nous amputions des entrelacs de notre diversité pour une greffe dévote des valeurs du Centre. Les effets d'une domination (décrits par Albert Memmi ou Frantz Fanon) nous traversaient raides : complexes divers, désir de se blanchir, troubles mentaux, dévalorisation de soi, brutalités internes, dépersonnalisations invalidantes, mimétismes, drives et dérives... Mais ils se déployaient sans violences coloniales. Seule agissait la convergence d'une incompréhension dépréciante de nous-mêmes et l'attrait des valeurs dominantes (EPD 224).

---

36 *Ibid.*, p. 52. Notons aussi qu'il existe de nombreux ouvrages détaillant le processus parallèle de « colonisation » des imaginaires antillais et les manifestations littéraires de ce phénomène. Voir par exemple l'analyse de Patrick Chamoiseau et Raphaël Confiant dans *Lettres Créoles* ; ou celle de Lydie Moudileno dont le sujet principal – la présence presque systématique dans la littérature antillaise contemporaine de la figure de l'écrivain – donne une saveur particulière à ses analyses: Lydie Moudileno, *L'Ecrivain antillais au miroir de sa littérature: mises en scène et mises en abyme du roman antillais*, Paris, Karthala, 1997, pp. 10–49.

Cette citation très riche mérite un examen soigneux. D'abord, elle reprend la distinction, développée dès le début d'*Ecrire en pays dominé*, entre la « domination brutale » de l'époque esclavagiste et la « domination silencieuse » de la départementalisation, tout en observant que celle-ci n'en constitue pas moins un assujettissement aux effets très graves pour les dominés. Parmi les résultats de cette subordination, ce passage souligne celui, particulièrement néfaste, de la transformation mentale du colonisé qui le pousse à intégrer la fonction colonisatrice : ainsi les Antillais « dominés » participent-ils activement au processus : « *Nous* désertions [...], *nous nous* amputions... ». En embrassant l'assimilation départementaliste ils deviennent, dans une certaine mesure, les instruments d'une domination qui leur impose une « stérilité » artificielle et homogénéisante, les « amputant » de leurs qualités culturelles particulières, désormais remplacées par les valeurs du vainqueur européen. Faisant écho à la « décérébration » citée plus haut, Chamoiseau se sert ici de termes – « stérilisation », « amputation » – qui renvoient à l'extrême violence du processus dominateur tel qu'il le perçoit, afin d'en dénoncer les résultats les plus sinistres : la dépréciation de l'une des plus grandes qualités de la créolité (sa diversité métissée et mosaïque produite par les aléas de l'histoire du peuple créole) ; et l'adoption, à sa place, de la pensée moins flexible et universaliste de l'occident, représentée aux Antilles par la République française. L'emploi de ce vocabulaire cassant qui dénonce le réflexe colonisateur d'écraser les différences est d'ailleurs assez fréquent chez Chamoiseau : comme le dit par exemple l'anticolonialiste « frénétique » Deborah-Nicol dans *Biblique des derniers gestes* :

> L'Occident est une mécanique ethnocidaire, une puissance aveugle génocidaire ! Ce n'est pas un lieu quelconque en Europe, ce n'est pas un monde blanc ou un arc-en-ciel de peaux rosées ou claires, c'est un principe qui ne supporte pas la diversité et le babil des peuples ! Et c'est surtout une intention pointue comme une flèche, aiguisée comme un sabre, *une intention productiviste* [...]. Pour être rentable, la danse éparse des doigts doit disparaître dans l'unique boule du poing !... (BGD 350).

Ici, sous les convictions marxistes d'un personnage de fiction que l'on ne doit pas prendre pour un simple porte-parole de l'auteur, on reconnaît tout de même un sentiment profond qui fait écho à des idées exprimées par Chamoiseau lui-même dans *Eloge de la créolité* et *Ecrire en pays dominé*, idées que nous examinerons plus longuement dans les chapitres suivants, mais qui peuvent se résumer ainsi : le point culminant, la violence suprême du projet colonial, que ses méthodes soient « brutales » ou « silencieuses », c'est l'effacement de la diversité.

Chamoiseau ne termine pas là sa réflexion sur la domination, car il ajoute à ces deux types d'asservissement (brutal, ou physique ; et silencieux, ou mental) un troisième mode qu'il appelle la domination « furtive ». Celle-ci opère sur un plan à la fois plus large et plus abstrait, et se trouve liée au climat actuel de mondialisation, perçue presque partout dans le monde (et notamment en France) comme une grande menace culturelle. Evidemment, suivant l'interprétation de ses victimes putatives, les éléments-clé de ce phénomène – capitalisme et consommation à tout-va, économie du marché, présence apparemment universelle des produits et de la culture américains – pèsent doublement sur un petit territoire comme la Martinique, en proie non seulement aux effets assimilationnistes du centralisme français de par son statut de département, mais aussi aux influences culturelles occidentales plus générales, de par sa petitesse, sa proximité du continent américain, et la nécessité de participer aux marchés antillais, européen, mondial. Dominée par des cultures plus puissantes, contrainte à s'adapter à des structures administratives et économiques qui lui sont extérieures sinon étrangères, la culture créole de la Martinique a du mal à s'affirmer fortement.

C'est de nouveau dans *Ecrire en pays dominé* que Chamoiseau traite de ce type de domination, en partie par le biais d'un personnage fictionnel, « le vieux guerrier », dont les commentaires didactiques ponctuent le développement linéaire du texte à la première personne. Dans l'extrait suivant, ce vieux guerrier met en garde contre les effets des colossales structures multi- ou internationales de consommation et de communication :

> [...] les Centres économiques, commerciaux, culturels et financiers... tendent à une expansion dématérialisée dans le cyberespace. Leurs tentacules désertent l'assise d'un Territoire et mutent en impulsions qui hantent le rhizome-de-réseaux. Ils désertent l'ancienne souveraineté, leurs frontières s'estompent, des réseaux génèrent d'autres pouvoirs et de nouvelles dominations, lesquelles sont désormais furtives... [...] Ces influences se répandent tant qu'elles créent un Centre unique, une entropie grandiose, diffuse, qui efface lentement les autres centres pris au couperet de leur damnée logique... [...] la domination furtive émane de ce Centre diffus. [...] Ici, l'hypnose n'est plus en direction d'un Centre particulier comme tu le vis en ce moment, mais vers la zone aimantée d'une entité inlocalisable, un brouillard de valeurs sécrété par l'ensemble des Centres

> dominateurs, et flottant-circulant dans le cyberespace. [...] ce qu'il [le cyberespace] transporte n'est point la généreuse profusion des diversités humaines, mais un ramassé des valeurs dominantes les mieux vivaces... Domination furtive ! (EPD 219–21).

Encore une fois, Chamoiseau dénonce la vocation dominatrice des grandes puissances – ici, non pas l'état-nation mais toute entité possédant déjà un pouvoir considérable et se répandant de plus en plus vite grâce aux réseaux de communication électroniques – ainsi que son effrayant corollaire qu'est pour lui le nivellement culturel, la fin des diversités.

Il est donc clair qu'il convient de situer Chamoiseau dans un contexte postcolonial dans le sens où, si l'époque véritablement colonialiste est de nos jours révolue, il n'en reste pas moins évident que persistent aux Antilles certaines structures sociales, culturelles, politiques et mentales[37] ainsi que des troubles identitaires engendrés par les pratiques colonialistes. De même, nous avons vu que, comme le titre de l'ouvrage important *Ecrire en pays dominé* l'affirme ouvertement, une préoccupation majeure de l'œuvre de Chamoiseau sera de mettre à l'index les dominations, et d'y réagir. Il nous semble que la thématique de l'espace fournit une approche particulièrement intéressante et fructueuse à l'examen de ces préoccupations.

L'Espace dans l'œuvre de Chamoiseau

Dans le sillage de leurs prédécesseurs, les écrivains antillais de la nouvelle génération se servent volontiers de simples faits historico-géographiques afin de condamner le colonialisme (colonialisme lui-même nourri d'un passé et de faits topographiques interprétés à travers un prisme métropolitain). Pour ne citer qu'un seul exemple, dans l'autobiographie *Chemin-d'école*, Chamoiseau donne sa version d'un motif bien connu des écrits anti- et postcoloniaux issus de toutes les parties de l'ancien empire français : il s'agit du fait que l'enseignement à l'école coloniale reposait souvent sur des normes françaises complètement étrangères à l'expérience concrète des enfants aux colonies – contes d'hiver enneigé et de cheminées qui

[37] Edward Saïd analyse ces stuctures dans *Culture et Impérialisme*, trad. Paul Chemla, Paris, Fayard, 2000.

fument, problèmes mathématiques figurant deux kilos de poires ou la vitesse d'un train et, surtout, la notion selon laquelle « le Gaulois aux yeux bleus, à la chevelure blonde comme les blés, était l'ancêtre de tout le monde » (CE 44, CE 109 & CE 170). En énumérant ces particularités liées très spécifiquement à l'espace de la métropole et plaquées sur l'espace tropical, Chamoiseau souligne leur absurdité et par là ridiculise l'arrogance d'un système d'éducation inadapté, qui martelait aux Antillais qu'« On allait à l'école pour perdre de mauvaises mœurs : mœurs d'énergumène, mœurs nègres ou mœurs créoles – c'étaient les mêmes » (CE 169).

L'écriture de Chamoiseau se définit donc en partie par un enracinement politisé dans l'espace géographique particulier des Antilles. C'est sans doute pourquoi on retrouve si souvent chez lui non seulement une ré-écriture de l'histoire (thème qui fera le sujet surtout de nos Chapitres 2 et 4), mais aussi et surtout une ré-écriture de (ou « inscription » dans) l'espace, car Chamoiseau a l'habitude de situer ses écrits fictifs dans des scénarios historiquement et topographiquement tout à fait réels et reconnaissables : *Chronique des sept misères*, *Solibo Magnifique* et *Texaco*, les trois romans situés à Fort-de-France, témoignent d'une connaissance intime de cet environnement et de son passé :

> [...] je me souviens dans *Chronique des sept misères* – ça a dû sauter – j'avais un plan de Fort-de-France absolument détaillé avec toutes les rues, les ruelles etc.. Et lorsque j'écris, j'aime beaucoup les noms des quartiers, je regarde sur les cartes les noms de quartiers que je ne connais pas mais que je nomme précisément, telle personne viendra de tel quartier précisément, pour inscrire les choses dans le réel. Ça marche bien avec un des buts que j'ai, ou qui est un des principes esthétiques de la littérature aujourd'hui, cette espèce de jeu entre le réel et l'imaginaire, c'est-à-dire mettre une histoire complètement inventée dans des lieux très réels [...][38].

Or ce qui ressort d'une telle pratique n'est pas seulement d'ordre esthétique : il s'agit d'une entreprise délibérée de prise de possession de l'espace face aux rapports problématiques à la terre qui ont toujours régné chez les écrivains et le peuple créoles. Faire référence à des endroits réels, dit Chamoiseau, « c'est un petit plaisir que j'ai, mais qui correspond bien en même temps à ce souci de la réappropriation de l'espace »[39].

---

[38] Entretien inédit du 9 mars 2000.

[39] *Ibid.*

Ceci apparaît clairement dans deux beaux livres de la fin des années 1990 qui confirment le projet d'appropriation spatiale chez Chamoiseau. Les contes et tableaux dans *Emerveilles*[40], collaboration de Chamoiseau avec l'artiste Maure, sont précédés d'une charmante peinture d'une carte de la Martinique, avec pour légende : « En l'île de la Martinique. Carte des émerveilles » (E 4–5). Des étiquettes relient chacun des contes à une ville ou à un village identifiable, depuis Macouba au nord jusqu'à Sainte Anne au sud, ancrant ainsi les « Emerveilles » racontées et peintes par la suite dans des lieux réels et bien connus de tout lecteur s'intéressant à la Martinique.

Cet aspect « documentaire » de la relation entre texte et image réapparaît dans une autre collaboration, *Tracées de mélancolies*, où un conte de Patrick Chamoiseau accompagne les magnifiques photographies de Jean-Luc de Laguarigue. Ce conte fait hommage tant aux vieilles traditions de la Martinique qui figurent dans les images qu'aux témoignages visuels du photographe lui-même : c'est l'histoire d'un enfant qui, aux côtés de son grand-père, apprend à se reconnaître dans les gestes traditionnels de son peuple, de sorte qu'il acquiert, plus tard, un regard d'une « telle puissance que chaque prise de ses yeux devenait une photo » (TM 14). Encore une fois, le texte prend appui sur un endroit spécifique en faisant allusion à une série d'images représentant des réalités martiniquaises soigneusement étiquetées (nous y trouvons par exemple des photos de l'« épicerie Climande de François Denis » ou « Joseph Tandavarayen et son mulet Papillon. Cultivateur »). Et tout comme la carte dans *Emerveilles* témoigne de la présence en chaque région martiniquaise de la magie (et de la moralité) des contes, la longue promenade de l'enfant et du vieux-nègre par les chemins ou « traces » du pays dans *Tracées* finit par dresser une sorte de carte virtuelle des traditions martiniquaises. Sans que cette « cartographie » presque géométrique soit exhaustive, elle implique fortement que les textes en question visent l'ensemble du pays-Martinique, dans toute sa réalité, sa diversité et son potentiel entraperçu.

---

[40] Il convient de noter que bien que ce livre soit paru chez Gallimard Jeunesse, certains aspects des contes quasi-allégoriques contribués par Chamoiseau – humour, intertextualité, thèmes esthétiques, philosophiques, littéraires, politiques – sont très sophistiqués et ne seront pleinement appréciés que par les adultes, comme nous le verrons plus loin.

Un premier but du présent ouvrage sera donc d'explorer les stratégies déployées par Chamoiseau pour exprimer, interroger et pour enfin dépasser ce rapport difficile à l'espace du pays natal car, comme nous l'avons suggéré plus haut, explorer l'évocation de l'espace, c'est nous approcher aussi de l'expression de l'identité. En reconnaissant que « la problématique d'exploration identitaire est une problématique de réappropriation de l'espace, tant symboliquement que concrètement »[41] nous pourrons essayer d'établir la « carte d'identité » que nous offre cette œuvre, en d'autres termes de voir quels sont les problèmes identitaires qu'elle dépeint, et quelles solutions elle propose.

Il devient pourtant de plus en plus clair qu'aux trois fils conducteurs de l'espace, de l'histoire et de l'identité s'ajoute une quatrième préoccupation de la part de Chamoiseau, laquelle apparaît par exemple dans l'image de l'« inscription » citée plus haut : comme beaucoup d'écrivains, et surtout peut-être ceux qui travaillent en « pays dominé », cet auteur est très attentif au rôle et à l'identité de l'écrivain, problématique qui se prête aussi très bien à l'analyse « spatiale ». Chamoiseau lui-même suggère une identification de l'écrivain à son espace natal dans *Ecrire en pays dominé*, où il regrette la distance qui peut s'installer entre le pays sous domination silencieuse et l'écrivain et l'artiste placés « en dehors des blessures de leur peuple, un peu non concernés, happés par les soucis de l'Art universel, préoccupés par ce qui préoccupe d'autres artistes en des pôles dominants » (EPD 232). Dans le souci d'éviter ce piège, il affirme :

> Je m'accrochais donc au pays [...], flaireur de vraies blessures, cartographe des lésions. J'eus cette surprise : elles étaient en moi, taraudantes dans une partie de moi retranchée des rais actifs de mon imaginaire. Je réenclenchai ces blessures. Ces brûlures sacrées. Ce mal-être. Cette petite vie inquiète qui clignotait en moi. C'était me réinstaller dans le plein de mes chairs et de mon esprit. Prendre possession de cet espace connu-inconnu, familier et lointain comme un buffet désaffecté (EPD 232–3).

Cette citation est particulièrement frappante pour sa reprise des deux images citées plus haut à propos des différentes dominations : l'amputation et la stérilité. Ici, l'amputation réapparaît dans le fait que l'écrivain redécouvre une partie « retranchée » de son imaginaire,

[41] Patrick Chamoiseau, entretien inédit du 9 mars 2000.

marquée par des « blessures » et des « brûlures », symptômes de la domination qui l'a séduit par le biais de son « Art universel ». La stérilité, quant à elle, n'apparaît ici qu'en creux dans l'image de la grossesse, car l'écrivain « s'accrochant au pays » comme remède à l'exil sent « clignoter » en lui une « petite vie inquiète ». S'emparer de son propre espace – celui de son pays comme celui de « [s]es chairs et de [s]on esprit », parallèle qui renforce l'idée de l'identification de l'écrivain au pays – déjoue les prises de la domination et donne accès à une nouvelle fécondité. La fertilité retrouvée permettra alors à l'écrivain d'accoucher d'une œuvre appropriée, aussi « inquiète » soit-elle, car *Ecrire en pays dominé* est aussi l'histoire du processus créateur. Et ce qui nous semble significatif, c'est que pour exprimer cette pensée complexe, Chamoiseau a ici recours, comme si souvent ailleurs, à une évocation d'espaces réels et métaphoriques. Cette forte tendance stylistique spontanée ou favorite de la part de cet écrivain indique que nous avons affaire à un imaginaire – et peut-être même à un poète – de l'espace. Le deuxième objet majeur de cette étude sera donc de discerner à travers le prisme spatial le rôle que réserve Chamoiseau à l'écrivain antillais et, pour finir, de définir chez lui une poétique liée à l'espace.

L'étude approfondie qui suit se concentrera sur un certain nombre d'espaces privilégiés investis de toute une nébuleuse d'associations et de significations symboliques : le bateau négrier ; le marché ; le quartier créole ; les bois. Nous nous attacherons à mettre en valeur non seulement les qualités particulières de ces lieux forts, mais aussi la place qu'ils occupent dans l'œuvre chamoisienne prise dans son ensemble, surtout pour ce qu'ils peuvent révéler à propos du projet créateur de l'écrivain. Chemin faisant, nous ne nous limiterons pas à une perspective théorique unique : nous adopterons plutôt une approche « organique » qui découle naturellement des textes mêmes de Chamoiseau, tout en y apportant les témoignages et analyses les plus aptes à nous éclairer selon les circonstances.

Dans l'œuvre de Chamoiseau elle-même, nous examinerons au premier plan surtout les romans *Chronique des sept misères* (Chapitre 3), *Texaco* (Chapitre 4), *L'Esclave vieil homme et le molosse* (Chapitre 5) et *Biblique des derniers gestes* (Chapitre 6). Cependant nous aurons aussi à nous référer au roman *Solibo Magnifique*, aux films et aux autres écrits de Chamoiseau qui peuvent nous éclairer dans nos explications, notamment à ceux qui illuminent les intentions et les perspectives théoriques de l'écrivain lui-même. A cet égard, l'histoire littéraire des Antilles *Lettres créoles*, écrite avec Raphaël Confiant, et l'essai *Ecrire en pays dominé*, texte qui mêle autobiographie intellectuelle, méditation politique et manifeste esthétique, seront parmi nos ressources les plus précieuses.

Ce cheminement, ses points de repère et nos orientations générales se trouvant établis, approchons-nous d'emblée du premier espace sur notre itinéraire : la cale du bateau négrier.

Chapitre II

Mémoires et origines :
la cale du bateau négrier

La Cale comme espace d'origine

Qu'elle soit collective ou individuelle, toute quête d'identité implique la recherche d'une origine. La structure narrative chronologique que nous projetons sur la création d'une identité nous pousse à nous définir par rapport à nos sources, que celles-ci prennent la forme de mythes surnaturels ou d'évènements historiques mythifiés ou consacrés par la suite. La plupart des cultures ont d'ailleurs leur propre cosmogonie qui répond, entre autres, à ce besoin identitaire. Réinterprété par chaque génération, exploité dans la propagande des tendances politiques ou religieuses les plus diverses (et parfois déplorables), le mythe cosmogonique est à la fois flexible et tenace. Il fournit un point de repère primordial relativement stable, et un réseau de relations au monde qui aident l'individu et la société à maintenir leur identité (par exemple, en définissant les rapports au divin, ou en fondant des traditions).

Or les populations antillaises d'aujourd'hui n'ont aucune cosmogonie cohérente qui leur soit propre. Implantés par vagues successives sur une terre où les mythes pré-existants ont été largement éradiqués avec les populations autochtones, les peuples « neufs »[1] qui ont évolué aux colonies antillaises ont vu l'apparition de pratiques culturelles où se mélangent et se modifient des éléments hétérogènes, des coutumes arawaks au Ramayana en passant par le vaudou et le christianisme. Mais l'arrivée aux îles, objectivement datée[2], étant relativement récente, il n'a pas été donné à ces peuples d'élaborer un mythe fondateur commun.

---

[1] Voir Raymond Relouzat, *Tradition orale et imaginaire créole*, Martinique, Ibis Rouge, 1998.

[2] 1831 pour le dernier bateau négrier clandestin. Les immigrés indiens et levantins (« Koulis » et « Syriens ») sont arrivés au cours des années 1850–1870.

La recherche des origines créoles « réelles » et historiques est aussi fort problématique. Réifiés par des récits historiques eurocentriques où les esclaves sont présentés comme les objets d'une Histoire[3] menée par des sujets exclusivement occidentaux, les Créoles ont dû constater que « leur » histoire n'a jamais été racontée complètement, encore moins par eux-mêmes. Une tâche majeure de l'écriture créole engagée d'aujourd'hui sera donc, comme nous le verrons, d'explorer les problèmes de la récupération de cette histoire au nom des populations subordonnées. Toujours est-il que les origines s'avèrent difficiles à cerner parce que le peuple créole ne partage pas de racines « pré-antillaises » qui permettraient d'identifier une seule source identitaire commune. Les esclaves venaient certes tous d'Afrique, mais de zones ethniques, politiques, linguistiques et culturelles totalement différentes, tout comme les premiers Français en Martinique venaient eux aussi des quatre coins d'une France loin d'être unie, et parlaient des dialectes parfois incompréhensibles les uns aux autres. Raphaël Confiant résume ainsi le problème des origines aux Antilles :

> Le mythe est un discours qui fonde l'origine des peuples, qui déroule une généalogie hautainement déclamée [...], et surtout qui légitime la présence de chacun sur son sol. Le mythe fonde l'autochtonie.
>
> Le monde créole, tout au contraire [...] n'a pas élaboré de discours des origines car justement ces dernières furent brouillées, malaxées, remodelées de manière anarchique et imprévisible [...]. Ici, point d'origine fabuleuse, de connivence avec les Dieux [...]. Point de prestige, de généalogie, de lignage sacré, de « sang bleu », de « qualités de noblesse ». Mais le mélange absolu, la bâtardise, l'oubli, la honte ou la dissimulation des origines[4].

Et Confiant de continuer : « si le monde créole ne possède pas, au départ, de discours de création du monde, tous les efforts des peuples qu'il comporte ont toujours convergé, de manière à la fois passionnée

3 Comme de nombreux critiques l'ont fait remarquer, la différence entre *l'Histoire* (« avec un grand H ») officielle, chronologique, monolithique, et *les histoires* plus individuelles, multiples, chaotiques, est longuement traitée par Edouard Glissant et souvent reprise dans les écrits de Chamoiseau. Voir Glissant, *Le Discours antillais*, *op. cit.*, pp. 221–9. Gallagher note pourtant avec justesse qu'on aurait tort de suggérer que tous les historiens occidentaux ont toujours étudié l'histoire de la manière critiquée par Glissant. Voir Gallagher, *Soundings*, *op. cit.*, pp. 57–8. Sur l'histoire, voir aussi Dominique Chancé, *L'Auteur*, *op. cit.*, surtout pp. 7–16.

4 Voir Raphaël Confiant, « Construire une anthropologie créole », préface à Relouzat, *op. cit.*, pp. 9–10.

et pathétique, vers un seul et unique but : celui de fonder justement une origine, une généalogie et une légitimité »[5].

Ceci étant posé, il n'est pas surprenant que la cale du bateau négrier s'impose non pas, certes, comme un véritable mythe cosmogonique, mais comme un lieu d'origine possible – quoique problématique – dans l'imaginaire créole, et notamment dans l'œuvre de Patrick Chamoiseau. Avant de nous pencher plus précisément sur cette dernière, cependant, il nous incombe d'esquisser dans leurs grands traits certaines particularités de cet espace fondateur putatif.

Cette conception de la cale est non seulement logique – c'est le bateau qui signale le plus fortement le début d'une vie nouvelle pour ceux qu'il emmène – mais tout concourt aussi au niveau symbolique à en faire une sorte d'espace des origines mythiques. Notons d'abord que la cale du bateau est la première expérience commune à tous les descendants d'esclaves aux îles antillaises. Sous le système plantationnaire où l'on séparait délibérément, pour des raisons de sécurité, les familles et les groupes d'une même provenance, il devint vite impossible de préserver une identité liée à celle des ancêtres : dans quelle tribu, dans quel pays ou territoire ceux-ci avaient-ils vécu avant d'être embarqués ? En peu de temps, nul ne le savait plus : isolés de la mémoire collective, les souvenirs individuels ont du mal à survivre ; et d'ailleurs les esclaves venaient de milieux divers, chacun avec sa propre histoire. La seule chose dont on pouvait être sûr, c'est qu'ils avaient tous traversé la mer dans la cale d'un bateau négrier. Cette expérience commune réunit les descendants d'esclaves et fournit une réponse, la seule possible, à l'Antillais de couleur qui se demande d'où il vient. Dans sa vision de la cale, Patrick Chamoiseau va jusqu'à en faire une expérience partagée par *tous* ceux qui sont arrivés à la Martinique pour subir l'exploitation économique. Dans l'essai *Ecrire en pays dominé*, parmi la série de « rêves » qu'il voue aux différents peuples venus fonder la mosaïque raciale martiniquaise, il évoque les suivants :

> Nouveaux Africains venus sous contrat [après l'abolition de l'esclavage]. Madériens. Chinois. Indiens. Syro-Libanais. En vivant ces mémoires, je leur découvris un commun partage d'une plongée dans les cales. Rêver ces cales devint le point d'alliance... Elles semblent celles des bateaux négriers. Mêmes fumigations. Mêmes odeurs. Mêmes malaises (EPD 132).

---

[5] *Ibid.*, p. 11.

Les immigrés dont il est question ici ont tous plus ou moins recherché l'exil, et sont même munis de contrats de travail : mais ils éprouvent quand même le mal du pays et, comme les esclaves, ils subissent dans la cale du bateau « Une insidieuse mais décisive rupture vers le creuset américain » (EPD 133). Pour Chamoiseau, donc, l'espace de la cale fonctionne comme un signe qui recèle l'expérience originelle partagée.

A cette qualité communautaire s'ajoute un deuxième aspect symbolique de la cale, lequel dépend du fait que l'expérience de la traite, avec la distance historique, peut se schématiser selon le modèle structurel fort classique de l'initiation qui marque souvent le passage d'un individu ou d'une société d'un état à un autre (l'étymologie du mot lui-même – tiré du latin *initium* – indique qu'il s'agit d'un nouveau commencement). Présentes d'une façon ou d'une autre dans toutes les cultures du monde, et dotées d'une puissance extraordinaire pour l'imaginaire humain[6], les cérémonies d'initiation renforcent les conventions du groupe en célébrant le passage d'un(e) néophyte d'une catégorie sociale particulière à une autre : baptême, puberté, mariage, enterrement, et ainsi de suite. Bien évidemment, de telles expressions volontaires de cohésion sociale n'ont rien à voir avec les atrocités imposées par l'esclavage. Par contre, ce qui nous autorise à considérer le « passage du milieu » en ces termes, c'est que la structure initiatique signale immanquablement un changement de condition absolument radical. Il s'agit d'un schéma invariablement composé de trois stades : d'abord, on écarte le néophyte des normes de sa vieille vie ; ensuite, il subit une série d'épreuves, lesquelles ressemblent souvent symboliquement à la mort, à un passage en enfer (le *decensus ad inferos*) ou à une régression (le *regressus ad uterum*), et parfois aux trois simultanément ; enfin, une fois les épreuves terminées, l'initié « renaît » transformé par l'expérience, existentiellement autre par rapport à ce qu'il était avant le rite. L'individu n'est pas simplement changé par l'initiation, il est « refait à neuf »[7].

Il est facile de voir comment ce schéma peut être projeté sur l'expérience des esclaves africains, et dans quelle mesure le bateau

---

6 Pour une excellente introduction à ce sujet, qui renvoie à de nombreuses études plus spécialisées, voir Simone Vierne, *Rite, roman, initiation*, 2e édition, Grenoble, Presses Universitaires de Grenoble, 1987.

7 Voir Walter Kaelber, « Men's Initiation », in Mircea Eliade (ed.), *The Encyclopedia of Religion*, New York, Macmillan, 1987.

peut y représenter un point focal incontournable. Il participe à la première étape du processus car, même si l'esclave a déjà été éloigné des siens avant d'arriver à l'embarquement, c'est lors du voyage dans la cale qu'il est physiquement et irrémédiablement coupé de sa vie antérieure. C'est aussi dans la cale qu'il vit une version de la deuxième étape, celle des épreuves abominables de la traversée. Le fait que la cale occupe la partie inférieure du bateau, sa noirceur, et les conditions barbares qui y règnent la rendent aisément assimilable aux profondeurs à la fois des enfers et de la tombe. En même temps, cette même noirceur, et surtout l'état de suspension dans les eaux, évoquent le symbolisme de la matrice, lequel est souvent très proche de celui de la tombe dans les schémas mythiques. Enfin, c'est de cet enfer, de cette tombe ou de cette matrice que l'esclave « renaîtra » en posant pied sur le quai du pays de destination. Et si cette « renaissance » n'a aucune des associations positives et ascensionnelles des initiations traditionnelles, il n'en reste pas moins vrai qu'à l'issue de son voyage infernal, l'esclave s'en trouve profondément transformé, au seuil d'une existence radicalement différente de tout ce qu'il a connu jusqu'alors. Ainsi est-ce sans doute ce vieux modèle atavique qui contribue à faire de la cale un lieu d'origine – un lieu dont on (re)naît – dans tant de textes antillais. Aimé Césaire, par exemple, imagine une confusion entre évacuation et accouchement dans le *Cahier d'un retour au pays natal* où le ventre du bateau négrier, devenu lui-même « étrange nourrisson des mers », « convulse et résonne » comme pour rejeter « l'affreux ténia de sa cargaison »[8]. De même, un personnage de Gisèle Pineau affirme que les esclaves sont « Forcés à sortir du bateau comme du ventre obscur d'une mère. Pour une nouvelle naissance »[9] ; et les esclaves sortis de la cale sous la pluie dans *Le Quatrième siècle* d'Edouard Glissant subissent « un baptême pour la vie nouvelle »[10]. Chez Patrick Chamoiseau, comme nous le verrons, ce

---

8 Aimé Césaire, *Cahier d'un retour au pays natal*, Dakar, Présence africaine, 1956, p. 61.

9 Gisèle Pineau et Marie Abraham, *Femmes des Antilles: traces et voix*, Paris, Stock, 1998, p. 108.

10 Edouard Glissant, *Le Quatrième siècle*, Paris, Gallimard, 1997, p. 26. Hors roman aussi, Glissant remarque que « Le ventre du bateau négrier est notre création du monde ». Voir Catherine Delpech et Maurice Roelens, *Société et littérature antillaises aujourd'hui. Actes de la rencontre de novembre 1994 à Perpignan, Cahiers de l'Université de Perpignan*, 25, 1997, p. 139.

symbolisme initiatique du bateau est présent de manière si systématique qu'il régente le fonctionnement de cet espace à maints égards dans l'œuvre de cet auteur.

Enfin, une troisième et dernière raison de désigner la cale comme lieu d'origine est son caractère traumatisant. Nonobstant les cruautés et l'oppression inhumaines du régime plantationnaire, les conditions d'un voyage qui durait généralement entre deux et trois mois mais pouvait se prolonger jusqu'à neuf mois, étaient peut-être plus épouvantables encore :

> A bord du bateau, les esclaves resteront enchaînés et menottes aux mains. D'autres instruments de tortures les attendent en cas de rébellion. [...] Selon Jean Boudroit, dans le bateau négrier nommé l'Aurore, la capacité maximale a été de « 600 nègres et 40 à 45 hommes d'équipage ». Les noirs étaient parqués dans l'entrepont de manière à ne laisser, couchés, aucun intervalle entre eux. Ces entreponts avaient une hauteur totale en moyenne de 1,70 mètres.
>
> Ils étaient allongés face à face sur deux lignes parallèles superposées. Dans l'espace vide entre leurs pieds, se trouvaient d'autres esclaves couchés perpendiculairement.
>
> Les hommes étaient séparés des femmes par une cloison hérissée de clous. Quand le navire était au complet, les esclaves ne recevaient l'air que par les écoutilles de l'entrepont. Une promenade quotidienne était prévue pour « vider les bailles » et éviter aux malheureux l'asphyxie.
>
> [D]es femmes, [...] la plupart sont destinées au bon plaisir des matelots, durant leurs heures de repos. [...]
>
> Les maladies pendant la traversée étaient hélas courantes et n'épargnaient personne (le taux de mortalité de l'équipage est, lui aussi, élevé). Les épidémies par ordre de gravité décroissante sont : les dysenteries, le scorbut, les fièvres putrides, la fièvre jaune, la variole. Des nombreux cas de suicides parfois collectifs, chez les femmes.
>
> Les révoltes des esclaves pendant la traversée se soldaient généralement par plusieurs morts. [...] Dans le cas où les navires sont poursuivis [par des pirates ou des navires de guerre], les capitaines se trouvent parfois dans l'obligation de jeter leur misérable cargaison à la mer. Elle ne tarde pas à disparaître, dévorée par les requins. [...] la répression [des révoltes] peut être brutale, voire sadique[11].

Parmi les très nombreuses représentations littéraires de ces faits, la contribution d'Aimé Césaire est bien sûr capitale. L'image du bateau négrier hante la première moitié du *Cahier* avant de surgir enfin pleinement dans la description suivante qui évoque tout le désespoir

---

11 *Catalogue de l'Ecomusée de la Martinique*, Fort-de-France, s.n., s.d. (c. 1999), pp. 43–4. Voir aussi Liliane Crété, *La Traite des nègres sous l'Ancien Régime*, Paris, Perrin, 1989, surtout pp. 131–151.

de gens confrontés à la violence, la cruauté et l'abaissement animal inhérents à la traite :

> J'entends de la cale monter les malédictions enchaînées, les hoquètements des mourants, le bruit d'un qu'on jette à la mer... les abois d'une femme en gésine... des raclements d'ongles cherchant des gorges... des ricanements de fouet... des farfouillis de vermine parmi des lassitudes....[12]

Trente-trois ans après la première parution du *Cahier*, c'est André Schwarz-Bart qui propose une des descriptions littéraires les plus concrètement évocatrices de la cale quand il dépeint les esclaves s'appelant les uns les autres dans le noir de cet enfer suffoquant aux dimensions insoupçonnables. Il en souligne davantage l'horreur en particularisant l'expérience pour décrire la réaction individuelle de la jeune Bayangumay qui « tremblait comme si elle avait la fièvre soudain, elle tremblait et ressentait toutes douleurs, la faim, la soif, la vermine, le manque d'air, l'odeur d'autrui et celle de ses propres ordures répandues durant la nuit »[13]. Reconnaissant que sa situation est sans espoir, Bayangumay tente soigneusement, avec grande application, d'avaler sa langue. Plus récemment encore, Edouard Glissant fournit pour sa part un portrait inoubliable de l'état du négrier *Rose-Marie* arrivé au bout de son long voyage, sa crasse et ses puanteurs, quasiment indélébiles malgré le nettoyage effectué par l'équipage et par la pluie, rappelant les conditions abjectes de la traversée aussi bien que la nature profondément répugnante de la traite en général : « Dans la cale [...] l'odeur s'épaississait. L'eau charriait des pourritures, des excréments, des cadavres de rats. La *Rose-Marie*, à la fin lavée de ses vomissures, était vraiment comme une rose, mais qui tire sa sève d'un vivant fumier »[14]. S'inscrivant dans cette lignée littéraire, Patrick Chamoiseau, quand il décrit la cale, insiste aussi sur les « fumigations [...], odeurs [...] et malaises » (EPD 132) ou « les convulsions du navire, la chaleur, l'asphyxie, les vomissures, les excréments » (BDG 63).

Il est certain que le fait de savoir ses ancêtres victimes d'une telle abomination produit une forte impression sur l'imaginaire martiniquais, surtout quand, de surcroît, on sait bien que la cruauté ne

---

12 Césaire, *Cahier*, *op. cit.*, p. 62.

13 André Schwarz-Bart, *La Mulâtresse Solitude*, Paris, Seuil, 1972, p. 44.

14 Glissant, *Le Quatrième siècle*, *op. cit.*, p. 25.

s'arrêta point avec l'inauguration d'une vie nouvelle sur le quai du débarquement. Toute naissance, séparation du corps de la mère, peut être vue comme une fracture et un choc, de même que les mythes fondateurs intègrent souvent un évènement traumatisant – Chute, inondation, volcan ou tremblement de terre – qui figure la rupture avec l'existence antérieure et le début d'une ère nouvelle[15]. Sans doute la « naissance » fondatrice du peuple peut-elle être ressentie dans l'imaginaire antillais comme un traumatisme primordial à la fois bien plus profond, de par sa cruauté, que la naissance physiologique ; et bien plus réel que les ruptures symboliques des mythes[16].

La Cale comme « lieu de mémoire »

S'il est légitime d'envisager la cale comme l'espace originel dans l'imaginaire littéraire créole, il est logique qu'elle ait un rapport – comme d'ailleurs tous les espaces que nous étudierons – au « lieu de mémoire » au sens que l'inventeur du terme, Pierre Nora, lui donne, car il faut reconnaître que la mémoire joue un role essentiel dans l'œuvre de Chamoiseau et dans la quête d'identité qu'il entreprend.

Pierre Nora, dans son analyse du rapport entre histoire et mémoire dans le contexte français métropolitain, déclare qu'au lieu de « vivre » sa mémoire collective de l'intérieur, de la rappeler par chaque geste spontané mais aussi sacré du quotidien, la société française d'aujourd'hui voit le passé comme un phénomène distant, extérieur, reconstruit à partir d'analyses intellectuelles. En d'autres termes, selon Nora, d'un « milieu de mémoire », la France est devenue une société obsédée par l'histoire, mais qui cherche son identité dans des « lieux de mémoire » – drapeau, monuments, hymne national, et même la

15 Voir à cet égard Mircea Eliade, *Aspects du mythe*, Paris, Gallimard, 1963 et *Mythes, rêves et mystères*, Paris, Gallimard, 1957 ; Arnold van Gennep, *Les Rites de passage: étude systématique des rites, de la porte et du seuil, de l'hospitalité, de l'adoption*, Paris, A. et J. Picard, 1981 ; et Victor Turner, *Le Phénomène rituel: structure et contre-structure*, trad. Gérard Guillet, Paris, Presses Universitaires de France, 1990.

16 La psychanalyste Anne Levallois voit la traite comme un traumatisme fondateur. Voir Anne Levallois, « Histoire et trauma dans les écrits autobiographiques des écrivains antillais. La fonction de l'écriture dans l'appropriation d'une histoire pleine de 'bruit et de fureur' », in Jean-François Chiantaretto (ed.), *Ecriture de soi et trauma*, Paris, Anthropos, 1998, pp. 75–86.

cuisine ou les traditions folkloriques – qu'elle entretient soigneusement car : « Moins la mémoire est vécue de l'intérieur, plus elle a besoin de supports extérieurs et de repères tangibles d'une existence qui ne vit plus qu'à travers eux »[17]. En outre : « Le passage de la mémoire à l'histoire a fait à chaque groupe l'obligation de redéfinir son identité par la revitalisation de sa propre histoire. Le devoir de mémoire fait de chacun l'historien de soi »[18].

Si ces analyses sont valables pour l'hexagone, on est en droit de supposer qu'elles le sont d'autant plus pour le peuple créole dont l'histoire, elle-même si floue, lui a été imposée d'abord concrètement, à l'époque de l'esclavage, et ensuite métaphoriquement, à chaque fois qu'elle a été réitérée par des historiens ou ethnologues eurocentriques. Privés de « milieu de mémoire » dès leur arrivée en Martinique, les esclaves et, aujourd'hui, leurs descendants se trouvent obligés de s'investir dans ces « lieux de mémoire » qui sont des

> Lieux rescapés d'une mémoire que nous n'habitons plus, mi-officiels et institutionnels, mi-affectifs et sentimentaux ; lieux d'unanimité sans unanimisme qui n'expriment plus ni conviction militante ni participation passionnée, mais où palpite encore quelque chose d'une vie symbolique[19].

Enfin, le bateau et le passage du milieu relèveraient des épisodes décrits comme : « les évènements [...] auxquels [...] l'avenir a rétrospectivement conféré la grandeur des origines, la solennité des ruptures inaugurales »[20].

La démarche qui consiste à insister sur la cale comme « lieu de mémoire » fondamental du peuple créole semble donc entrer dans l'optique de Nora, car ce dernier voit dans la recherche des « lieux de mémoire » un effort pour remédier à deux aspects de la condition humaine actuelle : d'abord, à l'individualisme croissant de notre époque ; et ensuite au fait que « Le passé [...] est ce monde dont nous sommes à jamais coupés »[21]. Ainsi, il paraît clair que l'objectif d'un écrivain engagé comme Chamoiseau est de faire appel chez ses

---

[17] Pierre Nora, « Entre mémoire et histoire: la problématique des lieux », in P. Nora (ed.), *Les Lieux de mémoire*, Paris, Gallimard, 1984–1992 (7 Tomes), Tome I, 1984, pp. xvii–xlii (p. xxvi).

[18] *Ibid.*, p. xxix.

[19] *Ibid.*, p. xxv.

[20] *Ibid.*, p. xxxix.

[21] *Ibid.*, p. xxxi–xxxii.

compatriotes tant à un sentiment de différentiation identitaire face à l'assimilation française, qu'à un sens de la collectivité à travers l'idée d'une expérience fondamentale *commune*.

Mais si le lieu de mémoire est entretenu précisément parce que la société ressent une certaine coupure entre la chose commémorée et la société elle-même, la mémoire de la cale semble, chez certains écrivains, suffisamment intériorisée pour devenir paradoxalement un souvenir presque involontaire. En effet, tout suggère dans certains textes littéraires antillais la présence d'images résultant de la mémoire de la cale vécue comme un traumatisme quasi-refoulé[22] ; c'est-à-dire que les souvenirs des évènements eux-mêmes ont été largement supprimés mais, comme le dit Freud, « à un moment donné ces derniers [les évènements], doués d'une grande force compulsionnelle, peuvent surgir dans la vie du sujet, lui dicter ses actes, déterminer ses sympathies ou ses antipathies »[23] – et, sans doute, engendrer certains complexes d'images qui les rappellent, explicitement ou obliquement, dans tout travail créatif. D'ailleurs ce phénomène rappelle celui relevé par des experts chez un grand nombre de survivants de la *Shoah*, trauma beaucoup plus moderne et très étudié, donc susceptible de nous éclairer sur les traumatismes de la traite[24]. Par exemple, les mémoires de Charlotte Delbo, déportée à Auschwitz et ensuite à Ravensbrück au cours de la Deuxième Guerre Mondiale, évoquent à maintes reprises des symptomes typiques d'individus ayant subi la destruction du moi dans le monde concentrationnaire. Après son retour du camp, elle entre dans un état d'inertie :

> Des jours, des jours, sans penser à rien, sans exister tout en sachant cependant – mais je ne me souviens plus aujourd'hui comment je le savais –, tout en ayant

22 Edouard Glissant va en effet jusqu'à se demander s'il serait « dérisoire ou odieux de considérer notre histoire subie comme cheminement d'une névrose ? La traite comme choc traumatique… ». Voir Glissant, *Le Discours antillais*, *op. cit.*, p. 229. Pour une analyse (de l'absence) des origines liée au traumatisme chez Glissant voir Jeannie Suk, *Postcolonial Paradoxes in French Caribbean Writing: Césaire, Glissant, Condé*, Oxford, Clarendon, 2000, pp. 56–83.

23 Sigmund Freud, *Moïse et le monothéisme*, trad. Anne Berman, Paris, Gallimard, Série « NRF Idées », 1948, p. 169.

24 Suk, *op. cit.*, évoque elle aussi les parallèles entre ces deux expériences traumatisantes et note (p. 59n) que la comparaison a été explorée par plusieurs auteurs caribéens (Brathwaite, Phillips, Césaire, Condé) ainsi que par des critiques (voir surtout Paul Gilroy, *The Black Atlantic: Modernity and Double Consciousness*, Londres, Verso, 1993).

quelque sensation, à peine définissable, que j'existais. Je ne parvenais pas à me réhabituer à moi. Comment me réhabituer à un moi qui s'était si bien détaché que je n'étais pas sûre qu'il eût jamais existé ? Ma vie d'avant ? Avais-je eu une vie avant ? Ma vie d'après ? Etais-je vivante pour avoir un après, pour savoir ce que c'est qu'après ?[25]

Des années plus tard, lorsque Delbo se trouve en mesure de mettre en mots ses expériences, ce sont toujours les fractures entre passé et présent, rêve et réalité, qui semblent la hanter :

Auschwitz est si profondément gravé dans ma mémoire que je n'en oublie aucun instant. – Alors, vous vivez avec Auschwitz ? – Non, je vis à côté. Auschwitz est là, inaltérable, précis, mais enveloppé dans la peau de la mémoire, peau étanche qui l'isole de mon moi actuel.

[...] moi j'ai le sentiment que celle qui était au camp, ce n'est pas moi, ce n'est pas la personne en face de vous. [...] Et tout ce qui est arrivé à cette autre, celle d'Auschwitz, ne me touche pas, moi, maintenant, ne me concerne pas, tant sont séparées la mémoire profonde et la mémoire ordinaire. Je vis dans un être double. Le double d'Auschwitz ne me gêne pas, ne se mêle pas de ma vie. Comme si ce n'était pas moi du tout. Sans cette coupure, je n'aurais pas pu revivre.

La peau dont s'enveloppe la mémoire d'Auschwitz est solide. Elle éclate pourtant, quelquefois, et restitue tout son contenu[26].

Selon Laurence J. Kirmayer[27], le dédoublement identitaire exprimé ici serait un motif qui revient souvent dans les récits de survivants, et reflète la disjonction entre le moi du trauma (du camp) et celui d'aujourd'hui. Ces deux moi, selon lui, vivent dans deux mondes distincts mais liés par la continuité de la douleur personnelle et de la mémoire collective qui les habitent tous deux. C'est la présence continue de cette douleur qui, souvent, pousse le sujet à vouloir réintégrer les deux moitiés de son moi fendu ; mais, dans la plupart des cas, il n'aboutit qu'à une sorte d'oscillation entre deux états, l'un dominé par l'intrusion de mémoires traumatiques et l'autre par le refoulement et la réaffirmation du moi quotidien.

---

25 Charlotte Delbo, *Auschwitz et après III. Mesure de nos jours*, Paris, Editions de Minuit, 1971, p. 14.

26 Charlotte Delbo, *La Mémoire et les jours*, Paris, Berg International, 1995, p. 13.

27 Laurence J. Kirmayer, « Landscapes of Memory: Trauma, Narrative, and Dissociation », in Paul Antze et Michael Lambek (eds), *Tense Past: Cultural Essays in Trauma and Memory*, New York et Londres, Routledge, 1996, pp. 173–98.

Jack Kugelmass[28], pour sa part, a longuement étudié la réaction d'une autre génération, celle de l'après-guerre, face à la *Shoah*. Il s'est intéressé surtout à des Juifs américains et israéliens, trop jeunes pour avoir connu la Deuxième Guerre Mondiale, qui visitent néanmoins les camps de concentration ainsi que les ghettos de leurs aïeux en Europe de l'Est. Chez ces gens-là aussi, non pas survivants mais descendants de victimes et issus d'un peuple traumatisé, Kugelmass discerne des troubles identitaires : beaucoup cherchent notamment à s'identifier aux victimes, s'imaginant à leur place ou voyant la visite des camps comme une initiation à la communauté de ceux qui y ont souffert. Kugelmass voit dans ces « pèlerinages sécularisés » un désir d'affirmer une identité collective particulière en reprenant contact avec le passé. Il s'agit, selon lui, de rites visant à transcender le gouffre entre les générations d'avant- et d'après-guerre, entre les morts et les vivants, entre l'impuissance et le pouvoir. Et il s'agit aussi, bien sûr, de *témoigner* : de voir, et d'en parler[29].

Cette brève synthèse de l'expression des traumatismes de la *Shoah* mène à penser que l'écrivain qui entretient la cale comme lieu de mémoire poursuit deux impératifs en même temps : d'un côté, il remplit une fonction sociale en plaçant le lieu de mémoire au centre d'un projet d'identité collective ; mais d'un autre, il obéit aussi à une pulsion plus personnelle, à une hantise de mémoire qu'il partage avec ses compatriotes et dont il ne peut se débarasser[30].

---

28 Jack Kugelmass, « Missions to the Past: Poland in Contemporary Jewish Thought and Deed », in Antze et Lambek, *op. cit.*, pp. 199–214.

29 Il existe bien sûr dans la littérature française de nombreux romans mus par la mémoire traumatique de la *Shoah* pour le peuple juif: voir, pour n'en citer que trois exemples très différents, *W ou le souvenir d'enfance* de Georges Perec, la trilogie *La Place de l'étoile, La Ronde de nuit* et *Les Boulevards de ceinture* de Patrick Modiano, ou *La Vie devant soi* de Romain Gary. Le phénomène est étudié dans *Yale French Studies*, 85, 1994, numéro spécial sur *Discourses of Jewish Identity in Twentieth-Century France* sous la direction de Alan Astro. Pour une analyse intéressante de la façon dont les romans « hybrides » d'André Schwarz-Bart traitent la *Shoah* à travers des histoires « antillaises », voir Ronnie Scharfman, « Towards a Poetics of Hybridity », in Sylvie Kandé (ed.), *Discours sur le métissage, identités métisses: en quête d'Ariel*, Paris, L'Harmattan, 1999, pp. 191–207. Enfin, un roman de Gisèle Pineau explore les thèmes de migration et de mémoire en mettant en relation les déportations de Juifs français et le régime plantationnaire: voir Gisèle Pineau, *L'Ame prêtée aux oiseaux*, Paris, Stock, 1998.

30 Gallagher, *Soundings* pp. 82–3, évoque aussi Pierre Nora, et fait remarquer que le critique américain Chris Bongie exploite à son tour la distinction entre histoire et

Chez Chamoiseau, c'est l'esclave vieil homme qui incarne le plus clairement cette hantise, mi-refoulée mais essentielle, de la cale : « Il ne savait plus s'il était né sur l'Habitation ou s'il avait connu cette traversée en cale, mais chaque balancement d'un navire négrier dans les eaux calmes d'une rade, débusquait en lui un roulis primordial » (EVHM 37). Ce souvenir attribué à un personnage fictif d'époque trouve d'ailleurs son écho moderne et « authentique » dans *Ecrire en pays dominé*, où Chamoiseau s'adresse directement au lecteur. Là, il avoue que : « Ce rêve [celui où l'auteur se voit comme esclave mis en vente au marché après le débarquement] me déraille, et se répète comme un malheur bloqué » (EPD 123). Le rêve, qui pourrait être celui de tout Martiniquais créole, agit sur l'inconscient intime – il « déraille » le sujet – en lui imposant une vision traumatique récurrente. Le vocabulaire psychanalytique employé ici par Patrick Chamoiseau pour comparer le rêve à un « malheur bloqué » confirme qu'il est conscient des implications psychologiques du traumatisme, de ce « crime fondateur des peuples des Amériques » (BDG 59).

L'expérience emblématique de la cale occupe une place centrale dans l'imaginaire de Chamoiseau quand il évoque les Débuts, et la façon particulière dont il traite cette image pour l'adapter à son propos en fait un espace intéressant. Nous consacrerons les pages qui viennent à une réflexion en quatre mouvements sur la cale et la signification supplémentaire que lui prêtent les thèmes et motifs suivants dans l'œuvre de Chamoiseau : l'initiation ; l'habitation ; l'abîme ; et la littérature.

---

mémoire, pour suggérer qu'aux Antilles la mémoire constitue un lien vécu, plutôt que reconstruit, avec le passé. Voir Chris Bongie, *Islands and Exiles: The Creole Identities of Post/Colonial Literatures*, Stanford, Stanford University Press, 1998, p.161.

La Cale et l'initiation chez Chamoiseau

En réalité, le bateau négrier figure rarement au premier plan dans les romans de Patrick Chamoiseau. Certes, le film *Passage du milieu* a pour sujet principal les supplices du voyage d'Afrique en Amérique[31], mais dans les écrits il s'agit d'allusions qui restent indirectes hormis dans deux cas : *L'Esclave vieil homme et le molosse*, seul texte où le voyage dans la cale figure directement dans l'*histoire*[32], racontée en tant qu'expérience apparemment vécue par le protagoniste ; et *Biblique des derniers gestes*, où le protagoniste anti-esclavagiste, né au vingtième siècle, prétend pourtant avoir lui-même vécu la traversée qu'il décrit avec une précision terrible. Mais même ici, comme dans les discussions lucides d'essais tels que *Lettres créoles* et *Ecrire en pays dominé*, Chamoiseau tend à manipuler l'image de la cale comme élément symbolique sans s'attarder sur les détails historiques. En ce sens, donc, il paraîtrait que pour Chamoiseau le bateau négrier représente une donnée quasi-mythique qui sous-tend discrètement son écriture tout comme elle hante l'inconscient antillais.

Quoi qu'il en soit, il est clair que Chamoiseau reste fidèle à la puissante image atavique de l'initiation en dépeignant la cale tour à tour comme une matrice ou une tombe, toutes deux infernales, où se déroule une réduction élémentaire des êtres qui doivent y « mourir » pour en sortir métamorphosés. Monsieur Balthazar Bodule-Jules dans *Biblique*, par exemple, a l'impression que « Ses chairs et son esprit s'étaient dissous dans un noir stomacal qui les digérait de seconde en seconde » (BDG 61), tandis que le molosse dans *L'Esclave vieil homme* fait l'expérience de « cette tombe (sa cage) qui fut une cale » (EVHM 34), où il subit « le roulis continuel de la mer, sa déconstruction irrémédiable des espaces intimes, la lente dérade des

31 *Passage du milieu*, mise en scène de Guy Deslauriers, scénario de Claude Chonville et Patrick Chamoiseau, une co-production Kréol Productions, les Films du Dorlis et RFO, 1999. Ouvrage peu connu, ce film comporte à la fois une narration analytique de documentaire et une méditation poétique sur les cruautés de la traite, le tout prononcé par une voix « off », et accompagné de scènes illustratives sans dialogue, jouées par des comédiens. Malgré un script par moments émouvant et de belles séquences visuelles, le rythme du film n'est pas toujours des plus harmonieux, et l'effet global se trouve affecté par un budget de tournage sans doute très restreint.

32 Les termes *histoire*, *récit* et *narration* imprimés en italique, sont employés dans le sens que leur donne Genette. Voir Gérard Genette, *Figures III*, Paris, Seuil, 1972.

mémoires qu'elle engendrait. La mer qui pénétrait les chairs pour en contrarier l'âme, ou la décomposer » (EVHM 33). En effaçant les mémoires, les différences, les individualités, l'expérience de la cale réduit l'individu à la plus simple expression de l'existence, à une sorte d'hébétude proche de la mort. C'est, chez Chamoiseau, le début de cette œuvre de l'esclavage qui est d'oblitérer le moi de l'individu pour faire des esclaves une seule masse passive, un « magma » (EVHM 22).

Cette image de la cale-matrice-tombe vue comme lieu d'indifférentiation est complétée par celle de la cale vue comme lieu propice à des renaissances. Dans *Lettres créoles*, Chamoiseau et Confiant notent que :

> Celui qui débarquait après l'utérine traversée se retrouvait dans une situation où son nom, sa religion, sa langue, ses valeurs, son explication du monde étaient soit invalidés, soit en grande partie inopérationnels. Il ne débarquait pas dans un autre pays mais dans *une autre vie*. Tout était à refaire, à reconsidérer (LC 81).

Les deux auteurs insistent donc ici sur l'effacement de la vie antérieure qui marque un nouveau début : la (re)naissance de l'homme nouveau a lieu, comme pour Balthazar dans *Biblique*, « dans le tombeau d'une cale » (BDG 59).

Il en va de même dans *Chronique des Sept misères*, où le protagoniste Pipi réussit à entrer en contact avec un esclave-zombi nommé Afoukal qui est censé garder une jarre enterrée remplie d'or. Au lieu de lui révéler un trésor matériel, pourtant, Afoukal veut faire découvrir à Pipi des richesses beaucoup plus précieuses, qui sont les mémoires fondatrices de son peuple. Parmi les « dix-huit paroles » qu'Afoukal transmet à Pipi, on trouve celle-ci :

> Imagine cela : tu descends du bateau, non dans un monde nouveau mais dans UNE AUTRE VIE. Ce que tu croyais essentiel se disperse, balance inutile. Une longue ravine creuse sa trace en toi. Tu n'es plus qu'abîme. Il fallait vraiment *renaître* pour survivre. Quelle impure gestation, quel enfer utérin, roye roye roye ! (CSM 153).

Cette « parole », qui préfigure le « rêve » du marché aux esclaves raconté dans *Ecrire en pays dominé* (et cité plus haut), met l'accent également sur deux associations majeures de la cale chez Chamoiseau : la matrice (infernale) dont l'esclave émerge pour renaître autre ; et l'abîme. Nous reviendrons dans une section ultérieure sur cette dernière image importante : considérons d'abord un autre espace associé au symbolisme de l'« enfer utérin », celui de l'habitation.

La Cale et l'habitation

Au premier degré, l'association entre l'habitation et la cale est elle aussi d'ordre (chrono)logique. C'est après tout l'habitation qui est la raison d'être du bateau négrier ; et c'est la vie d'habitation qui prendra rapidement le relai de la cale dans l'expérience de l'esclave africain. Comme la cale, l'habitation est un espace symboliquement, sinon physiquement, clos qui étouffe l'expression et la volonté individuelles. L'effacement du moi commencé dans la cale y reprend de plus belle, de façon à faire des esclaves « un *déshumain grandiose* qui œuvre l'existant comme densité inerte, indescriptible » (EVHM 23). D'ailleurs, c'est l'habitation qui garantit qu'on ne peut jamais véritablement quitter le bateau : le vieil homme, par exemple, dans *L'Esclave vieil homme* « ne se souvient pas du bateau, mais il est pour ainsi dire resté dans la cale du bateau. Sa tête s'est peuplée de cette haute misère. Il a le goût de la mer sur les lèvres. Il entend même en plein jour le museau dramatique des requins contre la coque » (EVHM 50–1).

La parenté entre la cale et l'habitation se trouve renforcée par un autre élément de l'univers esclavagiste, celui du cachot qui devient un point d'articulation entre ces deux espaces symboliques. Prison noire et hermétiquement fermée, souvent souterraine, le cachot est un instrument de l'habitation, mais rappelle fortement la cale de par son aspect. Ceci se confirme dans le langage qui dépeint les anciennes prisons que Chamoiseau découvre en Guyane. Dans *Guyane Traces-mémoires du bagne*, il déclare, à propos de la visite du Blockhaus en ruines :

> *Blockhaus* ne dit plus que solitude, silence, douleur têtue arc-boutée sous la force triomphante, une grande ombre utérine. C'est un peu la tombe. [...] La sensation d'immobilisation est immédiate. [...] Je sais depuis longtemps vivre ces vestiges. [...] J'ai vu des cachots d'esclaves, des moulins à sucre, des habitations sucrières, des paysages et des quartiers dans lesquels j'ai appris à quêter les mémoires dominées. Je les retrouve ici [...] (GTMB 27 ; photo du Blockhaus GTMB 82–3).

Ici, le symbolisme récurrent de la matrice liée à celle de la tombe est appliqué à la prison, elle-même vue et vécue tout de suite à travers la mémoire – et l'expérience – des éléments du dispositif plantationnaire tels le cachot, le moulin, et ainsi de suite.

Le motif du cachot revient de façon significative dans *Texaco*, où le grand-père de Marie-Sophie, « l'homme du cachot » qui nourrit un vieux « dégoût de la mer » (T 56), est enfermé et meurt dans ce « trou malodorant » (T 53) dont la description rappelle l'insistance sur les « odeurs » venant des profondeurs du bateau. Cependant, s'il ressemble à la cale par beaucoup de ses attributs, le cachot rappelle plutôt l'habitation par l'« éternité » (T 52) qu'y passent les prisonniers, par son silence « mue[t] » (T 53) et par le fait que – comme le grand-père de Marie-Sophie – les esclaves n'en sortent jamais vivants. Le cachot permet donc aussi de distinguer la cale de l'habitation, car la grande différence entre ces deux espaces dans l'imaginaire littéraire de Patrick Chamoiseau est que cette dernière n'est guère un lieu de renaissances. Plutôt que le début d'un processus de métamorphose réel et symbolique, l'habitation en représente la fin pour la plupart des esclaves. Rares sont ceux qui la quittent triomphalement, pour commencer une vie radicalement nouvelle, comme le veut la structure initiatique classique. Le seul produit positif de la plantation chamoisienne – le conteur créole, figure sur laquelle nous reviendrons à plusieurs reprises – se forge justement pour pratiquer la résistance à l'intérieur de l'habitation, et ne s'en évade jamais[33]. Comme le cachot, la plantation imposc à tous « l'immobilisation » dans un endroit clos, séparé du reste du monde (GTMB 27).

Cela fait de l'habitation chez Chamoiseau une sorte de matrice pervertie, ressemblant à l'enfer « utérin » de la cale, mais sans issue. Ce symbolisme puissant va de pair avec une réalité historique qui semble obséder Chamoiseau : dans beaucoup de plantations, les esclaves menaient une forme de résistance en refusant de laisser naître des enfants sous le joug de l'esclavage. Ainsi, les femmes provoquaient-elles des avortements, et si une grossesse venait à terme,

[33] A cet égard, il importe de noter que le portrait fort critique de la *plantation en tant que système* que révèlent ici nos analyses co-existe, à notre avis, avec celui, plus positif, de l'*habitation en tant que milieu culturel* tel qu'il émerge surtout des écrits théoriques des Créolistes, qui est examiné par Mary Gallagher dans « Whence and Whither the French Caribbean Créolité Movement? », *ASCALF Bulletin*, 1994, pp. 3–18.

il arrivait même que l'on tuât le bébé dès sa naissance[34]. Chamoiseau et Confiant attirent l'attention sur cette pratique dans *Lettres créoles*[35], mais Chamoiseau y revient à plusieurs reprises dans ses autres écrits. Dans *Texaco*, par exemple, le père de Marie-Sophie est le premier bébé né sur l'habitation après dix ans de résistance et à l'encontre des premiers souhaits de son propre père (T 57). Afoukal dans *Chronique* avoue que les souffrances des femmes obligées de se faire avorter sont « deux fois plus effroyables » que celles des hommes (CSM 159), et *Biblique* contient une longue séquence intitulée « L'accouchée » (BDG 70–4), dans laquelle Balthazar contemple le dilemme d'une esclave qui « fait don de la mort à son fils, mais elle lui offre sa propre vie aussi ; elle demeure non pas vivante mais désanimée dans le bloc d'une rancune totale » (BDG 72). Par ailleurs, dans *Ecrire en pays dominé*, Chamoiseau évoque très explicitement la situation tragique des femmes face à la grossesse :

> Il faut imaginer ce trou sans fond : une esclave enceinte, solitaire dans le noir de sa case, poussée à supprimer la vie qu'elle porte en elle. Décision. Elle exécute ce geste. Abîme, et (dans le même allant) ascension vers un terrible soleil, vers une

---

34 L'intérêt que porte Chamoiseau à la condition féminine est examiné sous des lumières différentes dans deux articles: Lorna Milne, « Sex, Gender and the Right to Write: Patrick Chamoiseau and the 'Erotics of Colonialism' », *Paragraph*, numéro spécial *Francophone Texts and Postcolonial Theory*, sous la direction de Celia Britton et Michael Syrotinski, 24, 3, novembre 2001, pp. 59–75 ; et Lorna Milne, « Metaphor and Memory in the Work of Patrick Chamoiseau », *L'Esprit créateur*, numéro spécial *Configurations of Memory in Postcolonial Narratives*, sous la direction de Bernard Aresu, XLIII, 1, printemps 2003, pp. 90–100. Cette dernière étude traite aussi plus en profondeur des métaphores de l'abîme et de la matrice dans leur rapport au corps de la femme.

35 « La tradition de 'ne pas faire d'enfant pour l'esclavage' de la part des mères esclaves, qui se manifestait par l'avortement à l'aide de plantes secrètes ou par l'étouffement des nouveaux-nés, sévit jusqu'à l'abolition, en 1848 » (LC 105). Edouard Glissant cite aussi l'exhortation « Mange de la terre, ne fais pas d'enfants pour l'esclavage » dans *Le Discours antillais*, *op. cit.*, p. 166 ; et dans le film documentaire *Femmes-Solitude*, mise en scène de Guy Deslauriers, texte de Claude Chonville et Patrick Chamoiseau, 3 parties, RFO, Kréol Productions et Caribbean Vidéo Diffusion, 1995. Marie Abraham (Pineau et Abraham, *op. cit.*, pp. 217–8) et Liliane Crété citent le même phénomène mais elles rappellent toutes deux aussi que, selon Crété, « Les maîtres accusaient volontiers les esclaves de se faire avorter, ou de faire périr leurs bébés ; bien souvent, elles devaient avorter spontanément » à cause des très mauvaises conditions de vie. Voir Crété, *op. cit.*, p. 198.

autre échappée, on est campé en soi et on résiste à mort, et mieux que résister : *on nomme la vie dans cette mort offerte* (EPD 149).

Le geste de résistance ainsi décrit dépend d'un effroyable paradoxe, car pour affirmer sa vitalité on étouffe une vie qui dépend de la sienne ; et l'« ascension » que représente cette affirmation de soi n'est nullement celle d'une renaissance glorieuse comme le voudrait normalement l'image classique à laquelle l'auteur fait appel ici : elle est plutôt « terrible » ; elle a lieu – comme pour les femmes dans *Chronique* ainsi que celle de *Biblique* – dans « la solitude et le noir d'une case » (BDG 73) qui, comme le cachot, rappelle la condition générale de l'esclave emprisonné(e), voire étouffé(e) ou même avorté(e), dans la plantation ; et enfin, « l'ascension » se trouve reflétée dans un « abîme »[36].

Il est donc clair que l'habitation est à considérer chez Chamoiseau à la fois comme un prolongement et comme une sorte d'« inversion maligne »[37] de l'expérience, déjà horrible, de la cale. D'une part, en effet, la cruauté physique et l'effacement de l'identité individuelle commencés dans la cale seront continués par le projet plantationnaire dans l'habitation. D'autre part, cependant, les similitudes symboliques et structurelles entre ces deux espaces font ressortir une différence capitale : la cale est associée à l'image de la (re)naissance, tandis que c'est l'étouffement qui règne dans la « matrice » stérile de l'habitation.

Les aspects de ces espaces se rencontrent chez Chamoiseau dans l'image du « trou sans fond » ou de l'« abîme » attachée ci-dessus à la femme désespérée qui tue son enfant, motif qui renvoie, comme nous allons le voir, à la fois à la cale et aussi à la prolongation pervertie de celle-ci dans, et surtout au-delà de, l'habitation.

---

36 Dans *Chronique*, la référence à l'abîme est présente de nouveau: « faire naître et devoir tuer dans le noir de ta case et le *gouffre* soudain ouvert de l'âme » (CSM 160, c'est nous qui soulignons).

37 L'expression est celle du romancier Michel Tournier et désigne l'opposée symétrique et diabolique de l'entité « invertie ». Voir par exemple Michel Tournier, *Le Roi des aulnes*, Paris, Gallimard, 1972.

La Cale, l'abîme et l'identité

Le motif de l'abîme, mentionné plusieurs fois ci-dessus, s'impose peut-être avec encore plus d'insistance chez Chamoiseau que celui de la matrice. Systématiquement, la cale est décrite comme des « abysses », un « gouffre », une « effondrée » (EVHM 85 et 34), une « chute », un « effondrement » ou un « sans-fond » (EPD 133 et 167). Et chacun des romans, sans exception, contient des références à l'abîme qui sont plus faciles à interpréter une fois établie cette association primaire entre l'abîme et la cale.

Chamoiseau reconnaît lui-même que ce motif est redevable à l'écriture de Glissant :

> [...] il y a aussi chez Glissant l'idée du gouffre. Le Nègre continental d'Afrique, jeté dans une cale de bateau négrier, inaugure son rapport à la mer dans l'angoisse de la terre africaine qui s'éloigne de lui. A travers la coque, il éprouve le clapotis de l'onde, la rumeur sépulcrale des abysses. Quand les négriers (traqués par les navires anglais après l'interdit de la Traite) ne pouvaient plus s'enfuir, ils balançaient leur cargaison par-dessus bord. Et cette image d'un tapis sous-marin de cadavres qui relierait les îles antillaises est une hantise de toute son œuvre. Elle apparaît aussi chez Derek Walcott, le Saint-Lucien, et chez Edward Kamau Brathwaite, le poète barbadien (EPD 239)[38].

Chez Chamoiseau, cependant, et dans un mouvement qui fait écho aux dédoublements évoqués par Delbo et les théoriciens du traumatisme, la notion de l'abîme se détache de l'environnement extérieur de la mer pour s'installer à l'intérieur du sujet ayant subi la rupture. Ce transfert apparaît très clairement dans les paroles d'Afoukal quand il s'exclame qu'au bout du passage du milieu « Tu n'es plus qu'abîme » (CSM 153) ; ou encore dans *L'Esclave vieil homme* où les gens sortis de la cale du bateau « ont semblé non pas émerger de l'abîme mais relever à jamais de l'abîme lui-même » (EVHM 21). Le voyage qui, comme nous l'avons vu, inaugure l'oblitération totale de l'individualité, réduit l'esclave à une sorte de vide ou de gouffre vertigineux ambulant. C'est ainsi que l'esclave

---

[38] Dans une note de bas de page, Chamoiseau souligne la qualité initiatique du bateau en affirmant que c'est dans la cale que meurt l'individu continental, pour que naisse l'être qui sera désormais insulaire. Sur la notion du « gouffre » ou « abîme » initiatique chez Edouard Glissant, voir surtout Edouard Glissant, « La Barque ouverte », *Poétique de la Relation*, *op. cit.*, pp.17–21.

vieil homme, qui ne connaît même pas son propre nom et qui n'a aucun souvenir concret de ses origines, « est abîme comme son nombril » (EVHM 22) : au centre de son être et à la place de la plus simple trace d'une source identitaire quelconque – le cordon ombilical – il n'y a qu'un grand vide.

Mais il ne s'agit pas uniquement de la génération du passage du milieu évoquée par l'esclave vieil homme, par Afoukal ou par le rêve du marché aux esclaves évoqué dans *Ecrire en pays dominé*. Ce sont aussi les générations suivantes qui gardent au fond d'elles-mêmes la mémoire légendaire de cette faille essentielle : l'abîme intériorisé devient alors chez Chamoiseau le signe de troubles identitaires spécifiques à la Martinique, qui font surface chez une multitude de personnages.

Le conteur Solibo Magnifique, par exemple, quand il commence à perdre son public dans un climat de déclin généralisé des vieilles traditions, se met à parler tout seul : « Il fut double, mais mal accordé », nous dit le narrateur : « On lui surprit de ces sourires sans âme où les yeux sont abîmes » (SM 224). Il est évident que le décalage intérieur de Solibo, tout comme l'« abîme » de ses yeux, signalent une désorientation profonde qui rappelle à la fois le dédoublement du moi caractéristique des survivants traumatisés du *Shoah*, et le « déraillement » de l'auteur se rêvant esclave au marché.

De même, Pipi dans *Chronique des sept misères* se trouve déboussolé par un premier décalage, le fait d'être l'enfant hybride d'une femme et d'un dorlis, condition difficile et déstabilisante qui « l'éloign[e] [des djobeurs], de la vie et [...] de lui-même » (CSM 53). Il est ensuite troublé par une série de catastrophes : la sombre affaire de la « passe » des dissidents gaullistes, l'échec de ses amours avec Anasthase et Marguerite Jupiter, la faillite de son jardin merveilleux et bien sûr, en arrière-fond, le crépuscule prolongé du marché traditionnel où Pipi a régné autrefois en tant que « roi des djobeurs ». La quête d'un trésor, solution que Pipi recherche à ses problèmes matériels, ne fait qu'aggraver ses troubles identitaires, car s'il refuse de renoncer à la jarre d'or d'Afoukal, il est tout de même fasciné par les « dix-huit paroles » sur le passé esclavagiste que lui offre ce dernier à la place de ladite jarre. Instruit par Afoukal, Pipi parle à ses camarades des horreurs cauchemardesques de l'esclavage (CSM 170–1), tandis qu'aux enfants de Marguerite Jupiter il raconte les victoires et les tragédies d'autrefois, les « abîmes de détresse » et les revanches triomphales (CSM 193–4).

Pipi est ainsi partagé entre l'humain et le surnaturel, le présent et le passé, le désir d'argent et la fascination de la mémoire. Et son ultime aventure confirmera que c'est en termes de troubles identitaires martiniquais qu'il faut voir ce personnage. A la fin du roman, Pipi, creusant en quête d'or afin de faire bonne impression sur une belle femme-matador rencontrée dans une clairière, déterre enfin la jarre, mais la pulvérise par maladresse, libérant l'esprit d'Afoukal. Ce n'est qu'alors que Pipi comprend qu'il n'y a jamais eu de trésor. Mais au lieu de s'arrêter là pour méditer le fait que « toutes les richesses ne sont pas d'or – il y a le souvenir » comme le lui dit Afoukal en disparaissant (CSM 238), Pipi poursuit sa matador. Celle-ci se transforme alors en zombi assassin et emporte Pipi, révélant par là qu'elle n'est autre que « notre plus redoutable diablesse » au nom significatif de Man Zabyme (CSM 239). En d'autres termes, Pipi choisit l'illusion au lieu de l'identité, et en négligeant ainsi l'importance de la mémoire de son peuple, il finit par basculer dans un (Z)abîme identitaire qui l'engouffre définitivement et le renvoie au vide qui a enfanté ses ancêtres.

Vu que c'est Afoukal lui-même qui établit le lien entre l'abîme et la cale dans ce livre en soulignant que « tu n'es plus qu'abîme » à la sortie de « l'enfer utérin » (CSM 153), il est clair que la crise de Pipi n'est pas un simple élément d'intrigue limité à ce seul personnage, mais qu'il s'agit d'un malaise primordial dont Pipi devient ici l'incarnation principale. Notons, pour confirmer cela, que ni Pipi dans *Chronique*, ni Solibo dans *Solibo Magnifique* ne discourt sur son propre état psychologique : dans les parties des romans qui nous intéressent ici, Pipi et Solibo sont tous deux décrits à la troisième personne par un narrateur qui se garde de commenter sur leur conscience de soi. Cette distance narrative contribue à faire de Pipi et Solibo des personnages représentatifs, des cas extrêmes d'un trouble que ressentent aussi d'autres personnages. Dans *Solibo Magnifique*, par exemple, l'inspecteur Evariste Pilon souffre du décalage identitaire emblématique de tous les Martiniquais de son époque. Il :

> pétitionne pour le créole à l'école et sursaute quand ses enfants l'emploient en s'adressant à lui […], refuse le sapin de Noël et enneige son arbuste filao, pratique le mémorial Frantz Fanon […], vote Progressiste aux municipales, s'abstient aux législatives et crie « Vive de Gaulle » aux urnes présidentielles […] final, vit *comme nous tous*, à deux vitesses, sans trop savoir s'il faut freiner dans le morne ou accélérer dans la descente (SM 118–9, c'est nous qui soulignons).

Mais si les troubles identitaires du malheureux inspecteur sont très modernes, le vieux Congo, par contre, ainsi nommé parce qu'il rappelle par son âge, son teint, sa langue et ses façons « anachroniques » (SM 204) les esclaves fraîchement arrivés de l'Afrique, est beaucoup plus proche de l'abîme primordial. Torturé par les agents de police qui le frappent symboliquement avec tout le poids d'« un énorme registre » policier (SM 203) qui remplace les chaînes et les fouets d'autrefois, Congo se jette par la fenêtre. Cet « élan vers le vide » (SM 209) de la part d'un personnage qui évoque explicitement l'esclavage, mû par les représentants de l'ordre métropolitain-colonial, rappelle la proximité de l'abîme « sans fond » qui commence dans la cale et continue à hanter l'imaginaire d'un bout à l'autre de « nos quatre cents ans » (SM 204).

Dans *Chronique des sept misères*, le jeune djobeur et compère de Pipi, Bidjoule, renforce encore plus ouvertement le lien entre problème d'identité et image de l'abîme. Comme Pipi, Bidjoule est d'une parenté symboliquement double, car si c'est Man Goul qui l'a élevé, il est en réalité (et sans le savoir) le fils de Man Joge, mère oublieuse qui l'a abandonné bébé dans l'église Saint-Antoine. Quand le marché amorce son déclin, Bidjoule entre « en dérapage » (CSM 136) : « nous le vîmes à chaque dix mètres, cherchant à surprendre par de brusques volte-face un abîme qu'il prétendait le suivre » (CSM 137). Le malheureux se met ensuite à parler tout seul – rappelant ainsi la qualité « double mais mal accordé[e] » de Solibo – avant de disparaître et enfin de mourir à l'hôpital psychiatrique de Colson, jalon incontournable du paysage foyalais dans les romans de Chamoiseau. Le destin de Bidjoule, que les médecins retrouvent à la fin couché en position foétale, est ainsi de regresser jusqu'aux origines, retournant au ventre – ou à l'abîme – dont ses ancêtres étaient issus.

Ces hypothèses basées sur les premiers romans se confirment dans un ouvrage plus récent et beaucoup plus complet, *Biblique des derniers gestes*. Ici, des variantes physiques de l'abîme psychique se déclinent en particulier dans une série de maux guéris par la puissante Man L'Oubliée, résultant tous de souvenirs de l'époque de l'esclavage que Man L'Oubliée appelle la « Malédiction fondamentale » (BDG 454). Ce qui rappelle le plus explicitement l'abîme identitaire d'un Pipi ou d'un Bidjoule est l'épisode du bébé conçu sur l'emplacement d'un vieux cachot esclavagiste, qui tombe malade d'une fente dans les os craniens. Le narrateur note que :

> La tête-fendue était déveine courante en ce temps-là. Les nouveaux-nés (sans doute soumis à la Malédiction) ne parvenaient pas à rassembler les os de leur crâne. A mesure qu'ils grandissaient, une fente s'élargissait sous leur cuir chevelu, comme s'ils étaient dépositaires d'une mémoire impossible à loger (BDG 486).

A la lumière des analyses précédentes, le symbolisme de ce mal se passe de commentaire. Enfin, le jeune M. Balthazar Bodule-Jules, à force de rencontrer tant de troubles semblables en accompagnant Man L'Oubliée à son travail, prend conscience que :

> la Malédiction empoisonnait les vies. Les anciens s'efforçaient de l'enlever de leur mémoire et de celle des enfants, mais elle était là, plus que jamais, virulente et terrible. *En perdant la mémoire on perd le monde*, lui dit un jour Man L'Oubliée, *et quand on perd le monde on perd le fil même de sa vie* (BDG 518).

La pertinence de ceci pour le monde actuel est démontrée encore une fois dans le même roman par les « jeunes drogués de Saint-Joseph » sombrés dans « les *abîmes* du crack » (BDG 789, c'est nous qui soulignons), dont les parents demandent conseil à Monsieur Balthazar Bodule-Jules. « *Ce n'est pas la drogue le problème*, leur dit ce dernier, [...] *Le problème c'est que vos enfants sont vides, assistés dans un pays assisté, perfusionnés dans un pays sous perfusion, dépourvus de rêves dans un pays qui ne rêve plus !* » (BDG 789).

Il paraît donc clair que, pour Chamoiseau, le dédoublement ou l'aliénation de soi qui est symptomatique du traumatisme plantationnaire poursuit les Martiniquais d'aujourd'hui comme une malédiction qui resurgit avec chaque génération. Car, comme nous l'avons vu en introduction, même si les oppressions les plus brutales de l'esclavage n'existent plus, la domination « silencieuse » faite d'« influences qui pétrissent les êtres et les peuples, qui leur courbent la nuque sous le couperet du mimétisme » (EPD 101) n'en reste pas moins active. Le vieux guerrier d'*Ecrire en pays dominé* nous le rappelle quand il affirme que dans les nations postcoloniales c'est « Le 'déni de soi' plutôt que 'mise en valeur' » qui sévit (EPD 122). Et pour confirmer que la domination « silencieuse » moderne a les mêmes effets que son prédécesseur « brutal », le vieux guerrier déclare que « L'infinie diversité des peuples, leurs chants, leurs gestes, les couleurs de leurs âmes, se trouv[e] prise dans la substance 'Tiers-Monde', cette grosse pâte à modeler à laquelle on [doit] donner forme » (EPD 122). Par l'image de l'indifférentiation de la « pâte à modeler », cette observation renvoie d'abord à l'anéantissement du moi sous l'esclavage, rappelant « l'opaque substance de cette masse d'hommes qui ne sont plus des hommes » mais plutôt « une confusion d'existants dévastés, indistincts dans l'informe » (EVHM 25–6). De même, dans l'idée de « donner forme » à cette « pâte » humaine, on retrouve la vieille réification de l'individu colonisé devenu l'objet passif d'une action perpétrée par un centre de pouvoir qui se construit en sujet actif.

Sur les plans thématique, historique et fictif, donc, la cale « utérine » et ses avatars, l'habitation et l'abîme, s'imposent comme des motifs catalyseurs dans l'expression non seulement des origines (instables et douteuses) elles-mêmes, mais aussi d'une certaine relation à ces origines et aux traces qui en restent gravées dans la psyché martiniquaise aujourd'hui. Cela démontre de manière éloquente que, même si selon le narrateur de *L'Esclave vieil homme* « Les histoires d'esclavage ne nous passionnent guère » (EVHM 17) à un niveau conscient (et par « nous », il semble désigner la population antillaise), ces mêmes histoires gouvernent toujours les mécanismes de l'inconscient, car « A chaque fois, quand elle veut se construire, notre parole se tourne de ce côté-là, comme dans l'axe d'une source dont le jaillissement encore irrésolu manque à cette soif qui nous habite, irrémédiable » (EVHM 17–18).

Nous allons voir que cette mémoire est aussi souvent le moteur de la parole littéraire car, parallèlement à cette charge symbolique de couleur sociale ou politique, l'image de la cale originelle surgit de nouveau sur le plan esthétique et théorique, dans la mesure où Chamoiseau en fait une étape importante dans une certaine histoire littéraire de la Créolité.

Chamoiseau et l'histoire littéraire créole

Chez un écrivain, une fascination pour l'histoire littéraire s'explique sans doute surtout par le simple fait que l'auteur se définit lui aussi en se situant par rapport à ses origines, c'est-à-dire à la tradition littéraire dont il est issu. Mais de toute évidence, ce thème intrigue d'autant plus Chamoiseau que pour lui, la littérature joue un rôle central dans la formation identitaire en général. Cela est souligné dans l'autobiographie *Une Enfance créole*, où Chamoiseau raconte l'indoctrination culturelle à l'école coloniale, citant surtout le décor systématiquement européen des contes :

> Le maître […] évoquait des citrouilles-carrosses, un Enchanteur crié Merlin. Il nous effrayait avec d'horribles dames Carabosse, des feux follets, des gnomes, des farfadets, des lutins, des loups-garous ; il nous nimbait de puissance avec des baguettes magiques ; devant nos innocences médusées, il lisait des affaires de grimoires, de recettes-mandragore, de sabbats ; il nous décrivait des envols de manches-à-balai sous des croupes de sorcières (CE 179).

S'y ajoutent, comme nous l'avons déjà dit, des sapins de Noël, des additions de pommes et des multiplications de poires, enfin toute une panoplie d'objets exotiques, insufflés d'un prestige sans égal par l'idéologie et les méthodes pédagogiques du Maître. En même temps et de manière significative, c'est loin de la salle de classe, dans un coin des toilettes, que l'élève Gros-Lombric, le plus rustre et plus pauvre de la classe, ridiculisé et méprisé par les professeurs, raconte les contes créoles en évoquant « des zombis, des Chouval-trois-pattes, des Manman Dlo, des Volantes, des Soucougnans, des Cercueils-arrêteurs » et beaucoup d'autres encore, y compris, bien sûr, Ti-Jean-Lorizon et Ti-Sapotille (CE 179–80). Dans l'univers de l'enfant, la hiérarchisation de ces deux groupes d'histoires – statut soutenu par le cinéma, fidèle lui aussi à des perspectives eurocentriques – programme sa façon de comprendre sa propre culture, désignée comme indésirable et, de là, son identité, partagée désormais entre le français (supérieur mais étranger) et le créole (familier mais inférieur). C'est sans doute le fait d'avoir subi cette stigmatisation infligée aux plus jeunes enfants qui inspire les premiers écrits de Chamoiseau que l'on pourrait classer comme rectificatifs et alternatives historiques et culturels. Les trois pièces de « théâtre conté » (narrées et commentées par un conteur) *Manman Dlo contre la Fée Carabosse*, *L'Epoque Delgrès* et *Solitude la mulâtresse*, ainsi que l'album de bande dessinée *Les Antilles sous Bonaparte : Delgrès*, visent tous très ouvertement à instruire le public en présentant des évènements historiques ou des phénomènes culturels sous une forme abordable et même (dans *Manman Dlo*) humoristique. Le conteur de *L'Epoque Delgrès* explique le but de ce travail dans la première scène d'une pièce qui raconte l'épisode Delgrès depuis l'arrivée des Anglais en Guadeloupe jusqu'à la mort du héros Delgrès et de ses hommes :

> Je dis qu'un travail de récupération s'impose
> un travail de fondations
> un travail de contact avec nous-mêmes
> et que l'histoire de l'Europe est à savoir et pas à retenir

et que l'histoire de l'Europe ne doit servir qu'à mieux
comprendre notre histoire et nous-mêmes !

Ce qu'il faut brandir
c'est notre passé à nous
Ce qu'il faut savoir,
depuis la leçon apprise par cœur jusqu'aux réflexions
profondes,
c'est notre histoire à nous ! (ED 3)[39].

Ce plaidoyer fervent pour la récupération de l'histoire antillaise réapparaît de manière plus discrète plus tard, dans les romans de Chamoiseau. Par exemple, dans *Chronique* Pipi apprend l'importance de donner à l'histoire la forme de contes passionnants : il raconte aux enfants de Marguerite Jupiter des aventures imaginaires vécues par « Séchou, membre réel de sa nègrerie fantastique » et découvre que :

> Cette façon de dire une époque se révélait plus efficace que les sombres exactitudes historiques dévoilées auparavant. Enrichissant de mythes la réalité, il galvanisait durablement les enfants qui s'identifiaient mieux aux nègres rebelles dans leurs jeux de guerre et de courage (CSM 194–5).

Les histoires, dont l'inspiration lui vient de ses dialogues avec le zombi Afoukal, ont d'ailleurs des avantages pour Pipi aussi, car dès le début de ces conversations, Pipi acquiert « le regard en bonne saison de ceux qui, pour la première fois, possèdent une mémoire » (CSM 169).

On voit que pour Chamoiseau non seulement la littérature – sous forme d'histoires et de légendes – constitue en elle-même la pierre de touche d'une culture, mais elle peut aussi donner accès à d'autres éléments fondateurs tels que la compréhension du passé. Elle représente donc à la fois un vecteur idéologique privilégié et la possibilité d'accéder à une certaine stabilité identitaire.

Etant donnée cette relation privilégiée entre la littérature et le passé, il n'est pas étonnant que Chamoiseau – tout comme ses confrères créolistes – soit si préoccupé par l'histoire littéraire et la généalogie de l'écrivain martiniquais. Comme le démontrent *Eloge de*

---

39 Une partie de cette tirade est reprise dans l'introduction des *Antilles sous Bonaparte*.

la créolité et *Lettres créoles*[40], Chamoiseau fait remonter les racines de l'histoire littéraire du peuple créole aux débuts historiques de la Martinique, et la structure de cette histoire présente des parallèles frappants avec celle de la quête d'identité personnelle que Chamoiseau raconte dans *Ecrire en pays dominé*. Comme l'histoire littéraire très particulière élaborée dans ces trois textes joue un rôle important dans l'expression de l'esthétique chamoisienne, il sera utile d'en dégager rapidement les grandes lignes avant de nous concentrer plus longuement sur ce qui y relève de notre étude de la cale.

L'évolution de la littérature créole selon Chamoiseau peut se schématiser en six étapes emblématiques parcourues par une « tracée » littéraire qui exprime l'émergence graduelle du sujet créole. La toute première étape sera celle des peuples caraïbes qui laissent des signes sur des pierres gravées. Ensuite, nous avons le stade de la cale, étape dont l'énonciation essentielle se résume par un « cri », comme nous le verrons plus loin. La troisième phase est celle de l'habitation. A cette étape, la « tracée » se divise pour exprimer deux types de résistance au système plantationnaire : le refus ouvert, physique mais plutôt silencieux manifesté par le marronnage ; et l'opposition subtilement subversive contenue dans l'« oraliture »[41] du conteur. Dans la quatrième phase, surtout après l'abolition et jusqu'aux années 1930, la « tracée » littéraire passe par le « doudouisme », mélange de mimétisme et d'exotisme dans lequel les écrivains antillais adoptent le « masque blanc » du colonisateur[42]. Puis, en cinquième lieu, la Négritude vient soudain ranimer le cri de refus émis dans la cale et transmis en actes par les marrons. Enfin, devant ce que les créolistes considèrent comme les limites expressives ultimes de la Négritude, cette littérature cède la place à des mouvements plus nuancés : l'Antillanité de Glissant et la Créolité de Bernabé, Chamoiseau et Confiant qui, eux, appartiennent à la lignée non pas du marron, mais

---

40 Comme le dit Gallagher, cette nouvelle histoire littéraire caribéenne représente en réalité une narration lyrique téléologique de l'évolution d'une expression créole – ou créoliste – authentique, suivant « une chronologie mono-linéaire débouchant sur une créolisation sans fin » (« a mono-linear temporal logic that culminates in a creolization without end »). Voir Gallagher, *Soundings*, *op. cit.*, p. 34 et p. 46.

41 Par ce terme (LC 73 et suite), Chamoiseau et Confiant soulignent le statut et la qualité littéraires de l'œuvre orale du conteur.

42 Voir aussi à propos de cette littérature Lilyan Kesteloot, *Histoire de la littérature négro-africaine*, Paris, Karthala, 2001.

du conteur. Ces nouveaux héritiers de l'expression créole sont désignés dans *Eloge* et *Lettres créoles* par le terme créoliste de « marqueurs de paroles »[43].

Nous aurons l'occasion de reprendre chacune de ces étapes pour les examiner en plus de détails et sous divers angles au cours de cette étude, à commencer par celles de la cale et de la Négritude. Cependant, retenons bien dès à présent la forme particulière de cette chronologie historico-littéraire, car elle nous servira de point de repère chaque fois que nous évoquerons le rôle et le projet de l'écrivain chez Chamoiseau.

La Cale et la littérature

Dans *Lettres créoles*, Confiant et Chamoiseau reconnaissent, certes, l'existence en Martinique de très vieilles gravures amérindiennes ainsi que de la « scription » colonialiste des premiers Européens ; ils évoquent aussi les textes « doudouistes » ou exotistes et mimétiques des premiers écrivains antillais. Mais ils situent l'origine la plus urgente et la plus saisissante d'une expression littéraire proprement *créole* dans un « cri » imaginaire qui émerge de la cale du bateau négrier pour devenir l'expression emblématique de cette expérience essentielle. La projection sur les esclaves du bateau d'un son inarticulé, dépourvu de tout sens rationnel, exprime, d'abord, l'impossibilité de dire les horreurs de la cale :

> Comment dire la cale négrière ? Comment dire cette peur qui défait l'être, ce vertige sur l'inconnu à mesure que la rive s'éloigne et que seul s'élève à travers les suintements de la coque le murmure froid des profondeurs marines ? Comment dire ces cargaisons jetées par-dessus bord quand quelque émotion du monde tenta de réduire ce premier holocauste en traquant de têtus négriers ? Ici, les chroniqueurs si diserts par ailleurs deviennent muets et discrets (LC 38–9).

Mais la qualité inarticulée du son souligne aussi sa puissance symbolique car le cri, compréhensible dans toutes les langues, renvoie à plusieurs significations confondues : l'angoisse, la peur, le malheur, la douleur, mais aussi – paradoxalement peut-être – la vie, car ce son

[43] Ce terme, utilisé par Chamoiseau pour désigner un type d'écrivain qui se distancie de ses textes, est examiné en profonder tout le long de Chancé, *L'Auteur*, *op. cit.*, et de Moudileno, *op. cit.*

primordial est celui qui accompagne toute naissance : en ce sens, la voix de la cale adhère à son symbolisme de renaissance initiatique que nous avons déjà exploré. Ainsi, dans le schéma des Créolistes, la cale devient-elle l'espace d'une première expression propre aux esclaves, laquelle sera reprise en écho ou modifiée par des développements ultérieurs dans l'évolution littéraire créole. Dans ce contexte, il importe de signaler que c'est avant tout la capacité à exprimer le *refus* qui est soulignée par Chamoiseau et Confiant :

> Malgré son impuissance, [...] [l'esclave qui crie] refuse les chaînes ou vomit cette situation. Par sa contestation d'un ordre en marche, cet homme inaugure déjà l'allant de forces et de contre-forces où va sillonner cette tracée littéraire créole. [...] Dans l'horreur esclavagiste, l'art ne peut qu'être situé dans cette zone bouleversante où l'ordre en marche perçoit soudain le tressaillement contraire (LC 39).

Ce son fondateur, issu du creuset originel qu'est la cale, serait donc par essence, pour les Créolistes, une expression de protestation qui inaugure une littérature d'opposition.

Ensuite, les Créolistes suivent la « tracée littéraire » à travers l'habitation qui est par définition pour eux un espace de silence, ce qui nous ramène à ses corollaires, l'étouffement et l'avortement. Dans l'habitation, selon le schéma historico-littéraire élaboré par Chamoiseau et Confiant, l'héritage du cri (ainsi que l'opposition qu'il exprime) se traduit par deux manifestations métaphoriques distinctes :

> l'héritier du cri sera le Nègre marron (celui qui échappa aux habitations pour réfugier sa résistance dans les mornes), mais l'artiste du cri, le réceptacle de sa poétique, le Papa de la tracée littéraire dedans l'habitation sera le Paroleur, notre conteur créole (LC 43).

Nous reviendrons dans un chapitre ultérieur sur l'importance esthétique et symbolique de la résistance spirituelle et cachée du conteur créole qui, seul, brise le silence de l'habitation en « travaillant » la matière première du cri. On se contentera ici de noter que Chamoiseau et Confiant – qui font du conteur l'antécédent direct de l'écrivain créoliste moderne – privilégient la subtilité de celui-ci plutôt que le refus physique, ouvert du marron :

> Le Nègre marron, lui, forcé d'articuler son magistral refus dans une zone étroite (où fuir quand la mer est autour, tout partout ?), sans arrière-pays géographique, sans arrière-pays culturel sinon le lancinement d'une mémoire en voie

> d'oblitération, se voit obligé d'accepter bien des termes de ce nouvel ordre de l'existence. Cela, bien entendu, se fit au détriment de l'idéal symbolisé par le premier cri : le marronnage perdit de son sens et de ses significations, à mesure que le refus – manquant d'oxygène, butant sur la mer – s'en allait respirer les vents d'acceptation (LC 48–9)[44].

Le refus du marron, donc, tout comme sa fuite, s'avère peu concluant. Cette traduction en actions du cri contestataire ne libère pas, mais finit par mettre le fugueur dans une impasse où il est obligé d'accepter les limites imposées par l'ordre colonial à une liberté de plus en plus restreinte. Le marron ne laisse donc qu'un grand silence derrière lui :

> Quand les chiens poursuivants se déroutent et se taisent, ils [les marrons] s'essaient à renaître en articulant dans le silence des hauts une parole africaine. Mais ce pays, cette vie, ne comprend pas. Alors, au fil du temps, ils tournent en rond entre la mer, ce silence et leur parole invalidée (quel écho la conserve ?) (LC 41).

Tout en gardant à l'esprit cette caractérisation du marronnage, il s'agit maintenant d'aborder la « tracée » qui va du marronnage à l'expression littéraire dans le schéma créoliste, car elle nous aidera à comprendre le jugement porté par les créolistes sur le mouvement de la Négritude[45]. Le moment qui contribue à lancer la Négritude est décrit en ces termes :

> En 1932, un nouvel acte de marronnage s'est produit dans une relative indifférence. Hormis les hors-la-loi et bandits-vagabonds, plus personne ne marronne dans le fin fond des bois. Il s'agit donc d'un marronnage intellectuel : une dizaine de jeunes Martiniquais lance à la face de la société pourrie de Fort-de-France un manifeste marxisant intitulé *Légitime Défense* (LC 153–4).

C'est le « non magistral à l'aliénation culturelle et à la francisation forcenée » de *Légitime Défense* qui, selon Chamoiseau et Confiant, prépare « l'avènement d'une formidable tracée littéraire, celle du retour au grand cri de la cale : la Négritude » (LC 155).

---

[44] Une note dans le texte renvoie à la représentation de ce processus dans *Mahagony* de Glissant ; voir Edouard Glissant, *Mahagony*, Paris, Gallimard, 1997.

[45] D'ailleurs, cette évocation du marronnage contient déjà une allusion oblique à la Négritude dans la mention des chiens, qui fait écho au titre d'une pièce de théâtre de Césaire. Voir Aimé Césaire, *Et les chiens se taisaient*, Paris et Dakar, Présence africaine, 1989.

Les liens métaphoriques entre cette « tracée littéraire » et le marronnage vu comme acte d'opposition finalement inutile et « silencieux » pourrait mener à penser que les Créolistes méprisent la Négritude – et, avec le mouvement, son premier poète martiniquais, Césaire : c'est d'ailleurs ce que certains critiques leur ont violemment reproché[46]. Certes, en comparant la Négritude au cri, lui-même l'avant-coureur de l'échec du marronnage, Chamoiseau semble indiquer que ce mouvement de refus serait, comme le marronnage, trop profondément modelé par l'opposition binaire pour réussir : limitée par les perspectives humanistes et françaises du pouvoir colonial, même la plus lancinante expression d'opposition à cet ordre risque de ne pas aboutir pleinement[47]. C'est ce que Chamoiseau

[46] Voir surtout Annie Le Brun, *Pour Césaire*, Paris, Jean-Michel Place, 1994 ; et *Statue cou coupé*, Paris, Jean-Michel Place, 1996. Il convient de préciser que la colère de Le Brun est éveillée surtout par le livre de Raphaël Confiant, *Aimé Césaire, une traversée paradoxale du siècle*, Paris, Stock, 1993, lequel, il est vrai, se montre hostile envers les partis pris politiques de Césaire. Un examen perspicace de cette affaire est proposé dans Bongie, *Islands and Exiles*, *op. cit.*, pp. 341–7.

Le mouvement de la créolité et le texte de l'*Eloge* faisant déjà l'objet de nombreuses études critiques, nous ne nous proposons pas d'en refaire l'analyse ici. Un résumé du débat autour de l'*Eloge* est offert dans Georges Lang, « Kribich, 'cribiche' ou écrevisse ? L'avenir de L'*Eloge de la créolité* », in Paul Aron et al, Centre de Recherches Interdisciplinaires sur les Textes Modernes (Université Paris X-Nanterre), *Convergences et divergences dans les littératures francophones*, Paris, L'Harmattan, 1992, pp. 170–81. De même que Gallagher, « Whence and Whither... » (*op. cit.*), les articles suivants traitent également de l'*Eloge*: Priska Degras, « La Littérature caraïbe francophone: esthétiques créoles », pp. 6–17 ; Daniel Delas, « Etre ou ne pas être un écrivain créole aujourd'hui », pp. 62–9 ; et Sylvie Kandé, « Les 'Créolistes': des post-césairiens ou des anti-césairiens ? », pp. 70–82, tous trois parus dans *Notre Librairie, Cinq ans de littératures 1991–1995 Caraïbes 1*, 127, 1996. Enfin, l'observation peut-être la plus pertinente est celle de Gallagher qui note que les auteurs de *Lettres créoles* n'offrent pas de critique de l'œuvre littéraire de Césaire. Voir Gallagher, *Soundings*, pp. 22–5. Cette observation confirme que Confiant et Chamoiesau utilisent surtout une construction de la Négritude – que celle-ci soit ancrée ou non dans une lecture approfondie de Césaire – qu'ils manient à leur gré sur l'échiquier plus large de l'évolution de la créolité telle qu'ils la conçoivent.

[47] Voir aussi à cet égard Roger Toumson, *La Transgression des couleurs. Littérature et langage des Antilles (XVIIIe, XIXe, XXe siècles)*, 2 Tomes, Paris, Editions Caribéennes, 1989. Toumson analyse la Négritude (d'après Bataille) en tant que « littérature du mal » transgressive, concluant que « Quoique libérateur, le discours de la Négritude n'est pas encore un discours libre de la loi magistrale

suggère dans la version grossièrement simplifiée de la Négritude prônée par le « Maître-indigène » dans *Chemin-d'école* :

> Durant les lectures, il transformait à haute voix l'univers de Petit-Pierre : les mûres devenaient des calebasses, pommes et poires se transformaient en dattes. (…) Quand le Maître-indigène voyait Blanc, il mettait Noir. Il chantait le nez large contre le nez pincé, le cheveu crépu contre le cheveu-fil, l'émotion contre la raison. Face à l'Europe il dressait l'Afrique. Pour vivre son français, il s'appuyait sur un contre-français qu'il disait révolutionné. Il était en opposition (CE 181–2).

Mais ce qui est important dans le cas du Maître-indigène, c'est qu'il « ne touchait ni à l'Universel, ni à l'ordre du monde » (CE 182). D'une part, à force de se situer sans cesse par rapport à la domination coloniale, son système oppositionnel finit par laisser intactes et même par renforcer les structures et institutions qu'il prétend miner ; d'autre part, son autre référence, l'Afrique, est tout aussi irréelle pour les élèves créoles que l'univers de « nos ancêtres les Gaulois ».

Les insuffisances de la Négritude sont traitées avec beaucoup plus de délicatesse dans *Lettres créoles*, où les auteurs notent l'importance d'un mouvement qui « nous restitua une partie de notre être : la partie non blanche si férocement amputée. Elle nous restitua aussi une de nos matrices originelles […] : la Négritude nous restitua l'Afrique » (LC 169). Pourtant le jugement ultime offert dans *Lettres créoles* ne diffère visiblement pas beaucoup de celui de *Chemin-d'école*.

A bien considérer l'image de la cale dans le traitement chamoisien de l'histoire littéraire, cependant, il s'avère qu'un statut primordial est accordé à la Négritude et surtout à Césaire, même si Chamoiseau ne perçoit ni le mouvement ni le poète comme sommet de l'expression littéraire créole. « La Négritude, disent Chamoiseau et Confiant, en contestant l'ordre colonial, nous restitua quelque chose dont nous avions perdu même l'écho : *le cri*, le cri originel, surgi des cales du bateau négrier et à la vibration duquel vient s'enraciner notre littérature » (LC 170). Le don de Césaire, donc, c'est d'une part de briser le silence des voix véritablement créoles à une époque où les écrivains sont occupés plutôt à produire des ouvrages doudouistes, mimétiques ou exotistes, où l'écrivain arbore le « masque blanc » que

---

[c'est-à-dire de l'ordre colonialiste]. Celle-ci reste présente en lui. [...] La loi y est renversée selon une procédure dualiste: le Nègre prend la place du Blanc, le mal prend la place du bien, le bas celle du haut, l'impur celle du pur ». Voir Tome 2, p. 477.

lui tend le colonisateur ; et d'autre part de répondre au besoin d'origines du peuple créole en lui rendant une expression et un moment fondateurs propres. De plus, il met les Martiniquais d'aujourd'hui directement en contact avec ces débuts mythiques, car s'il faut en croire Confiant et Chamoiseau, Césaire, en écrivant le *Cahier d'un retour au pays natal*, « entend monter de ses chairs le cauchemar négrier », écoute l'« incroyable rumeur » de la cale, perçoit « le cri oublié » et couvre ses pages d'une « poétique du cri » (LC 161). Ce processus de création, vu par les auteurs des *Lettres créoles*, prend des allures initiatiques pour le poète lui-même[48] :

> Il [Césaire] descend, descend, se laisse engloutir au plus profond de ce « trou noir », puis en un puissant sursaut, le voici qui remonte, le voici « avancer par escalades et retombées sur le flot pulvérisé… ». Force et vie l'assaillent, « et voilà toutes les veines et veinules qui s'affairent au sang neuf » (LC 162).

Ailleurs dans les écrits de Chamoiseau, cette dynamique d'épreuves et de renaissances associée à Césaire se voit transférée au lecteur. Par exemple, dans *Texaco*, Ti-Cirique offre à Marie-Sophie brisée par la mort d'Arcadius et les effets du rhum un « médicament » qui consiste à lui lire des poèmes. Après avoir écouté des vers de Rimbaud, Baudelaire, Leconte de Lisle et beaucoup d'autres, c'est enfin une phrase du *Cahier* qui fait réagir Marie-Sophie. Elle s'empresse de lire le livre en entier, « sans y comprendre hak », et va bientôt de nouveau « dos droit, regard ferme, voix claire, geste tranchant » (T 468).

De même, Chamoiseau évoque dans *Ecrire en pays dominé* l'effet qu'il ressentit lui-même à la lecture de Césaire : cet effet, pour être « progressif » (EPD 54), n'en fut pas moins profond car « les choses furent claires avec la Négritude » (EPD 57). En effet, Chamoiseau raconte que pendant toute une partie de sa jeunesse, son écriture fut modelée sur celle des écrivains de la Négritude. Mais si, finalement, les structures de la pensée et le langage de la Négritude l'ont laissé lui-même « en panne » de création littéraire, c'est bien un retour aux origines de la littérature contemporaine antillaise, symbolisé par la Négritude, qui l'a relancé. Ce principe du retour aux sources associé à

---

48 Dans *Ecrire en pays dominé* aussi, Chamoiseau note la structure initiatique du livre: « Le *Cahier*, après une descente orgueilleuse dans l'enfer colonial, s'achève en une assomption grandiose » (EPD 53).

la Négritude et à Césaire guide toute la deuxième partie d'*Ecrire*, section dont le titre « Anabase : en digenèses selon Glissant » dit suffisamment, en nous renvoyant à Saint-John Perse, Faulkner et Glissant lui-même[49], qu'il s'agit de la recherche d'une identité non seulement en tant que Martiniquais mais aussi en tant qu'écrivain. C'est ici que Chamoiseau se rêve tour à tour colon, Amérindien, Africain, Indien, Chinois et Syro-Libanais, avant de se déclarer Créole. De tous, c'est le rêve du « moi-Africains » qui révèle l'importance de l'image de la cale en termes personnel, littéraire et historiographique. Après avoir décrit la cale en des termes qui rappellent ceux du *Discours sur le colonialisme* de Césaire – « holocauste des holocaustes, une sorte de nazisme d'avant l'heure » (EPD 122)[50] – Chamoiseau déclare :

> Passons vite sur l'horreur de la cale. Mais gardons-en l'idée, juste pour comprendre que j'y ai connu un sans-fond de mort et d'inouïe renaissance. [...]
>
> Il m'était facile de rêver-la-cale. Cette horreur m'avait été hurlée par les chantres de la Négritude. Mais il me fallut de la patience pour incliner ce rêve dans le lent dispersement, là où la mort et la vie recombinent d'autres nuits et d'autres soleils. Là où je me voyais déconstruit au plus profond comme pour renaître, souple, à de plurales genèses. L'Ecrire doit connaître le point exact de ce vertige-là (EPD 122–4).

A la lumière des analyses précédentes, plusieurs aspects de cette citation doivent nous frapper. D'abord, il est clair que c'est aux images rendues familières par la Négritude que Chamoiseau doit sa capacité à entrer en contact direct avec la cale des origines. D'ailleurs, sa compréhension des brutalités réelles, mais aussi des significations politiques et symboliques de cet espace a été facilitée et déterminée par les écrits de Césaire. Deuxièmement, le paradigme vertical employé ici par Chamoiseau respecte très étroitement la dynamique initiatique associée à la cale, de la descente au « sans-fond de la mort » et la « déconstruction » du moi à l'« inouïe renaissance », rendue possible par ces épreuves préalables. L'individu, en reprenant

---

49 Voir Saint-John Perse, *Anabase*, Paris, Gallimard, 1948 ; et Edouard Glissant, *Faulkner, Mississipi*, Paris, Editions Stock, 1996 (où Glissant expose la notion de « digenèses »). A propos de l'effet intertextuel du mot « Anabase » (le « voyage vers l'intérieur »), voir Gallagher, *Soundings*, *op. cit.*, pp. 90–1.

50 Voir Aimé Césaire, *Discours sur le colonialisme*, Paris et Dakar, Présence Africaine, 1950. Dans une note de bas de page, Chamoiseau lui-même reconnaît cette parenté.

contact avec ses origines, commence à s'ériger un moi nouveau ; mais pour l'écrivain qui a déjà connu la « panne » ou l'impasse de la Négritude, le fait de redécouvrir l'espace originel, même par le biais des rêves, le prépare à dépasser les oppositions binaires pour renaître « souple, à de plurales genèses ». Notons que ce processus exige de la patience et un effort considérable : tout comme le conteur de l'habitation – « artiste du cri, […] réceptacle de sa poétique » – aurait transformé de sa créativité le premier cri du bateau, l'écrivain moderne qui replonge dans la cale se doit de travailler, d'abord pour éviter de basculer dans de stériles conflits d'oppositions, et ensuite pour cultiver la pluralité, la diversité et les alternatives.

Ainsi l'image de la cale fonctionne-t-elle comme pierre angulaire dans trois structures que juxtapose ce que l'on pourrait appeler un discours ou enquête littéraire qui parcourt l'œuvre de Chamoiseau. En tant qu'espace du cri, elle apparaît comme le point de départ d'une littérature proprement créole, dont la « tracée » passe ensuite soit par les « héritiers » du cri, le marronnage et la Négritude, soit par les « artisans » du cri, le conteur et les Créolistes. Ensuite, la figure de la cale réapparaît dans la construction créoliste de la Négritude elle-même, où elle représente la force motrice exprimant la colère, le refus du système colonial et l'affirmation d'une identité noire. Dans ce contexte, les liens établis entre la Négritude et les origines mythiques grâce à la métaphore commune de la cale, indiquent que la Négritude est à percevoir chez Chamoiseau comme un grand et prestigieux (re-)commencement de la vraie expression créole après la longue période « doudouiste » des imitations de l'écriture européenne. Enfin, la cale devient aussi un espace où se lance en « Anabase » l'écrivain moderne, afin de se connaître sur le plan individuel, de (re)lancer ses projets d'écriture et de se situer sur le plan créatif dans une certaine lignée d'écrivains. Et si Chamoiseau, en tant qu'écrivain créoliste, ne saurait reconnaître la Négritude comme point culminant de la littérature antillaise, il n'hésite pas à la désigner comme une étape absolument nécessaire dans son évolution d'écrivain créole, s'exclamant : « quel bien précieux que ce retour au cri ! » (LC 171).

Il sera nécessaire de revenir sur certaines de ces observations dans le Chapitre 5, où nous approfondirons cette réflexion sur la littérature elle-même en nous penchant sur les espaces associés à l'écriture. Au préalable, cependant, il convient de reprendre les thèmes chamoisiens de la mémoire et de l'identité en abordant le deuxième de nos espaces : le marché.

Chapitre III

Echanges et ouvertures : le marché

Le Marché martiniquais

Le déclin du marché traditionnel est un phénomène bien connu presque partout dans le monde contemporain. En Martinique, il a fait l'objet d'une étude historique et sociologique par Jean-Claude De l'Orme dans le cadre d'une enquête au marché du Robert, menée en 1965 et publiée en 1972[1]. Au début du siècle et pendant longtemps, explique De l'Orme, le marché ouvert du Robert, bourg à l'époque relativement à l'écart du reste de l'île, attirait des vendeuses et des clients des environs, ainsi qu'une grande gamme de produits nombreux et variés, disposés et vendus selon les coutumes et croyances du lieu : viande, poissons, bonbons, sirop de batterie, produits de revendeuses. Y fleurissaient aussi des « amuseurs publics » et, bien sûr, tout un réseau communicationnel de rencontres, nouvelles, annonces et autres commérages. La construction d'un marché couvert en 1929 a peu modifié la disposition et la variété des marchandises. C'est la Deuxième Guerre Mondiale qui a provoqué les premières vraies transformations. Les alliés ayant imposé un blocus sur la Martinique vichyste de l'Amiral Robert, un véritable marasme économique s'est répandu sur tout le territoire, entravant l'activité du marché. Au même moment, les autorités ont inauguré une bureaucratisation croissante exigeant l'affichage des prix et la pesée obligatoire des marchandises, ce qui a dû ôter au marché une partie de son caractère autonome et populaire.

La départementalisation de 1946 n'a fait qu'achever le bouleversement du marché. L'augmentation soudaine du pouvoir

[1] Jean-Claude De l'Orme, « Les Transformations économiques et sociales d'un marché martiniquais », in J. Benoist (ed.), *L'archipel inachevé. Culture et société aux Antilles françaises*, Montréal, Les Presses de l'Université de Montréal, 1972, pp. 322–34. Voir aussi Chivallon, *Espace*, *op. cit.*, pp. 212–8.

d'achat allant de pair avec l'assistance à la famille ; l'amélioration des routes menant du Robert à Fort-de-France et ailleurs ; l'urbanisation croissante ; l'afflux de produits « made in France » : tous ces phénomènes ont contribué à une reconfiguration de l'économie et à l'apparition d'un nouveau type de consommateur qui, déjà en 1965, fréquentait de moins en moins le marché du Robert. La conclusion logique de De l'Orme est que le marché du Robert a connu un « déplacement de ses fonctions », c'est-à-dire que la fonction économique de l'achat, désormais réglée et surveillée, a graduellement pris le dessus, à mesure que les fonctions sociales du marché – les échanges personnels, la communication des nouvelles, l'entretien des relations amicales, familiales ou de voisinage – déclinaient.

Pour confirmer ces analyses, il suffit de jeter un coup d'œil aux marchés de Fort-de-France de nos jours, notamment le grand marché couvert de la rue Isambert[2] : réputé autrefois comme un centre bruyant et animé d'échanges commerciaux et de contacts humains, il est aujourd'hui le site de transactions presque purement économiques entre les marchandes de « produits traditionnels » pré-conditionnés et pré-emballés – tissus, vannerie, herbes, épices –, et les touristes qui sont leurs plus fréquents clients. La fonction sociale du marché pour les gens du lieu est devenue extrêmement restreinte, signe particulièrement visible d'une tendance générale touchant tous les espaces « populaires » d'autrefois dans une société de consommation de plus en plus occidentalisée. Si Fort-de-France a, jusqu'ici, mieux conservé un esprit de quartier communautaire que beaucoup de grandes villes, il n'en reste pas moins que les exigences de la vie contemporaine ont porté atteinte à l'inclusivité sociale des espaces publics – églises, cafés, marchés, transports en commun – d'où l'inquiétude de ceux qui y voient également la perte de certaines pratiques quotidiennes qui entretenaient autrefois les spécificités de l'identité créole. En 1965, selon De l'Orme, des croyances mystiques particulières s'attachaient toujours aux activités des marchandes du Robert en ce qui concernait la préparation de l'étal, la disposition des produits, les conditions de la première vente de la journée, et ainsi de suite : mais, dans un marché de moins en moins fréquenté et une société de plus en plus dédaigneuse face aux « superstitions », il est

---

[2] La reconstruction du grand marché fait l'objet d'un article attribué au journal *France-Antilles* et reproduit dans *Chronique* accompagné d'une « Note de l'ethnographe » (CSM 243).

légitime de supposer que ces traditions soient partout aujourd'hui en voie de disparition.

C'est cette dégénérescence économique et sociale du grand marché de Fort-de-France que dépeint Patrick Chamoiseau dans *Chronique des sept misères*, texte sensiblement romanesque, souvent même fantastique, mais qui se veut néanmoins « Chronique » d'une « vérité » historique générale. Adhérant avec grand soin à la topographie foyalaise, Chamoiseau plonge son lecteur dans un décor urbain vérifiable et minutieusement décrit, ne laissant aucun doute quant au sérieux historique de son projet. De même, le choix des djobeurs du marché comme centre d'intérêt et source de la narration – le narrateur n'est ni individualisé ni nommé, mais emploie la première personne du pluriel « nous » pour désigner le groupe des djobeurs – souligne la nature quasi-ethnographique du texte, qui suit de près la disparition d'une véritable espèce culturelle et professionnelle : avec la popularité du marché, on voit également chuter aussi le nombre de « djobs » – aller chercher, porter, livrer des courses pour les marchandes et les clients – qui permettent aux djobeurs de gagner leur vie. Enfin, les étapes historiquement importantes de la guerre et de la départementalisation sont clairement signalées, la dernière s'avérant encore plus fatale pour le marché que la première, comme le montre la section du roman intitulée « Département, Département… ! » :

> à mesure que passait le temps, les avions et bateaux de France augmentaient. Ils amenaient des caisses de marchandises à bon marché, des pommes et raisins exotiques […], des produits inconnus en conserves, sous cellophane ou en sachets sous vide. Les békés […] bientôt […] quadrillèrent le pays de libres-services, supermarchés, hypermarchés, auprès desquels les nôtres faisaient triste figure (CSM 133).

Et ce processus continue en sorte que « La vie de djobeur devint plus aride qu'à l'époque de l'Amiral Robert » (CSM 134).

Malgré ces évocations d'évènements historiques, de lieux et de types sociaux identifiables, il est pourtant clair qu'il s'agit ici ni d'une simple narration historico-culturelle ni, contrairement aux avis de certains critiques, de « nostalgie » ou de vision « rétrospective » déplorant la perte de la culture créole d'antan[3]. Comme nous l'avons

[3] Voir l'échange de lettres entre Raphaël Confiant et Richard D. E. Burton, publiées d'abord dans *Antilla* (nos. 617 et 620, janvier et février 1995 respectivement) et reproduites dans Burton, *Le Roman marron. Etudes sur la littérature*

déjà suggéré dans le chapitre précédant en liant les personnages de Pipi et Bidjoule à l'image de l'abîme, *Chronique des sept misères* comprend une interrogation profonde sur la nature de l'identité. De manière plus importante, nous le verrons, cette description du marché nous offre la représentation littéraire et concrète de l'un des concepts de Chamoiseau les plus abstraits et complexes concernant non pas le passé créole mais l'*avenir* global : celui du « Lieu ».

Le présent chapitre se propose donc, dans un premier temps, d'élucider plus amplement le discours identitaire de ce texte ; et, dans un deuxième temps, de mettre en regard le portrait du marché et la notion du Lieu telle qu'elle se présente dans les écrits théoriques de Patrick Chamoiseau sur l'avenir de l'ère postmoderne. L'analyse s'appuiera sur trois lignes de force parcourant le texte qu'il convient d'identifier dès à présent.

Passé, pays, performance

A l'instar de l'étude de Jean-Claude De l'Orme, *Chronique* donne une place centrale à la problématique du « déplacement » des fonctions et des valeurs de la société martiniquaise, surtout après la départementalisation. Dans ce « Livre parabole, récit de la destruction d'une culture par l'irruption d'un rationalisme qui ne peut que lui être fatal »[4], on assiste partout à la domination croissante des nécessités économiques, presque toujours aux dépens de la qualité de vie sociale et de la culture traditionnelle qui alimentent l'identité collective et individuelle. Cette préoccupation majeure opère à deux niveaux dans le texte : sur le plan macroéconomique, elle attire l'attention sur le pouvoir des forces institutionnelles – gouvernements, conseils, lois du marché international – qui influent sur la vie des gens sans que ceux-ci puissent réagir ; au niveau microéconomique, elle souligne les soucis quotidiens du petit peuple cherchant à gagner sa vie, voire à se payer quelques petits luxes. Dans *Chronique*, certains éléments de ce

---

martiniquaise contemporaine, Paris, L'Harmattan, 1997, pp. 259–65 ; et Maryse Condé, « Order, Disorder, Freedom and the West Indian Writer », *Yale French Studies*, 83, 2, 1993, pp. 121–35.

4 « La Martinique retrouvée », signé Jo S., *Le Monde*, 12 février 1986 ; reproduit dans *Antilla Spécial*, 11, juin-juillet 1988, p. 12.

deuxième niveau sont exploités surtout afin d'illustrer ou de renforcer un commentaire sur les effets brutaux du premier.

En même temps, cette idée centrale se manifeste par trois grands axes thématiques qui parcourent le roman, mettant une grande richesse métaphorique au service, d'une part, du problème crucial du rapport entre l'identité et la conjoncture socio-économique, et d'autre part, d'une réflexion profonde sur les solutions éventuelles à ce problème.

Il s'agit d'abord, bien sûr, de la thématique du passé et de la mémoire que nous avons déjà effleurée en abordant (Chapitre 2) le rapport entre Pipi et le zombi Afoukal, gardien des souvenirs de l'esclavage. Nous l'avons vu, les liens entre le bon fonctionnement de la mémoire et la stabilité de l'identité ne font aucun doute.

Deuxièmement, notons que le choix de situer les djobeurs de *Chronique* dans le marché aux légumes (CSM 75) permet à Chamoiseau d'exploiter deux régimes métaphoriques importants : l'alimentaire et le végétal. Selon le premier, on voit les Martiniquais se nourrir de plus en plus de produits européens tandis que les fruits de leur propre travail diminuent en valeur, mécanisme qui agit tant sur l'idéologie que sur les habitudes alimentaires[5]. Quant au système métaphorique du végétal, il se déploie au premier plan de l'intrigue lors des épisodes du jardin miraculeux et des séjours de Pipi dans la clairière. Mais le texte mobilise en même temps toute une série de petites allusions agricoles et botaniques, souvent humoristiques, comme l'histoire de la marchande de Ducos et son « igname démesurée » (CSM 88) ; ou parfois tragiques, comme le cas de Bidjoule que l'on embarque pour Colson après l'avoir retrouvé « enterré jusqu'à la taille dans les raziés du Bois-de-Boulogne » où il « soutenait être une igname » (CSM 138). De tels détails, apparemment dérisoires, font en réalité partie d'un complexe thématique tout à fait cohérent qui joue sur les deux significations du mot « terre »[6]. D'une part, c'est la matière organique où poussent les

[5] Pour une analyse approfondie du champ sémantique de la « digestion » dans la littérature antillaise (et de ses corollaires, l'indigestion et le vomissement), voir Mireille Rosello, *Littérature et identité créole aux Antilles*, Paris, Karthala, 1992, pp. 113–21.

[6] On peut se demander si la forme étrange que prend la folie de Bidjoule n'est pas aussi un clin d'œil ironique de la part de Chamoiseau. Dans un article que Chamoiseau connaît sans doute, Suzanne Césaire recourt aux classements d'« homme-plante » et d'« homme-animal » inventés par Frobénius pour

végétaux, aspect important chez un écrivain écologiste qui a, avec des collègues, signé un manifeste proposant « de mettre en place en Martinique [...] une économie centrée sur des produits biologiques diversifiés » afin de compléter les acquis de la départementalisation tout en remédiant aux difficultés socio-culturelles et psychologiques engendrées par celle-ci[7]. Dans *Chronique*, ce sont les rastas qui semblent le mieux incarner l'équilibre entre l'homme et la terre, car leurs méthodes agricoles produisent un rendement généreux ; mais ils restent à la périphérie du texte, car ils ne sont pas représentatifs de la culture populaire créole. D'autre part, la terre désigne le pays, la zone géographique à laquelle on se sent attaché – et à laquelle on s'identifie.

Enfin, moins évidente que les deux autres, la thématique de la performance nous ramène encore une fois à celle de l'identité. Cette notion se dégage du travail de certains ethnologues et sociologues des trente dernières années[8], pour qui l'identité se construit en partie à

---

annoncer que le malaise du Martiniquais en rupture avec lui-même vient du conflit fondamental entre sa vraie nature (qui serait « végétale ») et le mode de vie inculqué par la civilisation française (laquelle serait « animale »). « Qu'est-ce que le Martiniquais ? demande-t-elle. [...] Dans les profondeurs de sa conscience il est l'homme-plante, et s'identifiant à la plante, son désir est de s'abandonner au rythme de la vie ». Voir Suzanne Césaire, « Malaise d'une civilisation », *Tropiques*, 5, 3 avril 1942, pp. 43–9 (pp. 45–6).

7 Patrick Chamoiseau, Gérard Delver, Edouard Glissant et Bertème Juminer, « Manifeste pour un projet global », *Antilla*, 867, 14 janvier 2000, pp. 17–19. Conçu comme contribution au débat entourant la préparation de la « loi d'orientation » proposée par le gouvernement français en 1999, le manifeste admet que « La départementalisation a mis en œuvre des processus indéniables de modernisation, d'élévation du niveau de vie, d'amélioration générale des conditions d'existence et des rapports sociaux », mais condamne le fait qu'« elle s'est aussi pervertie en un syndrome d'assistanat généralisé, de dépendance accrue, et d'une anesthésie qui se renforçait à mesure que les transferts publics augmentaient en ampleur ». Il faut ajouter, continuent les auteurs, « le mal-être généralisé et l'invalidation des pouvoirs locaux renvoyés à leur impuissance à chaque passage d'un grand commis gouvernemental porteur de subsides et de décisions. Et encore, cette consommation hyperbolique par laquelle nous nous dispensons si plaisamment d'investir, de nous projeter, de construire » (p. 15). A propos de l'engagement écologiste de Chamoiseau, voir aussi Renée K. Gosson, « For What the Land Tells. An Ecocritical Approach to Patrick Chamoiseau's *Chronicle of the Seven Sorrows* », *Callaloo*, 26, 1, 2003, pp. 219–34.

8 Les théories de la performance doivent beaucoup aux travaux précurseurs sur la notion de la pratique développée notamment par des chercheurs comme Michel de

travers l'exécution en public d'un certain complexe de pratiques. Selon l'ethnologue Victor Turner, par exemple, l'« *homo performans* » se révèle aux autres et à lui-même en jouant des rôles ou en les brisant, actes par lesquels il déclare à un public donné l'état de son identité[9]. Ainsi, par exemple, le djobeur puise une partie de son identité non seulement sociale mais aussi sexuelle dans le travail qu'il effectue. Cela se voit dans la préparation et maniement de la brouette qu'il construit lui-même et qui devient son totem :

> Il fallait naître avec véritablement sentir la tranquille possession cette progressive densité de soi offerte comme une élucidation d'écriture Dire enfin l'amour dégagé pour tout arrondir et amorcer le définitif encore jamais connu
>
> Avec les djobs viennent
> le modelage des doigts
> la patine du manche
> et
> la naissance des muscles de l'épaule
> seuls dompteurs véritables
> de la Bête (CSM 87).

Il est clair ici que la fabrication de la brouette est un rite de passage qui fait du jeune djobeur un homme qui « [re]naît » en même temps que l'instrument du djob. Cette évolution se reflète dans le texte même d'abord par une syntaxe confuse et sans ponctuation qui évoque le

---

Certeau (*L'Invention du quotidien, I* et *II*, Paris, Gallimard, 1990 et 1994) et Pierre Bourdieu (*Le Sens pratique*, Paris, Editions de Minuit, 1980), ainsi qu'aux « féministes de la différence » ou de la « résistance » telles que bell hooks (*Talking Back: Thinking Feminist, Thinking Black*, Boston, South End, 1989). Ces théories s'appliquent aujourd'hui surtout aux analyses de la construction sociale de l'identité sexuelle. Voir par exemple Judith Butler, « Performative Acts and Gender Constitution: an Essay in Phenomenology and Feminist Theory », *Theatre J*, 40, 4, 1988, pp. 519–31 ; et *Bodies that Matter: on the Discursive Limits of « Sex »*, New York et Londres, Routledge, 1993 ; ou Jon P. Mitchell, « Performances of Masculinity in a Maltese *Festa* », in Felicia Hughes-Freeland et Mary M. Crain, *Recasting Ritual: Performance, Media, Identity*, Londres et New York, Routledge, 1998, pp. 68–92. Enfin, pour un compte rendu et une évaluation des théories de la performance, voir Rosalind C. Morris, « All Made Up: Performance Theory and the New Anthropology of Sex and Gender », *Annual Review of Anthropology*, 24, 1995, pp. 567–92.

9 Voir Victor Turner, *The Anthropology of Performance*, New York, PAJ Publications, 1992, p. 81. Turner s'intéresse en particulier à la performance de rites, mais son observation reste valable pour les échanges sociaux quotidiens.

moment liminal de la création de la brouette, et ensuite par l'apparition d'une syntaxe claire et assurée, mise en valeur par la disposition visuelle des vers, qui indique l'acquisition d'une nouvelle stabilité sociale et existentielle chez le djobeur fait. Il apparaît aussi que dans l'univers du marché où les rôles sexuels sont nettement différenciés, la possession de la brouette devient signe de virilité, tandis que « le panier caraïbe était affaire de femmes : l'homme à deux graines ne vend pas » (CSM 50). D'ailleurs, au fur et à mesure que le djobeur s'améliore dans la pratique de sa vocation, une sorte de symbiose s'installe entre l'homme et sa brouette : elle lui fait venir des muscles qui inscrivent en son corps même son identité masculine de djobeur ; alors que le djobeur, lui, laisse sur les manches de la brouette une patine qui témoigne de l'emploi qu'il en fait. Ce sont – du moins en partie – la pratique d'une activité et l'exécution d'un rôle qui définissent le djobeur et les traces qu'il laisse au monde, phénomène dont l'importance sera mise au jour au moment où l'évolution économique aura pour effet de mettre les djobeurs au chômage.

Ces trois thématiques – la mémoire, la terre, la performance – reviendront au cours des analyses qui suivent, dans lesquelles nous examinerons, dans un premier lieu, les problèmes soulevés par les revirements économiques et dans un deuxième lieu les diverses tentatives de solution proposées par le texte.

Autour du marché : problèmes identitaires

Jouant sur plusieurs registres littéraires, du réalisme sociologique au merveilleux en passant par le conte de la tradition orale, le discours central de *Chronique* représente un drame bien réel, la transformation – voire l'appauvrissement – des ressources identitaires créoles à la Martinique. Comme nous l'avons vu, Pipi, vivant l'effondrement du marché comme un problème purement économique, s'acharne à chercher une solution pécuniaire à ses problèmes, obsédé comme il l'est par la jarre d'or d'Afoukal. Cette illusion est bien sûr inappropriée, car le déclin du marché représente un drame non seulement économique mais aussi culturel. Le destin de Pipi est particulièrement significatif car les hauts et les bas de son parcours, suivant les aléas du marché, sont plus dramatiques que ceux des autres djobeurs. Qui plus est, le texte le place dans un rapport métaphorique très proche – métonymique, en fait – au marché.

D'emblée, Pipi porte le titre de « roi de la brouette » (CSM 16), représentant tous les djobeurs au point que « comme une seule mangue dit les essences de l'arbre, ce qu'il fut nous le fûmes » (CSM 17). Outre ce statut exemplaire, le texte renforce ses liens au marché par le biais d'échos lexicaux, par exemple en juxtaposant le « réveil » de Pipi après la mauvaise période de la fin de la guerre au « réveil », cité à peine quatres lignes plus tard, des marchés dans leur « bombance d'après-guerre » (CSM 74–5).

Mais pour consolider le mouvement global du texte, le lecteur assiste au naufrage – tantôt économique, tantôt personnel, souvent les deux à la fois – de plusieurs personnages associés au marché comme Pipi. Nous avons déjà noté que Bidjoule aussi chute dans la folie et la mort, tout comme le fera Ti-Joge le facteur qui meurt avec Chinotte dans l'incendie du Chez Chinotte[10]. D'ailleurs, la vieille Bonne-manman qui vend le bar à Chinotte finit elle aussi ses jours à Colson (CSM 280), tandis qu'Anastase, pour sa part, se languit en prison (CSM 218–21). Un autre destin qui illustre aussi très clairement ce changement sinistre, et qui mérite par là un examen plus approfondi, est celui de Man Paville, propriétaire de la boutique d'effets mortuaires.

D'abord, illustrant les effets économiques de la départementalisation, la boutique de Man Paville s'effondre dès l'arrivée des services complets (corbillard compris) des sociétés de pompes funèbres françaises (CSM 172), avec pour résultat que Man Paville se retrouve marchande de poivre au marché pendant un certain temps, puis finit par basculer dans la folie. Ce personnage préfigure d'ailleurs lui-même la fin du marché dans une scène fantastique où, ayant entendu l'annonce de sa propre mort aux avis d'obsèques à la radio, Man Paville, plantée au cœur du marché à côté de la fontaine, s'évapore sous les yeux incrédules de ses amis (CSM 174). La fin de Man Paville (rebaptisée Odibert à l'époque) préfigure aussi la disparition absolue de Pipi aux mains de Man Zabyme car, comme celle de Pipi, la mort d'Odibert est surnaturelle et ne laisse aucune trace. Dans un crépitement rappelant le bruit du feu, les gens du marché « la [virent] poussière lumineuse et innombrables bulles gazeuses » (CSM 174), description qui fait d'Odibert une explosion

[10] Le bar de Chinotte est détruit par des marins français, suggérant que la destruction économique et culturelle vient directement de la métropole (CSM 225–7).

d'eau, d'air et (comme la jarre, CSM 237) de terre pulvérisée. Dans ce retour aux quatre éléments, Odibert disparaît si totalement qu'on pourrait croire qu'elle n'a jamais existé.

Ce qui est important, c'est que comme Pipi encore une fois, Odibert paraît souffrir de troubles d'identité : désorientée par sa faillite, connue à la fin sous un nom et dans une profession nouveaux, c'est l'annonce précoce de sa mort qui achève de la faire douter de son existence et lui ouvre l'abîme ultime, représenté par le « millier de petits trous » auquel elle est réduite (CSM 174). L'évaporation de Man Paville atomisée figure ainsi de manière spectaculairement physique la décomposition mentale de tant d'autres personnages qui sombrent dans l'ivresse ou la folie dans tous les romans de Chamoiseau mais surtout dans *Chronique*.

L'effacement ultime de Man Paville-Odibert préfigure aussi celle de Man Elo qui rentre, après la mort de Pipi, au Vert-Pré où « dans la maison, éclairée, grande ouverte, nulle vigilance ne l'entend exister » (CSM 239). Ces disparitions radicales de personnages âgés, représentatifs des anciennes mœurs et traditions, annoncent aussi la « transparence » croissante des djobeurs.

Au début de l'*histoire*[11] du texte, les djobeurs se savent descendus d'une certaine lignée d'hommes forts et débrouillards (CSM 15–16), lignée qu'ils espèrent maintenir en prenant comme apprentis Pipi et Bidjoule. D'ailleurs, la voix qui narre le texte se révèle très soucieuse d'inscrire dans le temps et dans l'espace cette continuité identitaire. Tout comme l'exercice du métier imprime son sceau à même l'espace du corps et aussi de l'instrument (la brouette), de même il importe de laisser des traces dans le temps : « Comment dire le plaisir de voir des jeunes sur nos traces, nous refaire, nous inscrire dans le temps ? » (CSM 87). Petit à petit, cependant, ces espérances seront déjouées. D'abord, le rôle que jouent les djobeurs, ainsi que leur « public », élément essentiel de toute performance, change : après la départementalisation, ce qui les ramène au marché après le rhum de treize heures, ce n'est plus le travail mais plutôt, par exemple, « une séance de photos avec des savants canadiens » (CSM 140). De sujets exerçant indépendamment leur métier, et vérifiés de l'extérieur par le regard d'un public complice qui comprenait et consolidait la performance, les djobeurs deviennent ici non seulement une curiosité

[11] Dans le sens de Genette.

culturelle mais l'objet réifié, dépourvu d'autonomie subjective, des ethnologues étrangers[12].

A la fin du roman comme de l'*histoire*, pourtant, les djobeurs n'ont même plus le public des ethnologues. Dans un amas de références à la disparition s'accumulant dans les dernières pages, il devient clair que tout le monde les ignore. « A croire, dit le narrateur, que nous étions là sans y être [...] victimes d'une gomme invisible, nous semblions tout bonnement nous effacer de la vie » (CSM 216). Elmire remarque ce qui se passe et récite un « couplet » sur les peuples perdus, disparus ou en voie de disparition, tous ceux dont l'absence fera diminuer la diversité ethnique et culturelle du monde. Mais « Nous [les djobeurs] avions atteint le bout d'une tracée épuisée sans horizon, où le pays se faisait encore plus insaisissable » (CSM 217) et, dès la mort d'Elmire, « personne ne nous voit plus » (CSM 240). Tout ceci se déroule dans une ambiance d'écroulement, surtout à l'approche de la mort de Pipi dont les fortunes reflètent de si près celles du marché et de ses amis :

> Nous nous assîmes avec elle [Man Elo, la mère de Pipi], près de ses casseroles ternies, sous un manteau d'air immobile. Dans le marché alangui, la bonne odeur des fruits avait un peu suri, les feuilles affranchies décoiffaient les allées. Autour des établis luisants comme des tombes, un premier vent de nuit traversait les silences. Les yeux de Man Elo disaient qu'il n'y avait plus rien à tenter. Cela nous fit l'impression d'une chute vertigineuse, la détente d'un abîme prédateur collé à notre ombre (CSM 235).

Dans ce passage surchargé de références à la pourriture et à la mort, le fait de savoir leur « roi » si proche de la fin place les djobeurs devant cet « abîme » qui « suivait » Bidjoule et qui menace maintenant de les engouffrer tout comme il avalera Pipi. « Prédateur », l'abîme les guette pour les engloutir ; mais rappelons-nous aussi ce que nous avons établi dans le Chapitre 2 : dans l'économie symbolique de Patrick Chamoiseau, l'abîme pré-date les djobeurs. C'est-à-dire qu'il se trouve latent en eux depuis longtemps, et n'attend plus que l'occasion de se manifester.

Enfin, privés et de leur fonction – mêmes les brouettes-totems sont envoyées à la voirie – et du « public » qui atteste leur existence

[12] La figure de l'ethnologue apparaît souvent dans les écrits de Chamoiseau où, le plus souvent, son projet se métamorphose en un projet d'écriture littéraire, ses buts scientifiques s'avérant finalement inaccessibles. Nous y reviendrons dans le Chapitre 6.

(puisque personne ne les voit plus), les djobeurs se réduisent à une « grappe » d'épaves « incapables du *Je*, du *Tu*, de distinguer les uns des autres » (CSM 240), condition qui rappelle le « magma » indifférencié de l'esclavage qui supprime l'individualité et que nous avons déjà évoqué dans le chapitre précédent. Il ne fait pas de doute, la problématique centrale de *Chronique* est celle de l'identité individuelle et collective minée par des développements politiques et économiques qui ramènent le peuple, sinon aux brutalités physiques de l'esclavage, du moins à ses effets de dominance coloniale. En ce sens, la jeune génération, moins bien ancrée dans les traditions populaires, plus facilement séduite peut-être par les sirènes du « progrès » économique, se présente comme la victime la plus vulnérable ; mais le destin des personnages plus âgés, même ceux qui tiennent plus longtemps avant de sombrer, démontre qu'en réalité la société de consommation n'épargne personne.

Pourtant, à travers les aventures des personnages et les axes thématiques que nous avons pu identifier, le texte propose un certain nombre de tentatives pour contrer les influences néfastes de la départementalisation, que ce soit en détournant la catastrophe économique, ou en cherchant une manière d'affirmer une identité et de laisser des traces. Commençons par celles de ces tentatives qui, par leur échec cuisant, contribuent de fait à l'élaboration de la problématique, avant d'en arriver à un modèle plus prometteur.

Echecs et élaborations

Face au déclin du marché et à la situation précaire du petit peuple en général, les autorités et institutions paraissent totalement démunies : la municipalité et le gardien du marché se bornent à appliquer les lois, percevoir des taxes et envoyer des rapports inutiles (CSM 207), tandis que les partis politiques se montrent incapables d'agir de manière efficace.

Par exemple, l'étudiante révolutionnaire qui s'installe au marché saisit parfaitement la nature économique des problèmes qui menacent les marchandes et djobeurs, prédisant avec justesse que, face aux importations françaises, « Vos ignames reculeront devant les pommes de terre et jamais vos quénettes ne concurrenceront leurs raisins ! » (CSM 135). Pourtant, les solutions marxistes que propose l'étudiante – organisation de la production, rationalisation, réfrigérations, taxation

– ne feraient elles aussi qu'entraîner un grand bouleversement de la vie agricole et sociale, chose qui ne la perturbe pas le moins du monde. En réalité, exprimées dans la langue de bois du parti communiste, les stratégies prônées par l'étudiante sont elles-mêmes autant d'importations étrangères. D'ailleurs, le fait que l'étudiante « nous cravachait de son idéal manié comme une liane », rappelant par ce vocabulaire les coups de liane distribués chaque soir à ses enfants par Félix Soleil (CSM 22–3), implique ainsi la brutalité patriarchale avec laquelle sa « révolution » risquerait d'imposer ses politiques à des gens dont l'étudiante, pour sa part, ignore tout : elle « ne comprenait pas [...] qui nous étions et ce que nous faisions là », affirme le narrateur (CSM 135).

Cette incapacité des partis politiques et de leur bureaucratie à tenir compte des effets sociaux de leurs tactiques économiques se confirme dans l'épisode du jardin merveilleux établi par Pipi autour de la case de Marguerite Jupiter. C'est le succès économique de l'entreprise qui attire l'attention des hommes politiques qui viennent en foule rendre hommage à Pipi : indépendantistes, anticolonialistes de tous bords, et même le conseil municipal mené par le député-maire Césaire en personne (CSM 199–200). En le félicitant, ceux-ci ne cherchent en réalité à servir que leurs propres fins, que ce soit en s'appropriant Pipi comme symbole de réussite ; ou en lui soutirant ses méthodes à travers les analyses de savants agronomes qui ne parlent (en français, bien sûr[13]) que rendement, rentabilité et industrialisation. Encore une fois, les hommes politiques, tout autant que les experts scientifiques, imposent leur propre perspective à un phénomène – et un individu – qu'ils ne cherchent pas à comprendre réellement. Les conséquences sont très claires : réifié par la structure hiérarchique de ses relations avec les agronomes, laquelle reproduit exactement celle de la départementalisation et tous ses vestiges de domination coloniale, Pipi perd confiance en lui et retourne aux tentations de la jarre d'Afoukal, tandis que les savants abandonnent le jardin après l'avoir dévasté en y appliquant la technologie occidentale. D'ailleurs, en reprenant sa

[13] Dans une étude linguistique, M.-C. Hazaël-Massieux note qu'un Pipi qui a jusque-là été représenté en français ne sait parler tout d'un coup que le créole devant le maire et les agronomes, contraste linguistique qui fait ressortir l'aspect hiérarchique des rencontres entre les autorités et le jardinier. Voir M.-C. Hazaël-Massieux, « *Chronique des sept misères*: une littérature en français régional pour les Antilles », *Antilla Spécial*, 11, 1988, pp. 13–21.

quête de la richesse, Pipi démontre qu'il a bien appris les leçons de son époque et des maîtres politiques : attacher la plus haute valeur à l'argent, surtout l'argent facile et immédiat tel un trésor enterré dans une jarre ; peu importent les séquelles pour l'être humain. On voit bien donc que la politique conventionnelle et l'impératif économique n'offrent pas de solution aux problèmes représentés par Pipi et le marché.

L'axe thématique de la terre, qui est central dans l'épisode du jardin, se joint à celui de la mémoire dans l'élaboration d'une autre tentative pour apaiser les troubles identitaires, celui du contact avec le passé. Après avoir perdu l'équilibre parfait (mais fragile) avec la terre qu'il avait trouvé dans le jardin merveilleux, Pipi entre dans une déchéance si profonde qu'il manque de devenir la terre lui-même quand il s'installe pour la dernière fois dans la clairière d'Afoukal. Là, il entretient avec Afoukal une « curieuse complicité » (CSM 175) qui ressemble à celle entre son grand-père Phosphore-le-fossoyeur et les morts sous la terre du cimetière du Vert-Pré, et qui résulte sans doute de l'état, proche du zombi, où le met la « vie de mort naturelle » que mènent les djobeurs à l'époque (CSM 175). Ainsi, Pipi se réveille au matin de ses concertations mystérieuses avec Afoukal, « à moitié dévoré par les fourmis » (CSM 175), compagnons fidèles de la mort chez Patrick Chamoiseau[14]. Il finit par se trouver presque enterré dans le creux ou il « gisait » dans la clairière (CSM 215). D'un côté, donc, ce nouveau rapport à la terre signale évidemment la mort du marché, du djob et d'un monde culturel, comme le font beaucoup d'autres signes, comme le destin de Man Paville, ou l'apparition au marché même de fourmis et de marchandes spectrales (CSM 210–12). Mais en même temps, il faut voir comme une régression dangereuse ce retour de Pipi à la vie végétale et animale la plus primitive[15]. Avant d'être sauvé une première fois des dangers de la clairière par

---

[14] L'autre grand-père de Pipi, Félix Soleil (CSM 28), et la grand'mère de Marie-Sophie dans *Texaco* (T 56, 87) deviennent obsédés par des colonies de fourmis juste avant leur mort, tandis que le cadavre de Solibo Magnifique en est couvert (SM 97).

[15] Florence Hanout voit ce retour à la terre comme un début de quête initiatique d'identité qui n'aboutira pas. Nos interprétations diffèrent quelque peu de celles de Hanout, qui insiste par exemple sur l'Afrique comme « terre-mère » du peuple créole. Voir Florence Hanout, « L'Imaginaire tellurique dans un passage de *Chronique des sept misères* de Patrick Chamoiseau », *Recherches sur l'imaginaire*, XXII, 1991, pp. 239–55.

Marguerite Jupiter, il se réveillait le matin « aggrippé des premières racines d'une liane » (CSM 175), il mangeait des « herbes grasses avec une placidité de ruminant » (CSM 178) et il commençait à ressembler à une racine, à un ver de terre, ou à la terre elle-même dans une « osmose entre son corps lumineux et la terre battue qui reproduisait fidèlement la topographie de ses reptations » (CSM 179). Lors du dernier séjour dans la clairière, Pipi régresse encore plus, pour se réduire à une « sorte de racine frémissante, lovée dans l'herbe sous une crête de champignons, en dialogue avec la terre » (CSM 213).

Cette déshumanisation de Pipi est principalement due à l'obsession de l'or ; mais notons aussi que le contact avec le passé que lui assure Afoukal, et qui commence par lui donner « le regard en bonne saison de ceux qui, pour la première fois, possèdent une mémoire » (CSM 169), ne saurait le sauver en dernière instance. Certes, Pipi s'intéresse beaucoup à ce passé : il raconte l'esclavage à ses amis du marché ainsi qu'aux enfants de Marguerite ; et il devine que le papa-feuilles qui le soigne chez Marguerite tient de l'Afrique ses connaissances magiques (CSM 185). Mais sa compréhension du passé ne dépasse jamais ce stade. Par exemple, tout obsédé qu'il soit par les différentes tribus africaines dont Afoukal lui parle (CSM 169 et 177), il est incapable de dire au papa-feuilles où est l'Afrique. De même, quand Afoukal lui demande, vers la fin, « Qu'allez-vous faire de toutes ces races qui vous habitent, de ces deux langues qui vous écartèlent, de ce lot de sangs qui vous travaille ? », Pipi ne sait répondre que « Pas peur, maître-chose...On va repartir en Afrique... » (CSM 213).

Ici, Pipi se méprend, comme nous l'apprenons de Chamoiseau dans une analyse des schémas identitaires :

> L'identité créole est difficile à vivre parce que nous la vivons avec des schémas traditionnels identitaires. Nous recherchons l'identité atavique, l'identité qui s'explique de manière millénaire avec une tradition ancestrale, avec une langue ancestrale, avec une généalogie bien repérée et une sorte de légitimité sur un territoire. Mais lorsqu'on regarde la structure créole, on s'aperçoit que tout est bouleversé. Aucun des canons habituels de l'identité ne fonctionne. Et tous ceux qui vont tenter la définition identitaire des sociétés créoles vont le faire sur des modalités qui étaient des modalités anciennes, des identités ataviques.[16]

Certes, comme le dit Afoukal, le souvenir est un trésor plus précieux que l'or ; mais pour un Créole, essayer de fixer ses souvenirs

---

[16] Intervention de Patrick Chamoiseau dans Delpech et Roelens, *op. cit.*, p. 40.

sur une Afrique lointaine et oubliée, se laisser séduire par l'illusion d'une lignée ancestrale monolithique, c'est s'acculer à l'erreur sinon à la folie. Pipi en constitue l'illustration, d'ailleurs, car du fond de sa détresse, recherchant une racine unique identitaire au point de devenir lui-même une « sorte de racine », il finit par devenir fou et par oublier jusqu'à ce qui l'a amené à la clairière (CSM 214). Sa poursuite excessive et bornée d'un passé impossible, au détriment du présent, de l'avenir, et de la diversité de ses « racines » identitaires innombrables, est ici dénoncée comme tout aussi mortifère que la cupidité. Dans cette mesure, Chamoiseau se montre proche de la position de Glissant, qui rejette la notion de l'identité issue d'une source unique (qu'il appelle « l'identité-racine »), en faveur de ce qu'il nomme par contraste (d'après Deleuze et Guattari) « l'identité-rhizome », concept qui rend justice à l'entrelacs d'origines multiples qui viennent nourrir le sens de soi[17].

Comme le montre en particulier l'alternance de Pipi entre la déchéance tellurique la plus absolue et l'harmonie parfaite qu'il atteint brièvement dans le jardin, la terre où il s'agit d'établir son identité n'est pas l'Afrique mais la Martinique. Dans le lent processus de construction identitaire, l'Afrique, comme l'esclavage, malgré son importance essentielle, n'est plus qu'une empreinte parmi d'autres laissées dans la mémoire créole collective. La vraie solution aux problèmes identitaires qui se révèlent « autour du marché » doit donc tenir compte des « traces mnésiques »[18] multiples laissées par les couches successives des histoires du peuple martiniquais, sans se fixer sur un passé unidimensionnel comme le fait Pipi dans sa clairière. Mais de surcroît, pour trouver une nouvelle « modalité » identitaire, l'individu doit aussi s'ouvrir aux diverses influences contemporaines d'un environnement en changement perpétuel. Dans *Chronique*, le marché lui-même fournit un paradigme de cette modalité : examinons donc de plus près en quoi il consiste.

---

17 Voir Edouard Glissant, *Poétique de la Relation*, *op. cit.*, p. 23ff. Voir aussi Patrick Chamoiseau, *Ecrire en pays dominé*. Cette conception de l'identité-rhizome a été étudiée de près par de nombreux critiques, dont par exemple Celia Britton, *Edouard Glissant and Postcolonial Theory: Strategies of Language and Resistance*, Charlottesville, University Press of Virginia, 1999.

18 Le terme est de Freud, pour qui « Le matériel [d'une « chose oubliée »] n'est pas anéanti, mais seulement refoulé, ses traces mnésiques se conservent dans toute leur fraîcheur première[...] ». Freud, *op. cit.*, p. 128.

Le Marché et le Lieu

Dès le début du roman, le marché est présenté comme un univers cohérent et structuré, aux limites bien définies : « les trois marchés de Fort-de-France (viandes, poissons, légumes) étaient, pour nous djobeurs, les champs de l'existence. Une manière de ciel, d'horizon, de destin, à l'intérieur de laquelle nous battions la misère » (CSM 15). L'intérieur de cet espace se caractérise par un mélange de stase et de mouvement : la permanence d'une fontaine au milieu, l'immobilité de la plupart des marchandes qui doivent rester sur place afin d'assurer la vente de leurs produits, et le regroupement de « produits de même nature » (CSM 51) se trouvent contrebalancés par le peu d'attaches des djobeurs qui, eux, circulent facilement, comme les clients, entre les étals (CSM 16).

Les djobeurs assurent en partie aussi un réseau de relations entre le marché et l'extérieur, en effectuant de courtes absences pour « la messe du rhum » ou pour ramener une course. Les marchandes participent également à cet échange, surtout les marchandes ambulantes, mais aussi, d'une façon plus subtile, celles dont l'étal est devenu immuable mais qui, de par les produits qu'elles vendent, « relient les usines, les entrepôts, les campagnes et les bordures de mer, au centre de la ville » (CSM 51). Celles-ci rapprochent d'ailleurs aussi les quatre coins de la Martinique, car elles viennent « de partout », assertion soulignée par l'énumération de leurs villes et des différents produits qu'elles en apportent (CSM 76). Enfin, il y a bien sûr les clients venus de l'extérieur qui, vus du point de vue d'une narration centrée sur le marché, semblent graviter autour de cet endroit, confirmant sa place au centre d'un complexe de relations mobiles et souples.

Si ce complexe a l'apparence d'un grouillement chaotique, en réalité il n'en est rien. Comme le jeune Pipi le découvre, les marchés possèdent de « subtils équilibres » : en effet, « Malgré l'excitation tout y fonctionnait au petit quart de poil » (CSM 50). C'est selon l'ordre imperceptible du marché que les règles du djob « se transmirent » (CSM 15), l'emploi du verbe pronominal impliquant que ce transfert d'informations opère dans une sorte d'osmose ou de compréhension commune basée sur des contacts fréquents entre les habitués de la communauté. Et pourtant, à certains moments, l'osmose ne fonctionne plus, le narrateur attire l'attention sur une *carence* de communication. Parfois, les personnages ignorent une situation qui les intéresserait :

par exemple, pendant longtemps, Pipi ne sait pas que deux de ses connaissances (Clarine et Ti-Joge) se sont mariés (CSM 85) ; et personne sauf Pipi ne sait que Bidjoule est le fils de Clarine (CSM 139). A d'autres moments, il se passe des épisodes qui intéressent les personnages et affectent l'intrigue sans que le texte en parle au moment chronologique de la narration qui correspond à l'évènement : ainsi « Ti-Joge avait disparu de nos chemins [...]. Nous l'aurions oublié s'il n'avait surgi parfois à sa fenêtre » (CSM 139) ; et on nous présente « une nouvelle marchande, anciennement Man Paville, qu'aujourd'hui nous appelions Odibert » (CSM 171). Dans ces deux cas (parmi d'autres), l'emploi de formules analeptiques telles que la juxtaposition des mots « nouvelle », « aujourd'hui » et un verbe à l'imparfait, soulignent le décalage entre l'évènement et sa communication aux personnages ou au lecteur, rappelant ainsi la nature souple et même aléatoire des relations humaines.

Le marché constitue donc bel et bien un *système* doté d'invariants identifiables et d'un « imperceptible agencement » (CSM 49) au sein d'un espace défini : mais il importe aussi de noter que les limites de cet espace sont très poreuses, tandis que le système, nonobstant sa cohérence, est fort complexe, fluide, et toujours sujet aux effets imprévisibles d'éléments internes ou externes. Ce paradigme travaille d'ailleurs la structure même du roman, comme le note Chamoiseau lui-même dans la préface aux « Paroles de djobeurs » proposées à la fin du livre. Dans ces « paroles », sortes de poèmes brefs que l'auteur a fini par rassembler dans un annexe au lieu d'en ponctuer le texte principal comme il avait prévu de le faire, les djobeurs :

> continuaient à faire vivre au quotidien le marché, tandis que l'histoire, au gré des biographies et des aléas, s'en éloignait. Le texte initial était d'une complexité qui voulait rappeler le fonctionnement normal de la mémoire, fonctionnement jamais linéaire, tout en ruptures de temps, de lieux, de tons et de manières. Ces poèmes, ancrés au marché, étaient de petits pivots semés régulièrement, ils servaient de repères et rappelaient le repère, comme phare et balises dans le jeu des tempêtes. Le récit ayant été ordonné, clarifié, ils tombèrent presque d'eux-mêmes (CSM 247).

En fait, en insérant ces « Paroles » en annexe plutôt que dans le texte même, Chamoiseau obtient deux résultats intéressants. Premièrement, il conserve intact, et rend même plus explicite, le commentaire sur le fonctionnement de la mémoire qu'il affirme avoir recherché dans son « texte initial ». Deuxièmement, il lance une réflexion sur le processus créatif qui, malgré sa complexité, renvoie souvent à une représentation d'un monde faussement lisse par le biais d'une narration relativement linéaire, chronologique, se voulant objective. D'ailleurs, cette note décrit très bien la structure du texte, même sans l'inclusion des « Paroles de djobeurs », car il est clair que le marché en reste le centre de gravité, en termes de perspective narrative et d'intrigue, tandis que les « biographies et aléas » nous en éloignent effectivement de temps en temps.

Mais ce portrait du marché comme système complexe et ouvert rappelant le fonctionnement non-linéaire de phénomènes tels que la mémoire et la production littéraire correspond parfaitement aussi à ce que Chamoiseau veut dire quand il parle du « Lieu ». A ce stade de notre étude, il sera nécessaire d'expliquer ce concept en détail, en faisant un détour par le discours théorique de Chamoiseau, où la notion du Lieu a pris une importance explicite croissante au cours des années 1990.

Le Lieu, autre concept élaboré au départ par Edouard Glissant[19], est d'abord et surtout une autre façon de penser son espace. Partons d'un premier résumé clair et efficace de cette notion proposée par Victor Martinez. Pour Glissant, dit celui-ci,

> Le lieu est l'espace géographique parcouru par l'individu lorsque celui-ci s'éveille à la conscience du monde. La constitution de son imaginaire, de sa culture, de sa langue et de sa parole en dépend. [...] Le lieu est irréductible à toute approche généralisante car « on ne vit pas en suspension dans un espace indéfini ». Ce qui est vérité ailleurs n'est pas vérité ici. Le sens et le devenir sont à concevoir depuis ce lieu : « Ne projetez pas dans l'ailleurs l'incontournable de votre lieu ». [...] Mais ce lieu n'est pas un territoire. La « relation d'appartenance » (Gadamer) n'est pas une relation de propriété, mais de mémoire et d'existence en perpétuels déploiements[20].

Selon cette définition, donc, le Lieu serait fortement lié à l'identité ; et il s'opposerait au Territoire.

---

19 Dans *Chronique*, le nom Odibert constitue d'ailleurs un clin d'œil évident au maître, car c'est aussi le nom d'un des personnages principaux dans *Malemort* de Glissant, livre dont la lecture fut pour Chamoiseau une expérience formatrice (EPD 80–1 ; 248). Voir Glissant, *Malemort*, Paris, Gallimard, 1997.

20 Victor Martinez, « La Pensée du *Tout-monde* dans l'œuvre d'Edouard Glissant », in Delpech et Roelens, *op. cit.*, pp. 154–5. Les citations d'Edouard Glissant viennent de *Tout-monde*, Paris, Gallimard, 1993.

A l'instar de Glissant, Chamoiseau met en contraste Lieu et Territoire. Le Territoire, explique-t-il, est la zone géographique vue comme immuablement fixe et close, un domaine unique à défendre et à subjuguer à la fois, et dont la possession autorise pleinement un orgueil dominateur. Ainsi, imaginer la Martinique en Territoire, c'est y voir

> l'ancienne terre colonialiste, ce qui revient à dire : « Si je décris mon territoire selon les traditions anciennes, j'ai une généalogie qui remonte à la création, qui fonde ma légitimité sur le Territoire, et je suis tellement légitime au monde que je peux exporter ma vérité territoriale sur d'autres peuples. C'est *mon* Territoire, donc, [...] je peux l'étendre, l'élargir... »[21].

Le Territoire devient ainsi emblème d'une pensée rétrograde et d'ailleurs inappropriée aux Antilles : celle de l'Unique, de la racine, de la fermeture et de la domination colonisatrice.

Le Lieu, en revanche, présente les qualités opposées. Dans la quête identitaire racontée dans *Ecrire en pays dominé*, le narrateur nous apprend qu'ayant cherché en vain ses racines dans une idée de son pays modelée sur le Territoire, il prit conscience de la nature multiple de l'identité créole grâce au projet du « rêver-pays » où il s'imagine à la place des différentes ethnies composant la société martiniquaise :

> A force de rêves, le pays devint en moi un organisme vivant, chaud et sensible : une étrange *totalité* impossible à clôturer. Cette totalité-pays (ni close, ni immobile) s'ébrouait dans mon imaginaire et désertait les modalités du territoire, de la Nation, de la Patrie (EPD 205).

Il s'agit dès lors de baser cette quête identitaire sur des prémisses radicalement autres, de la placer sous le signe de « ces sommes complexes que Glissant nomme des *Lieux* » (EPD 205). Dans les pages qui suivent, Chamoiseau offre une longue liste des caractéristiques respectives du Territoire et du Lieu : ce dernier, y découvre-t-on, dénote, entre autres, l'ouverture pluôt que la clôture, la mise-en-relations par opposition à la projection d'une légitimité absolue, la tolérance de toutes les langues à la place du monolinguisme, des mémoires personnelles et diverses plutôt qu'une Histoire officielle et univoque. En somme, chaque aspect du Lieu renvoie à une structure dynamique, mouvante et transversale, à la

---

21 Delpech et Roelens, *op. cit.*, p. 43.

différence du Territoire qui rappelle plutôt le mât d'un drapeau planté dans la terre qu'il revendique : rigide, fixe, vertical.

A lire *Ecrire en pays dominé*, on constate que chez Chamoiseau, le Lieu vient articuler deux facettes d'une pensée fort cohérente : d'un côté, l'entité à petite échelle, une culture, voire un individu ; de l'autre, l'aspect global de ce que Chamoiseau appelle, dans la citation ci-dessus, la « totalité-monde ». La nécessité d'un tel point d'articulation devient claire quand on considère que Chamoiseau et ses confrères créolistes ont, dès le début, toujours défini la condition créole, comme leur programme d'action créoliste, en les opposant à l'universalisme totalisant de l'occident colonialiste : comment donc situer cette vision et ce programme dans le contexte de la « totalité-monde » sans avoir l'air de vouloir substituer un universalisme à un autre dans une sorte de projet néocolonialiste de la créolité triomphante ?

La réponse se trouve déjà dans *Eloge de la Créolité*, où Chamoiseau, Bernabé et Confiant définissaient la condition créole par la pluralité de ses origines et influences qui, avançaient-ils, prédisposait les Créoles à une ouverture dynamique et à l'acceptation de la complexité :

> [...] nous savons que chaque culture n'est jamais un achèvement mais une dynamique constante chercheuse de questions inédites, de possibilités neuves, qui ne domine pas mais qui entre en relation, qui ne pille pas mais qui échange. Qui respecte. C'est une folie occidentale qui a brisé ce naturel. Signe clinique : les colonisations. La culture vivante, et la Créolité encore plus, est une excitation permanente de désir convivial. Et si nous recommandons à nos créateurs cette exploration de nos particularités c'est parce qu'elle ramène au naturel du monde, hors du *Même* et de l'*Un*, et qu'elle oppose à l'Universalité, la chance du monde diffracté mais recomposé, l'harmonisation consciente des diversités préservées : la DIVERSALITÉ (EC 53–4).

Certes, une interprétation superficielle ou simplement hostile de ce passage pourrait y voir une prétension de la culture créole à s'imposer comme modèle « naturel » de toutes les autres : les autres cultures (surtout la culture occidentale) n'auraient qu'à imiter la Créolité pour retrouver leur forme « authentique »[22]. Mais une lecture plus attentive

[22] C'est une des nombreuses critiques d'Annie Le Brun: « Car enfin comment croire à la diversalité comme à un principe susceptible de s'opposer au nivellement par l'Universel, tandis que certains [c'est-à-dire les créolistes] s'en attribuent le monopole ? » Voir Le Brun, *Statue cou coupé*, *op. cit.*, p. 119.

donne plutôt à comprendre que les Créolistes voient comme « naturels » le dynamisme et la porosité de *toute* culture *en général*, condition dont la culture créole ne serait, selon eux, qu'un exemple particulièrement intense parce que, comme l'explique Chamoiseau plus tard :

> Les peuples comme les nôtres (qui sont des peuples créoles, donc des peuples mosaïques) ne disposent pas de Genèse ou de mythe fondateur. Nos peuples apparaissent dans le maelström de la diversité, et ne peuvent s'envisager que dans une mosaïque ouverte sur la diversité du monde[23].

L'aberration, face à ce « naturel » de l'ouverture à la diversité, n'est pas la culture occidentale en soi, mais plutôt la *notion* impérialiste (en l'occurrence « occidentale » pour ce qui est des plus grandes colonisations de l'époque moderne), de la culture monolithique et « achevée », séparée de – et supérieure à – toute autre culture.

Or l'incorporation du Lieu au discours théorique de la Créolité comme Chamoiseau l'a pratiquée plus tard, nuance et clarifie (rétrospectivement, soit) cette interprétation de la relation des cultures entre elles et au reste du monde, et vient éclaircir tout malentendu. Concept abstrait et culturellement neutre, le Lieu représente une sorte de facteur commun éventuel auquel tous les individus et toutes les cultures peuvent aspirer. La conversion à la pensée du Lieu n'est certes pas présentée comme facile : elle a requis, pour Chamoiseau, la longue et ardue mise en question de soi chroniquée dans *Ecrire en pays dominé*, preuve s'il en fallait que la simple condition créole ne peut être *a priori* et sans effort humain le modèle de toutes les cultures. Mais pourvu que chacun arrive à vivre son propre espace en Lieu plutôt qu'en Territoire, le monde serait – selon la vision de Chamoiseau – « diffracté mais recomposé » d'une façon éclatante : les hiérarchies, les « centres » et « périphéries » traditionnels seraient brisés ; la diversité des cultures serait partout acceptée et embrassée[24] ; les différentes zones – non seulement géographiques mais aussi

---

[23] Patrick Chamoiseau, « La Mise en relation », s.d., publié en ligne sur le site « Kapes Kreyol » (http://www.palli.ch/~kapeskreyol/atelier/relation.html).

[24] Cette notion est informée, comme le dit Chamoiseau lui-même (EPD 209–10), par les écrits de Victor Segalen. Voir Victor Segalen, *Essai sur l'exotisme: une esthétique du divers*, Paris, Le Livre de Poche, 1999, dont Chamoiseau cite (EPD 226) la pensée suivante: « Le Divers décroît, là est le grand danger terrestre. C'est contre cette déchéance qu'il faut lutter, se battre, – mourir peut-être avec beauté ».

intellectuelles, affectives, anthropologiques, culturelles et ainsi de suite jusqu'à l'infini – seraient mises en relations les unes aux autres ; et le tout serait tenu en équilibre – un équilibre sans cesse recalibré – par le réseau de relations ainsi créé, comme un gigantesque écosystème des cultures et des idées que Chamoiseau appelle la « pierre-monde »[25]. On voit donc que la pensée du Lieu fonctionne comme un pivot entre, d'une part, diverses composantes de toutes sortes et, d'autre part, la totalité dont elles font partie, car elle sanctionne à la fois les spécificités particulières d'une zone donnée (qu'elle soit créole, métropolitaine, ou autre...) *sans* les ériger en modèle exemplaire, mais en favorisant leur interaction avec la vaste gamme des autres particularités présentes en d'autres Lieux innombrables. Ici, plutôt qu'un endroit topographique, le Lieu devient une sorte de famille variable qui transcende les frontières traditionnelles pour créer des liens – sans doute temporaires – entre ses différents éléments. Cela ne sera qu'accentué par les progrès technologiques car, pour citer Chamoiseau,

> Pris par la houle télématique, nous aurons à nous définir dans des écosystèmes de diffractions relationnelles. Famille, Patrie, langue maternelle, terre natale, drapeau et peaux… ne seront pas l'essentiel comme dans l'ancienne identité […]. Des Lieux virtuels recueilliront nos racines réticulaires (EPD 304)[26].

---

[25] L'écosystème des Lieux qui constituent la « Pierre-monde » dans la vision de Chamoiseau correspond dans une large mesure à ce que Glissant pour sa part appelle le « tout-monde » ou, pour souligner son apparence désordonnée, le « chaos-monde ». Notons pourtant, que dans cette dernière appellation, le terme « chaos » ne signifie pas le simple désordre mais qu'il renvoie, comme le signale Glissant lui-même, à la science du chaos grâce à laquelle les experts identifient des structures profondes dans la physique ou dans la nature par exemple. Parmi les éléments les plus connus de la science du chaos, on notera que le Lieu peut s'apparenter aux « systèmes déterministes erratiques » – c'est-à-dire à des mécanismes identifiables obéissant à des règles précises, mais détraqués de temps en temps de façon parfois surprenante voire démesurée, par exemple, lors d'une modification imprévisible de leurs variables. Certes, Glissant avoue volontiers ne pas faire de la science mais plutôt « paraphilosopher autour de la science du chaos », ce qui est sans doute aussi le cas de Chamoiseau. Voir Edouard Glissant, « Le Chaos-monde: pour une esthétique de la Relation », *Introduction à une poétique du divers*, Paris, Gallimard, 1996, pp. 81–107.

[26] L'informatique présente pourtant ses propres dangers, car elle encourage la « domination furtive », comme nous l'avons vu. Il en sera question de nouveau ci-dessous.

Si ce portrait du Lieu donne l'impression d'un énorme *melting-pot* heureux et harmonieux, ou même d'un « processus d'indifférentiation généralisée qui s'impose comme le projet consensuel d'une servitude volontaire en train de s'universaliser »[27], il n'en est pourtant pas question. Chamoiseau insiste que « chaque fois qu'il y a un Lieu potentiel, il y a un déchaînement de forces contraires », précisant par exemple que dans un espace de créolisation qui fonctionne en Lieu :

> il y a des synthèses, mais il n'y a pas que des synthèses ; il y a du métissage, mais il n'y a pas que du métissage ; il y a des concordances, mais il n'y a pas que des concordances : il y a des oppositions, des antagonismes, il y a des ruptures, il y a des fractures [...]. Et dans un espace de créolisation, c'est un champ de forces actif [...], [un champ] traversé par des forces antagonistes, complémentaires, concordantes, synthétiques ou autres [...]. Et ce champ de forces-là, il faut [...] le penser avec l'imaginaire de la diversité. Ce qu'il faudra simplement qu'on essaie d'empêcher c'est qu'une tendance écrasante et que des processus hégémoniques s'installent pour briser le champ de forces complexes. [...] et l'imaginaire de la diversité est cet imaginaire qui nous permet de nous sentir à l'aise dans des espaces complexes[28].

Le devoir d'action impliqué ici revient aussi dans la notion de « densification » que Chamoiseau adopte pour décrire l'entretien du Lieu, car si les différentes « lignes de force » et les spécificités du Lieu ne sont pas organisés et entretenus, « on entre dans des processus d'effacement et de disparition et de dilution »[29]. Face à son pays, donc, il lui importe en tant qu'écrivain de « Densifier ce Lieu-possible-Martinique dans l'exploration minutieuse d'une diversité érigée en valeur » (EPD 207). Cela veut dire d'abord, pourrions-nous suggérer, contribuer (à travers l'écriture, bien sûr, mais aussi à travers des interventions politiques et médiatiques et – plus récemment – en soutenant l'établissement du nouveau Musée martiniquais des Arts des Amériques[30]) à la culture particulière du Lieu-Martinique. Mais l'écrivain se doit aussi de populariser la pensée du Lieu et, dans le bouleversement des hiérarchies traditionnelles qui en résulte, de

---

27 Le Brun, *Statue cou coupé*, *op. cit.*, p. 120. Le Brun voit ainsi la « diversalité » créoliste comme un principe d'homogénéisation qui par là, loin de les combattre, ne peut que conforter ce que Chamoiseau appelle les « dominances furtives ».

28 Entretien inédit du 9 mars 2000.

29 *Ibid.*

30 Edouard Glissant est l'un des commissaires de ce musée, installé en 2000 dans une vieille usine de sucre et de rhum au Lamentin.

célébrer la diversité comme valeur première. De cette manière, la référence au Lieu donne une nouvelle ampleur au terme de « DIVERSALITÉ » proposé dans l'*Eloge*, qui signifie non pas l'anéantissement anarchique des anciennes valeurs mais plutôt un équilibre subtil maintenu dans l'avènement d'un respect universel des différences.

Revenons, au terme de cette parenthèse d'explications théoriques, à la littérature créative, et plus précisément à la représentation narrative du marché de Fort-de-France. Car en comparant les descriptions du marché, construction littéraire, et du Lieu, concept abstrait, on dégage aisément des parallèles frappants : les mêmes souplesses, ouvertures et relations « transversales ». Ainsi donc, avant même de la développer de façon substantielle en 1994 et après[31], Chamoiseau concrétise l'idée du Lieu dans le marché de *Chronique des sept misères*. C'est pourtant sa théorisation ultérieure qui nous aide à mieux comprendre le fonctionnement de cet espace central du roman.

D'abord, le caractère historico-culturel que l'on devine tout de suite dans la représentation du marché peut être vu dans le contexte d'une « densification » du Lieu Martinique. En d'autres termes, l'écrivain se donne pour devoir de ramener à la vie, à travers la fiction, un aspect disparu de la société martiniquaise – les djobeurs, bien entendu, mais aussi le marché, ses rites, ses croyances, ses personnages – , ce qui revient à fortifier les spécificités du Licu, à faire revivre une partie de sa richesse culturelle pour éviter les « disparitions et dilutions », du moins dans la mémoire des lecteurs.

Mais en reproduisant aussi la *structure* du Lieu, le marché remplit deux autres fonctions. Premièrement, il offre un modèle alternatif face à celui qu'illustre l'engouement de Pipi pour l'Afrique. Là où Pipi recherche une Histoire et une racine unique, le marché représente la définition de soi à travers des relations mouvantes et multiples, bref la « modalité nouvelle » que salue Chamoiseau. Cela ne revient pas à dire que la mémoire et la généalogie n'ont aucune valeur identitaire : Pipi et Bidjoule prouvent plutôt le contraire, car la douleur qu'ils héritent de leur situation familiale joue un rôle dans leur chute, tandis que Pipi se trouve – du moins temporairement – rassuré par la « découverte » de l'Afrique. Mais l'alternative présentée par le marché suggère qu'il s'agit de trouver un équilibre entre l'importance

[31] Voir surtout Delpech et Roelens, *op. cit.*, et *Ecrire en pays dominé.*

de la mémoire et un mode d'auto-définition plus flexible. Il faut puiser son identité, nous signale ce texte, non pas dans une terre (ni dans le passé, et encore moins dans l'argent !), comme le fait Pipi figé dans la clairière, mais dans des systèmes élastiques et changeants comme le marché toujours en mouvement.

Cette conclusion se confirme quand on considère le destin de Pipi d'une part et celui des autres djobeurs de l'autre. L'un disparaît sans laisser aucune trace, tandis que les autres, quoique de plus en plus « transparents » face aux aléas économiques et sociaux, s'adaptent de façon à survivre d'une manière ou d'une autre. Devenus d'abord des objets ethnologiques, ils reprennent enfin un certain contrôle sur leur subjectivité en se faisant conteurs, en se racontant d'une voix collective, en s'adressant finalement au lecteur pour lui promettre une version différente s'il revient demain (CSM 239). Les djobeurs constatent que « l'Histoire ne compte que par ce qu'il en reste », ajoutant qu'ils sont eux-mêmes tout ce qu'il reste de l'histoire de Pipi. Et pourtant, ils prouvent tout le long du livre qu'il en reste aussi *les histoires*. En fait, c'est seulement grâce à leurs histoires que la mémoire de Pipi survit ; et d'ailleurs, en raconter la présente version leur « a fait un peu de bien ». En adaptant ainsi leur « performance » aux nécessités de leur situation, les djobeurs réalisent leur ambition de laisser des traces, car ils deviennent eux-mêmes des sortes de traces spectrales dans le texte, susceptibles d'influer sur l'imaginaire des générations futures.

Deuxièmement, en prônant la dynamique mouvante du marché, le texte implante cette structure ouverte et fluide dans l'esprit du lecteur. Afin de prendre la pleine mesure de ce phénomène, il faut revenir brièvement aux explications d'*Ecrire en pays dominé* où, dans la troisième partie (« Anabiose »), le vieux guerrier met l'écrivain en garde contre les périls de la « domination furtive » par les structures multi- ou internationales de consommation et de communication tels que l'internet, la médecine, les bourses ou les grandes entreprises (EPD 251). Programmées et mises en place par les grands pouvoirs, ou façonnées par une idéologie dominante, ces structures émettent leurs propres discours et valeurs sans recevoir ou reconnaître ceux d'autrui[32]. Cette communication à sens unique tend, selon le vieux

[32] Le fait que Chamoiseau utilise le mot « rhizome » pour signifier le réseau de communications électroniques semblerait suggérer qu'il veut souligner les dangers d'une interprétation trop peu nuancée des idées de Glissant concernant le

guerrier, à l'uniformisation des *Weltanschauungen* et des valeurs, sans même que les gens soient conscients d'être victimes d'une homogénéisation appauvrissante.

Or, selon Chamoiseau, le site d'infiltration privilégié de ces dominations furtives, c'est l'imaginaire :

> Né de notre Culture – j'appelle ainsi nos réactions-productions-émotions dans l'aléa de l'existant –, l'imaginaire devient maître de nos rapports au monde, lesquels le produisent à leur tour. C'est une autorité immanente, collective-individuelle, individuelle-collective, qui conditionne l'être, détermine l'inconscient, organise le conscient, régente la frange haute du conscient où se tiennent le Vrai, le Juste, le Beau, le vouloir-être, le vouloir-faire... (EPD 275).

L'imaginaire serait ainsi l'un des « espaces » les plus importants de tous, car c'est dans cette zone d'interaction entre l'individu et le monde que des forces et des influences diverses sont en rivalité. Quand, dans *Ecrire en pays dominé*, Chamoiseau se déclare non plus « marqueur de paroles » mais « guerrier de l'imaginaire » (EPD 274), il signale par là son intention de participer activement à cette bataille en fournissant lui-même des influences potentielles, surtout celles qui vont à l'encontre des dominances furtives pour favoriser au contraire la diversité. « Mon champ de bataille, c'est le champ de l'imaginaire, dit-il dans un entretien de 1997, [...] Il faut faire un grand travail de modification de l'imaginaire, à grande échelle »[33]. Ainsi peut-on dire que cette bataille avait commencé déjà dans *Chronique*, où Chamoiseau propage la pensée du Lieu en préparant discrètement son public à y attacher, à travers sa concrétisation littéraire dans le marché, des valeurs hautement positives.

« rhizome » des relations en général. Cela ne veut pas dire une promiscuité généralisée, mais implique plutôt de vrais échanges (que l'internet et les médias ne garantissent pas absolument).

33 Chancé, *L'Auteur*, *op. cit.*, pp. 209–10.

Conclusions

Le portrait du marché dans *Chronique* contribue donc à conserver des traces du passé qu'il transmet à la génération des lecteurs actuels : par ce retour en arrière, Chamoiseau espère sans doute « densifier le Lieu-Martinique » en rappelant certaines de ses spécificités aujourd'hui disparues. Ceci ne fait pas pour autant de *Chronique* un tract conservateur exigeant la mise sous verre d'une culture languissante, ni un retour, d'ailleurs impossible, aux conditions d'après-guerre où le marché connaît sa période de « bombance » (CSM 74). Au contraire, face aux grands changements sociaux et économiques, le texte privilégie une réponse flexible (comme celle que tentent certains des djobeurs), tandis que le marché, phénomène du passé, reste un modèle pour les citoyens de l'avenir, une modalité reconnaissable pour les aider à concevoir le Lieu et à essayer de le vivre.

Dans la figure du marché se dessinent aussi les sources et modalités identitaires. Dans notre deuxième chapitre, nous avions examiné le rapport de l'identité à un « Lieu de mémoire », la cale du bateau négrier, si fortement liée aux traumatismes qu'elle paraît inapte à figurer une source constructive et s'associe plutôt aux troubles identitaires. Dans le présent chapitre, la modalité identitaire que constitue la recherche d'une racine (ou origine) est nuancée par l'échec de Pipi et par l'élaboration d'un autre type de « Lieu ». Ici, il s'avère qu'une identité liée à la terre martiniquaise doit se concevoir non pas comme racine mais en relation ouverte à tout un écosystème identitaire : passé et terre, quoiqu'importants, ne doivent pas obscurcir la valeur d'une performance adaptée et flexible.

En ce qui concerne l'histoire littéraire, si l'espace du bateau négrier évoque Césaire et représente pour Chamoiseau le (re)commencement de la littérature antillaise, les qualités du marché nous renvoient à un « phare » littéraire plus éblouissant encore : Edouard Glissant. L'importance de Glissant pour Chamoiseau est évoquée par Dominique Chancé qui remarque dans le quartier créole de *Texaco* des qualités qui l'apparentent au marché tel que nous l'avons interprété dans *Chronique* : Texaco représente « une collectivité contradictoire qui sans cesse se défait dans les marges, la périphérie, et se refait dans le centre qui l'intègre »[34]. Cependant, Chancé discerne une force

[34] *Ibid.*, p. 35.

organisatrice supplémentaire qui préside sur ce champ de forces en mouvement. Car le jeu métatextuel qui se poursuit dans l'interaction entre le texte central (le récit de Marie-Sophie) et les « textes marginaux » (lettres, notes, repères chronologiques, titres, sous-titres et ainsi de suite) présente, d'un point de vue formel, un parallèle éloquent aux relations sociales entre les personnages, avec pour protagoniste le personnage du marqueur qui assure l'agencement des différents énoncés. Celui-ci, note Chancé, avoue même qu'il a littéralement « scotché » et « recousu » (T 494) les pages éparses des écrits de Marie-Sophie, se présentant ainsi non plus comme celui qui « relate », mais celui qui « relie » les histoires (« au plus près, dit-elle, de la théorie glissantienne de la relation[35] »). Ainsi, affirme-t-elle, « le 'marqueur de paroles' est donc la figure qui permet de trouver un lien dialectique entre des ensembles sans cesse redessinés par des frontières fluctuantes »[36].

Ce parallèle entre l'espace fictif décrit dans le *récit* et l'espace poétique de la *narration*, domaine de l'écrivain, est un aspect constant de tous les romans de Chamoiseau, dont chacun après *Chronique* nous présente un personnage écrivain engagé dans l'intrigue et partageant plus ou moins l'espace fictif des personnages ; mais qui nous signale en même temps par un méta-discours sur sa condition d'auteur, qu'il s'agit en réalité d'un espace littéraire créé, organisé et cadastré par lui-même. La manière qu'a cet écrivain homodiégétique d'habiter son espace nous occupera dans les pages qui viennent. A ce stade de notre étude, les analyses de Chancé corroborant celles du présent chapitre nous permettent de voir dans *Texaco* une problématisation des modalités d'« organisation de la relation » dans le Lieu Texaco. Tout en suivant la thématique de l'Histoire abordée dans ce chapitre pour examiner le désir des djobeurs de « laisser des traces », passons donc maintenant à l'analyse d'un espace tout aussi « historique » que le marché : l'habitat créole.

---

[35] *Ibid.*, p. 37.
[36] *Ibid.*, p. 36.

Chapitre IV

Constructions et fragilité : l'habitat créole

Le Quartier urbain

A la différence de *Chronique des sept misères* et de *Solibo Magnifique* qui dépeignent tous deux – du moins au premier degré – la perte d'un endroit ou de pratiques culturelles, le troisième roman de Chamoiseau (qui fera l'objet principal de nos analyses dans ce chapitre) raconte la naissance et l'établissement d'un espace proprement créole : le quartier foyalais de Texaco. Beaucoup plus complexe et plus ouvertement optimiste que les deux romans précédents, ce livre est tout de même traversé par (entre autres) les mêmes considérations sociales et identitaires. En effet, dans *Texaco*, Chamoiseau va au-delà de l'emploi de décors et d'éléments culturels identifiables tels que le marché ou le conteur, pour illustrer et amplifier toute l'histoire chronologique de la Martinique. Ainsi, le lecteur y trouve-t-il au premier plan, non seulement un grand nombre des évènements « historiques » majeurs depuis les années 1830 environ – de l'abolition de l'esclavage à la visite de De Gaulle, en passant par l'éruption de la Montagne Pelée, les guerres, la départementalisation et les élections –, mais il y rencontre surtout l'une des grandes tendances socio-démographiques de la période, constatée par exemple dans une étude de l'habitat martiniquais par Serge Letchimy, géographe-urbaniste dont les écrits ont « nourri [l]es histoires » de *Texaco* (« Remerciements », T 499). Il s'agit, notamment, de la déstructuration du monde agricole après l'abolition de l'esclavage, qui donne lieu à une croissance progressive de l'aire urbaine, due le plus souvent à un processus de squattérisation de terrains péri-urbains par une population très démunie et inadaptée aux normes de l'économie urbaine[1].

Les sites ainsi occupés deviennent de vrais quartiers populaires – Texaco, Volga-Plage, Fond Populaire – au fur et à mesure que les gens s'enracinent, construisant des maisons de plus en plus solides. Certes, les conditions de vie y sont souvent difficiles : l'illégalité foncière, le surpeuplement, l'insalubrité et la pauvreté relatives y rendent la vie plus précaire qu'ailleurs en ville. Mais on aurait tort de n'y voir que chaos et misère. Au contraire, nous dit Letchimy (qui comme De l'Orme dans son étude du marché, souligne l'aspect social du quartier populaire) :

> [Dans les cases], [l]es lieux de communication sont représentés par l'espace central, celui du séjour [...], mais aussi les espaces périphériques (les espaces frontières, les lieux de transition et de passage, la véranda ou le balcon, l'espace sous pilotis et l'espace résiduel). En outre, pour la pratique du « hellage », c'est-à-dire les possibilités offertes de communiquer de portes à fenêtres, la juxtaposition des espaces bâtis facilite les échanges. Tout ceci établit un réseau de communications, support d'un réseau communautaire plus large [...] L'inexistence [...] de clôtures, est aussi une condition favorable au développement des relations interpersonnelles et communautaires à Texaco[2].

L'ouverture des cases vers l'extérieur dans ces quartiers, ainsi que la juxtaposition très étroite des cases, et le partage obligé d'espaces semi-privatifs les entourant mènent ainsi à une grande intimité parmi les habitants. Selon Letchimy, on a donc affaire à une pratique urbaine et architecturale hautement organisée : « Au cours de la constitution des quartiers la tolérance se combinant à l'entraide, les conditions

---

1 Serge Letchimy, *De l'habitat précaire à la ville: l'exemple martiniquais*, Paris, L'Harmattan, 1992, pp. 17–18. Voir aussi Burton, *Le Roman marron*, *op. cit.*, pp. 179–200: dans un chapitre sur « Espace urbain et créolité dans *Texaco* de Patrick Chamoiseau », Burton compare certaines études d'urbanisme au paysage urbain du roman. Notons aussi que Christine Chivallon, dans son étude sur la paysannerie des mornes, estime que Chamoiseau, en se concentrant exclusivement sur la ville, manque l'occasion de traiter du sort de la population rurale qui a su résister au grand mouvement vers les villes et s'est enracinée dans les mornes. Chivallon, *Espace et identité*, *op. cit.*, pp. 229–34. Enfin, pour une analyse comparative de l'habitat urbain dans la littérature antillaise récente, voir Gallagher, *Soundings*, *op. cit.*, pp. 175–203.

2 Letchimy, *op. cit.*, p. 23.

tacites d'occupation de l'espace structurent des règles coutumières, basées sur la permissivité mutuelle et la solidarité »[3].

Si l'on met en regard l'ouvrage de Letchimy et notre discussion du marché, on voit aisément en quoi l'espace du quartier – apparemment chaotique, mais régi par des relations subtiles fondées sur la solidarité – a pu s'imposer dans l'imaginaire créatif de Chamoiseau. Le quartier créole est tout aussi apte à représenter le Lieu que ne l'était le marché, avec lequel il partage maintes caractéristiques : comme l'affirme l'Urbaniste dans *Texaco*, « Au-delà des bouleversements insolites des cloisons, du béton, du fibrociment et des tôles, au-delà [...] des écarts aux règles de la salubrité urbaine, il existait une cohérence à décoder » (T 313). D'autre part, comme le marché, le quartier présente l'intérêt culturel d'une entité authentiquement créole, dont la construction selon le processus classique décrit par Letchimy est racontée par la protagoniste du livre et fondatrice supposée du quartier, Marie-Sophie Laborieux. Son long *récit* autobiographique, adressé à un « Marqueur de paroles » extradiégétique nommé Chamoiseau qui le met sur papier par la suite, fournit la plus grande partie du roman *Texaco*. Bien que son récit parcoure plus d'un siècle de l'histoire martiniquaise, Marie-Sophie, en commençant par les aventures de ses grands-parents à l'époque de l'esclavage, se concentre sur la deuxième moitié de sa vie où elle fonde Texaco, convertit à sa cause l'Urbaniste qui a voulu raser le quartier sur les ordres de la « mairie moderniste » de Fort-de-France (T 39), et impose enfin l'inscription du quartier dans le plan officiel de la ville avec l'installation d'infrastructures urbaines et civiles. Là où les Foyalais de *Chronique* se voyaient dépossédés de l'espace du marché, ici il s'agit principalement de la création, ou de la construction, d'un nouvel espace créole. Cependant, comme dans *Solibo* et *Chronique*, les autorités restent hostiles aux démarches et activités du petit peuple : cette prise de possession de l'espace du quartier prend donc inévitablement la forme d'une grande lutte, combat dont l'examen critique servira aussi de mise en contexte préliminaire à nos analyses.

---

3 *Ibid.*, p. 24.

Luttes et oppositions

Dès sa jeunesse, Esternome, le père de Marie-Sophie, tient tête aux rêves assimilationnistes de ceux de ses compatriotes qui croient aux « grandes traditions de la France » pour assurer l'abolition de l'esclavage et l'accession à l'égalité des races : « Non, Messieurs et directeurs, leur dit-il, la liberté va venir des nègres de terre, de la conquête de cette terre-là » (T 110). Ainsi, comme dans *Chronique*, la relation à la terre est capitale pour celui qui ôte ses chaînes, que ce soient celles, réelles, de l'esclave qui passe sa vie à travailler la terre au profit du seul maître, ou les chaînes métaphoriques de la pensée occidentalisée chez ceux qui se prennent pour des Français, malgré tout ce qui les en sépare. La réponse d'Esternome fait écho au dit d'un Mentô rencontré vers cette époque de sa vie : « Liberté n'est pas pomme-cannelle en bout de branche ! Il faut vous l'arracher... » (T 128). Etre énigmatique et extraordinaire lié au passé africain du peuple créole ; doté de connaissances mystérieuses et même d'une force surnaturelle qui lui permet d'être complice du destin ; incarnant non seulement la sagesse mais tout un savoir culturel, le Mentô jouit dans les romans de Chamoiseau d'un prestige particulier, ce qui fait de ces phrases une parole importante, dépassant le contexte de l'esclavage pour acquérir une portée plus large. En effet, en les répétant à sa fille, Esternome lui transmet deux principes généraux qui lui viendront en aide : premièrement, le « nèg-de-terre », ancêtre du Créole d'aujourd'hui, se situe obligatoirement face à des structures dominantes, représentées par la métropole, sa culture, ses associations et ces instruments ; et deuxièmement, l'individu, pour se libérer d'une relation assujettissante, doit *agir* et non rester passivement l'objet des actes de l'Autre. Voyons en quoi ces deux principes sont pertinents au projet de Marie-Sophie quand elle fonde Texaco.

Comme de nombreux critiques l'ont remarqué, la partie du roman consacrée à l'établissement de Texaco est largement structurée par une série d'oppositions qui figurent la lutte de Marie-Sophie contre les autorités de Fort-de-France et, par là, la mutinerie du créole supposé inférieur qui se soulève contre le métropolitain « supérieur » selon la hiérarchie coloniale[4]. Dès la première phrase du *récit*, la pierre lancée

---

[4] Voir Lorna Milne, « From Créolité to Diversalité: the Postcolonial Subject in Patrick Chamoiseau's *Texaco* », in Paul Gifford et Johnnie Gratton (eds), *Subject*

contre l'Urbaniste indique l'hostilité qui règne entre la mairie de Fort-de-France et les habitants de Texaco, tout de suite résumée par Marie-Sophie comme un « combat d'yeux entre nous et l'En-ville » (T 20). Le caractère bipolaire de ce conflit s'inscrit dans l'espace urbain, la mairie se trouvant au centre relativement riche de la ville, tandis que les cases insalubres de Texaco se situent à la périphérie des quartiers respectables ; qui plus est, le plus grand désir des autorités – planifier, ordonner, subjuguer l'espace – entre en contraste avec l'évolution organique et d'aspect chaotique du quartier créole. D'autres oppositions très étudiées réduplique nt ce contraste entre le centre et les marges : la mairie, comme toutes les bureaucraties, privilégie l'écrit et la langue française, alors que Marie-Sophie et ses amis sont issus d'une culture surtout orale, exprimée en créole[5]. De même, la

Matters. Subject and Self in French Literature from Descartes to the Present, Amsterdam, Rodopi, 2000, pp. 162–80 ; Cilas Kemedjio, « La femme antillaise face au faubourg et à la durcification dans *Texaco* de Patrick Chamoiseau et *Mélody des faubourgs* de Lucie Julia », *LittéRéalité*, XI, 2, automne/hiver 1999, pp. 31–47, et « De *Ville cruelle* de Mongo Beti à *Texaco* de Patrick Chamoiseau: Fortification, ethnicité et globalisation dans la ville postcoloniale », *L'Esprit Créateur*, XLI, 3, automne 2001, pp. 136–50 ; Serge Ménager, « Topographie, texte et palimpseste: *Texaco* de Patrick Chamoiseau », *The French Review*, 68, 1, octobre 1994, pp. 61–8 ; et Roy Chandler Caldwell Jr, « For a Theory of the Creole City. *Texaco* and the Postcolonial Postmodern » in Mary Gallagher (ed.), *Ici-là. Space and Displacement in Caribbean Writing in French*, Amsterdam, Rodopi, 2003, pp. 26–39. Dans un article sur *Chronique* et *Solibo*, Richard Burton définit les tactiques d'opposition du petit peuple créole (et de l'écrivain) selon le sens que donne Michel De Certeau à ce terme, c'est-à-dire que le dominé est obligé pour lutter contre le système qui le soumet d'agir à l'intérieur de celui-ci, en adoptant les moyens et discours de ce même système. Voir Burton, « Débrouya pa péché, ou il y a toujours moyen de moyenner: tactiques oppositionnelles dans l'œuvre de Patrick Chamoiseau », dans Burton, *Le Roman marron*, *op. cit.*, pp. 149–77. Notons enfin que nos analyses dans ce chapitre s'accordent en bien des points avec celles de Maeve McCusker, « No Place Like Home? Constructing an Identity in Patrick Chamoiseau's *Texaco* », in Gallagher (ed.), *Ici-là*, *op. cit.*, pp. 41–60.

5 Voir, parmi les très nombreuses études de l'opposition entre écrit et oral, français et créole: Chancé, *L'Auteur*, *op. cit.* ; Maeve McCusker, « Translating the Creole Voice: from the Oral to the Literary tradition in Patrick Chamoiseau's *Texaco* », in Christopher Shorley et Maeve McCusker (eds), *Reading Across the Lines*, Dublin, The Royal Irish Academy, 2000, pp. 117–27 ; Priska Degras, *op. cit.* ; Marie-José Jolivet, « Les Cahiers de Marie-Sophie Laborieux existent-ils ? ou du rapport de la créolité à l'oralité et à l'écriture », *Cahiers des Sciences Humaines*, 29, 4, 1993, pp. 795–804 ; Catherine Wells, *L'Oraliture dans Solibo Magnifique*

qualité marginale, voire clandestine ou illégale, de bien des activités (économiques, sociales, politiques) des habitants de Texaco les met en porte à faux avec l'administration et la société « honorable », tout comme le fait d'ailleurs leur mode de vie, car les proximités – voire les promiscuités – humaines des quartiers populaires paraissent entièrement absentes des quartiers plus huppés, plongés dans « cette solitude émiettée, ce repliement sur sa maison, ces chapes de silence sur les douleurs voisines, cette indifférence policée » (T 328)[6].

Cette structure d'oppositions binaires sous-tend l'intrigue d'un modèle colonial facilement reconnaissable, invitant le lecteur à voir l'établissement du quartier Texaco comme une conquête non seulement « de cette terre-là » comme le voulait Esternome, mais de la ville elle-même, la réalisation de « nos élans pour conquérir la ville » (T 13) comme le dit la liste des « Repères chronologiques » dès la première page du livre. Marie-Sophie apprivoise l'Urbaniste et fait inscrire le nom de Texaco sur les plans officiels de la ville, une telle ratification par l'écrit étant le signe ultime de l'acceptation par le centre ; elle déplace le « Béké des pétroles » dont elle a squattérisé – mieux, colonisé ! – les terres, renversant ainsi les normes qui auraient déterminé à une autre époque les rapports entre une femme créole et un Blanc ; et loin de dompter ou d'exploiter seule cet espace à ses propres fins économiques, comme le faisaient dans le temps les Békés planteurs, elle y préside sur une large communauté, démunie mais solidaire et respectueuse de la topographie du lieu (T 407). Ces faits sembleraient camper l'affirmation et même la victoire de la culture et des valeurs créoles contre celles de la métropole ou des Békés. En outre, le quartier Texaco semble confirmer par ces qualités mêmes la force triomphale de cette culture, car sa configuration et son atmosphère reflètent parfaitement la culture créole elle-même qui émerge sur l'habitation où les esclaves « doivent réinventer la vie,

---

de Patrick Chamoiseau, Université Laval, Québec, GRELCA, 1994 ; Marie-José N'Zengou-Tayo, « Littérature et diglossie: créer une langue métisse ou la 'chamoisification' du français dans *Texaco* de Patrick Chamoiseau », *Traduction, terminologie, rédaction*, 9, 1, 1996, pp. 155–76 ; et Gallagher, *Soundings*, *op. cit.*, pp. 112–25. Pour une étude comparatiste plus générale de « L'Oralité comme matrice », voir Colette Maximin, *Littératures caribéennes comparées*, Pointe-à-Pitre et Paris, Jasor-Karthala, 1996, pp. 353–401.

6 Dans *Biblique* aussi, Balthazar remarque la grande joie de vivre des quartiers populaires, et surtout la richesse de sa vie sentimentale qui se manifeste dans des fêtes, des amours et les contacts humains (BDG 537–8).

toute la vie » de sorte que « Ceux-là feront avec ce qu'ils ont » (LC 46) ; de même, les cases sont construites avec des matériaux de fortune, et évoluent de manière imprévisible en un mélange de styles métissés, bien adaptés au terrain mais laissant voir, dans les cartons, les feuilles, les planches et plaques de fibrociment qui les composent, des traces de leur provenance plurielle. L'Urbaniste, par exemple, note que le quartier portera l'apparence physique et l'identité des expériences de ses habitants : « L'urbain est une violence. [...] Dans la ville créole, la violence frappe plus qu'ailleurs. [...] Le quartier Texaco naît de la violence. Alors pourquoi s'étonner de ses cicatrices et de sa face de guerre ? » (T 192). Même les laideurs de Texaco ne semblent donc pas troubler ce partisan de l'architecture créole : au contraire, il y voit les signes d'une lutte qui termine en victoire, et les spécificités d'une culture qui se différencie de l'En-ville.

Et pourtant, il importe de noter qu'à la fin du livre, Marie-Sophie ne se trouve pas installée pleinement au centre d'un En-ville converti au mode de vie créole. Au contraire, elle vit plutôt à côté de l'En-ville, dans ses marges, sans adopter toutes les mœurs de cet espace et sans y imposer les siennes. D'ailleurs, à la fin du livre le marqueur contredit le libellé des « Repères chronologiques de nos élans pour conquérir la ville » en déclarant que « nous [c'est-à-dire le petit peuple créole] nous étions battus avec l'En-ville, *non* pour le conquérir (lui qui en fait nous gobait), mais pour *nous conquérir nous-mêmes* » (T 498, c'est nous qui soulignons).

Ce jugement rétrospectif porté par le marqueur sur l'« épopée » de Texaco débouche sur deux conclusions particulièrement significatives. Il implique, d'abord, que la relation avec l'En-ville doit finalement transcender l'affrontement simpliste et hiérarchique de deux endroits symétriquement opposés pour se placer dans un « tiers espace », à l'écart des conflits binaires réducteurs visant à la victoire de l'un ou de l'autre parti. Cette notion d'un espace intermédiaire ou hybride apparaît comme caractéristique assez fréquente de la pensée postcolonialiste. Edward Soja, par exemple, se basant sur les écrits d'Henri Lefebvre, notamment *La Production de l'espace*, élabore une théorie du « tiers espace » (« Thirdspace ») qui transcende la logique fermée des catégories binaires en les déstabilisant afin de s'ouvrir à une diversité radicale[7]. Le terme « Third Space » [*sic*] est aussi utilisé dans le contexte postcolonial par Homi K. Bhabha, auteur de l'étude importante *The Location of Culture*, qui voit la culture comme un produit du discours. Bhabha souligne que tout système culturel se produit dans « l'espace contradictoire et ambivalent de l'énonciation »[8], *locus* abstrait qu'il caractérise comme un « Third Space » permettant la co-existence (souvent conflictuelle et toujours dynamique) du sujet de l'énoncé *et* du sujet de l'énonciation. Or, la communication entre « l'espace » de l'énoncé et celui de l'énonciation se trouvant sans cesse *différée* (au sens derridéen du terme), le « Third Space » métaphorique qui les mobilise ensemble dans la construction de la culture ressemble donc en réalité plutôt à un *processus* qui génère des significations provisoires : la volatilité de cet « espace » fait que « les significations et symboles culturels n'ont ni unité ni fixité primordiales »[9]. Cette instabilité (ou disponibilité) inhérente aux signifiants culturels, liée au fait que le site énonciatif qui les produit (époque, endroit, situation subjective...) peut lui-même changer sans cesse, libère le sujet qui négocie, transforme et traduit désormais son identité culturelle d'une manière plus ouverte[10]. Pour Bhabha, la construction du sujet contemporain – et surtout du sujet postcolonial – a lieu non seulement dans les moments et espaces interstitiels produits aux points d'articulation entre les cultures, mais aussi dans la multiplicité hybride des sites et situations subjectifs possibles (sexe, classe sociale, race, orientation sexuelle, âge, aire géopolitique, et ainsi de suite). « Ces espaces 'intermédiaires', dit-il, fournissent le terrain où s'élaborent des stratégies du moi – singulier ou collectif – inaugurant des signes identitaires nouveaux, et des sites innovateurs de collaboration et de contestation, dans l'acte même de définir la société »[11].

---

7 Voir Edward Soja, *Thirdspace. Journeys to Los Angeles and Other Real-and-Imagined Places*, Cambridge, Mass. et Oxford, Blackwell, 1996.

8 « this contradictory and ambivalent space of enunciation ». Voir Homi Bhabha, *The Location of Culture*, Londres et New York, Routledge, 1994, p. 37.

9 « the meaning and symbols of culture have no primordial unity or fixity ». *Ibid.*, p. 37.

10 *Ibid.*, p. 38.

11 « Those 'in-between' spaces provide the terrain for elaborating strategies of selfhood – singular or communal – that initiate new signs of identity, and innovative sites of collaboration, and contestation, in the act of defining the idea of society itself ». *Ibid.*, pp. 1–2.

Sur le plan plus concret de la représentation littéraire, suivant la même logique, l'incorporation de Texaco à la ville amène un changement épistémologique de *deux* espaces concrets, sans pour autant les rendre identiques, ni les synthétiser : la ville créole de Fort-de-France est désormais un tout comportant deux parties, dit l'Urbaniste, « Au cœur ancien : un ordre clair, régenté, normalisé. Autour : une couronne bouillonnante, indéchiffrable, impossible » (T 235). Le quartier de Texaco, en se faisant reconnaître par l'En-ville, préserve donc ses différences, et laisse à l'En-ville les siennes. La relation oppositionnelle posée comme structure au cours des luttes entre le quartier et la mairie ne se résout donc pas totalement à la fin en une grande synthèse harmonisante : elle sera peut-être modifiée, mais sa trace continuera à influer sur une relation sinon d'opposition, du moins d'altérité. Dans cette nouvelle façon de penser son espace, « Tout a changé », et ensemble, l'En-ville et le quartier auront le potentiel de former – et de faire partie de – un Lieu qui « restitute à l'Urbaniste, selon ce dernier, […] les souches d'une identité neuve : multilingue, multiraciale, multi-historique, ouverte, sensible à la diversité du monde » (T 282).

Ce principe d'hybridité qui aide à dépasser les oppositions se trouve reflété dans le nom même de l'espace. Bien qu'il n'ait plus aucun lien avec la compagnie pétrolière, le quartier ne sera pas rebaptisé car Marie-Sophie ne suit pas la pratiquc colonialiste d'imposer à un endroit un nom reflétant la culture de ceux qui l'ont conquis (ce qui est bien sûr le cas par exemple de Fort Royal / Fort-de-France) ; elle cherche plutôt à conserver l'histoire du lieu en gardant son nom. Le nom de Texaco servira donc de commémoration à la longue lutte du peuple de Marie-Sophie, à sa mémoire personnelle et collective, et à son identité[12]. Certes, ce nom, qui évoque

[12] Comme nous l'avons vu dans le chapitre précédent, l'expérience humaine a pour Chamoiseau l'épaisseur des traces successives laissées par une histoire plurielle. Ainsi, le quartier créole porte les traces des habitats antérieurs qui contribuent de diverses façons à le modeler. Dans Texaco, il est clair que l'ambiance et le mode de vie sont liés avant tout à la communauté du « Noutéka des mornes » espace où, dit Marie-Sophie « notre Texaco bourgeonnait » (T 161). Le même principe s'impose au niveau de la case individuelle dans *Cases en pays-mêlés*, où un conteur insiste, pour chaque case, sur les traces laissées par les différentes traditions architecturales dont elle est issue, ainsi que par les habitudes et émotions de la famille qui l'habite, ou la condition de la terre qu'elle occupe. Ainsi, dit-il, « Toute case est plus large que ses murs » (CPM 15).

immédiatement toutes les qualités idéologiques et économiques de l'industrie capitaliste du premier monde, se trouve subverti par son application à un simple quartier populaire créole, tout comme les habitants subvertissent aussi les matériaux architecturaux ou culturels avec lesquels ils se construisent une maison ou une identité dans ce pays qui n'est pas le leur. Mais en même temps, la rétention du nom est une stratégie fidèle au principe du Lieu, car elle intègre, au lieu de l'oblitérer ou de le nier, un passé douloureux et les rapports à l'Autre colonial qui, comme la compagnie pétrolière, ont influé sur le créole. Ni « purement » créole, ni entièrement occidental, le nom du quartier reflète ce qu'est devenu le quartier lui-même, un « tiers espace » hybride qui incorpore les différences sans pour autant les gommer, ni forcément les unir dans une harmonie sereine. Cette idée est reprise plus explicitement dix ans après la publication de *Texaco* dans le petit *Livret des villes du deuxième monde*, sorte d'inventaire poétique des maux urbains qui envisage tout de même un « deuxième monde » idéal composé d'espaces conçus d'après le modèle du Lieu. Là, « Toute ville est de rencontres, de contacts et d'échanges. Toute ville est de hasards et d'organisations, d'ordres et de désordres, de chaos et de réorganisations dans un flux imperceptible de mutations internes. Toute ville est un complexe vivant » (LVDM 24).

La deuxième conclusion à laquelle nous mène la déclaration du marqueur rejoint le thème de la subjectivité annoncé plus haut, et nous occupera plus longuement ici, car en affirmant que le peuple créole s'est battu avec l'En-ville pour « [se] conquérir [lui]-même[...] », le marqueur suggère que dans la fondation du nouveau tiers espace (le Lieu Texaco), la vraie conquête est intérieure, psychologique, située dans l'interface entre le personnel et le collectif, bref, qu'il s'agit de l'établissement d'un moi. Ainsi, malgré l'accent mis par Letchimy – et par le roman *Texaco* lui-même – sur l'aspect social du quartier populaire, c'est dans ce roman que Chamoiseau se livre enfin à une réelle exploration de l'identité personnelle et individuelle. Dans *Chronique* et *Solibo*, il s'agissait surtout de collectivités : les djobeurs du marché formaient un groupe identifiable au sein de l'organisme solidaire du marché, au point de parler d'une seule voix, à la première personne, dans la narration du livre. Dans *Solibo*, le « nous » narratif disparaît et le personnage du « Marqueur de paroles » Chamoiseau prend la parole pour s'adresser au lecteur à la première personne. Ce personnage reste pourtant assez flou, peu sûr de lui, et semble surtout vouloir s'effacer dans le groupe des spectateurs-témoins de la mort du conteur[13]. Dans *Texaco*, au contraire, la plupart du texte consiste en un long récit raconté à la première personne par la protagoniste, Marie-Sophie Laborieux, personnage qui – à la différence du marqueur toujours hésitant qui réapparaît ici (nous y reviendrons en fin de chapitre) – s'affirme rapidement comme individu doté d'un jugement autonome. En réalité, ce *récit* qui semble être celui de la fondation de Texaco est en même temps celui du passage de Marie-Sophie de l'état d'objet, statut subalterne dans les oppositions hiérarchiques coloniales, à celui de sujet actif composant avec ces structures sans pour autant se laisser dominer.

Dans la partie centrale de ce chapitre, nous allons aborder la mise en œuvre de cette transformation dans le texte en nous basant sur trois complexes thématiques. Deux d'entre eux reflètent des besoins élémentaires de l'être humain : celui, d'abord, de s'abriter, auquel s'ajoute plus tard celui de former des liens affectifs et sexuels avec un partenaire. Enfin, dans le cas de Marie-Sophie, un troisième besoin s'impose progressivement, celui d'écrire. C'est ce dernier thème qui nous permettra, à la fin du chapitre, de suggérer quelques observations sur le personnage du marqueur de paroles, et sur la question plus large du rôle de l'écrivain.

Mais avant de considérer la lutte de Marie-Sophie pour devenir le sujet de ces trois verbes fondamentaux – habiter, aimer, écrire –, il semble important de souligner que ce texte se garde bien de promouvoir un individualisme introspectif : au contraire, l'histoire de Marie-Sophie a une valeur emblématique qui répond aux ambitions politiques du livre. C'est en examinant ce rapport entre l'individuel et le collectif que nous nous proposons de commencer une analyse plus approfondie de l'évolution du moi chez Marie-Sophie[14].

---

13 Voir à cet égard Chancé, *L'Auteur*, *op. cit.*, et Moudileno *op. cit.*

14 Cette interaction entre les identités collective et personnelle est un trait typique de la littéraire antillaise en général, comme Gallagher le rappelle quand elle note que, souvent, cette littérature « dépeint le processus d'individuation d'un moi manifestement métonymique dont les co-ordonnées renvoient avant tout à une identité collective » (« [...] involves the formulation of a self that is manifestly metonymical, its coordinates effectively referring to a pre-eminently collective identity »). Voir Mary Gallagher, « Contemporary French Caribbean Poetry: The Poetics of Reference », *Forum for Modern Language Studies*, numéro spécial *Caribbean Connections* sous la direction de Lorna Milne, 40, 4, octobre 2004, pp. 451–62 (p. 452).

L'Individuel et le collectif

Nous avons déjà vu que l'esclavage est souvent représenté chez Chamoiseau comme un effacement de toute individualité, réduisant les esclaves à un « magma » inerte sous un regard colonial réifiant. Dans *Texaco*, pourtant, Chamoiseau renverse cette perspective pour raconter l'histoire de la Martinique du point de vue créole, ce qui lui permet de donner à chaque personnage des traits individuels bien différenciés et une subjectivité certes soumise à l'ordre colonial, mais loin de se laisser entièrement écraser. Depuis les grands-parents de Marie-Sophie sur l'habitation jusqu'aux nombreuses personnalités originales de l'En-ville, l'unicité de chaque personnage contribue à nous rappeler que l'Histoire raisonnée et impersonnelle est faite d'innombrables histoires[15] personnelles – joyeuses ou tragiques – car il est clair que Texaco comporte une réponse à ce qui est pour Glissant « L'une des conséquences les plus terrifiantes de la colonisation », c'est-à-dire « cette conception univoque de l'Histoire, et donc du pouvoir, que l'Occident a imposée aux peuples ». Par contre, dit Glissant, « Se battre contre l'un de l'Histoire, pour la Relation des histoires, c'est peut-être à la fois retrouver son temps vrai et son identité : poser en des termes inédits la question du pouvoir »[16]. Comme nous allons le voir, cette idée se trouve illustrée de manière frappante dans *Texaco*.

Une première critique de « l'absurde catalogue »[17] qui caractérise un certain type d'historiographie occidentale est déjà toute contenue dans les « Repères chronologiques » présentés en préface du roman comme dans un livre d'histoire européen traditionnel (T 13–15). La particularité de cette liste de dates divisée en âges selon les matériaux de construction utilisés à chaque époque, réside dans le fait qu'elle est

---

15 Ici, il convient de rappeler encore une fois la distinction faite par Glissant (et déjà signalée dans le Chapitre 2) entre « l'Histoire » et « les histoires ». Voir Glissant, *Le Discours antillais*, *op. cit.*, pp. 221–9.

16 *Ibid.*, p. 276.

17 C'est de nouveau Edouard Glissant qui critique la pratique « absurde » de « S'obstiner à découper l'histoire de la Martinique sur le modèle de l'histoire de France (siècles, guerres, règnes, crises, et cætera) » et propose à la place du « catalogue habituel » une série de sept « pans » de l'histoire aptes à remplacer les « périodes » dont on parle plus communément. Voir Glissant, *Le Discours antillais*, *op. cit.*, pp. 271–2.

constamment minée par le contraste qu'offre cette vénérable convention occidentale avec le ton et le contenu de la liste. En réalité, les différents « Temps » – de carbet et d'ajoupas, de paille, de béton, etc. – rappellent tout aussi facilement le conte des *Trois Petits Cochons* (qui construisent des maisons en paille, en bois et en pierre) que l'étude historique, juxtaposition dérisoire qui récupère néanmoins au profit de l'« épopée créole » une fable européenne racontant la débrouillardise, la résistance et la conquête de l'adversité[18]. De même, le ton quasi-biblique des explications de chaque ère (« En ce temps-là... ») satirise le statut de la lettre sacrée longtemps accordé à l'approche chronologique par l'historiographie positiviste occidentale ; mais en même temps, le texte s'approprie tout de même ce langage solennel pour conférer une certaine légitimité à l'histoire créole[19]. Ce paratexte parodique oriente ainsi d'entrée de jeu la lecture qui va suivre en proposant un va-et-vient conflictuel et complémentaire entre l'Histoire traditionnelle occidentale, impersonnelle et totalisante d'une part, et les histoires multiples, pittoresques, humaines, parfois dérisoires mais non moins valables, de l'autre[20]. Cette valorisation de la perspective individuelle et créole prépare le lecteur à l'affirmation de soi qu'exemplifiera l'histoire de Marie-Sophie. Et, consacrée par la maîtrise de l'espace, cet avènement du sujet s'exprime en partie au travers de métaphores architecturales.

Dès les « Repères chronologiques » que nous venons dc citer, la construction s'impose comme une métaphore centrale du livre qui réunit constamment espace, architecture et identité en une relation étroite et réciproque. Par exemple, le charpentier et « Docteur-cases »

---

18 McCusker, « No Place like Home? », *op. cit.*, analyse de manière très intéressante la présence de ce conte dans la littérature des Caraïbes en général, ainsi que son évocation dans *Texaco*.

19 Cette stratégie est prolongée par le fait que la Bible s'impose comme intertexe de manière plus insistante dans d'autres aspects du livre, dont les plus visibles sont l'arrivée à Texaco d'un « Christ » et la division du livre en parties intitulées « Annonciation », « Le Sermon de Marie-Sophie Laborieux » et « Résurrection », titres à chaque fois minés par un commentaire de la part de l'écrivain ; voir par exemple, « Résurrection (pas en splendeur de Pâques mais dans l'angoisse honteuse du Marqueur de paroles qui tente d'écrire la vie) » (T 489).

20 Pour une lecture de la nouvelle historiographie de *Texaco* qui la situe dans le refus postmoderne des « grands récits », voir Maeve McCusker « Telling Stories / Creating History: Patrick Chamoiseau's *Texaco* », *The ASCALF Year Book*, 3, 1998, pp. 23–33.

Esternome, s'exprime véritablement en sujet pour la première fois dans la première maison qu'il se construit : racontant sa case du « Noutéka des mornes », Esternome retrouve une « ardente vanité » en « batt[ant]-bouche dans le *Je*. Je ceci. Je cela [...] Je. Je. Je. [...] Tu te rends compte, So-Marie ? Pouvoir à un moment donné de sa vie, dire : Je... [...] Je. Je. Je » (T 174–6). Le fait d'avoir réclamé son propre espace et d'y avoir planté sa propre case semble permettre à Esternome de vivre sa propre prédiction d'avant l'abolition : « la liberté va venir des nègres de terre, de la conquête de cette terre-là » (T 110). Dans un processus qui ne va pas sans rappeler la « performance » des djobeurs, Esternome devient le sujet (« Je ») des verbes qui traduisent ses actions.

En même temps, l'expérience d'Esternome se double d'une autre fonction dans le roman, car elle intensifie la valeur représentative du personnage. Avant cet épisode, Esternome a déjà vécu de plusieurs manières les deux conditions les plus communes chez les Noirs, c'est-à-dire l'esclavage et la liberté de savanne : en s'établissant dans les mornes, Esternome participe ensuite à un nouveau mouvement historique majeur du petit peuple martiniquais après l'abolition de l'esclavage. De plus, il y entre en contact – à travers le symbolisme imaginaire des mornes – avec l'expérience des marrons qui s'y installaient avant l'abolition ; et il y apprend aussi à mieux connaître ses lointaines racines africaines, en cultivant la terre de la manière ancestrale et en apprenant les qualités des plantes. Le Noutéka des mornes achève donc de faire d'Esternome un personnage-pivot : d'un côté, il lui permet de figurer l'intégration d'un « Je » individuel ; de l'autre, il lui donne un rôle de représentation « collective » dans l'économie du texte et l'érige en symbole porteur de l'histoire de sa communauté.

Pourtant, il est clair que l'épisode des mornes est voué à l'échec car, comme les marrons qui y vivaient autrefois[21], Esternome y reste tout de même pris dans la logique plantationnaire qui fait de toute terre un Territoire dans le sens que donnent Glissant et Chamoiseau à ce terme. A une époque où le pouvoir se manifeste à travers la domination de l'espace, il n'est certes pas étonnant qu'Esternome tente de s'imposer en devenant un « gouverneur des mornes » (T 174).

---

[21] Nous avons déjà vu (Chapitre 2) que le marron reste pour Chamoiseau prisonnier de la Plantation dont le pouvoir totalitaire limite la forme et l'envergure de sa rebellion.

Mais le terme « gouverneur », titre emprunté au monde plantationnaire, indique la vraie nature de sa relation à cet espace. D'autres indices s'y ajoutent : le fait que Ninon, la compagne d'Esternome, finit par descendre tous les jours travailler à l'usine, nouvel avatar de la plantation ; et que, de plus en plus, les gens des mornes « se soumett[ent] aux békés à l'heure des récoltes » (T 191) tandis que la case d'Esternome tombe en ruines, illustrent amplement l'asservissement continu des mornes au système de la Plantation. Dans une relation véritablement oppositionnelle, l'entité puissante finit toujours par subjuguer l'élément plus faible : ce type d'accès à la pleine subjectivité, tout important qu'il soit en tant que premier pas vers l'autonomie subjective, s'avère donc avoir été peu durable pour Esternome. Le Noutéka des mornes ayant donc « comme avorté » (T 181), ce sera à Marie-Sophie de dépasser le rapport primitivement « territorial » entre le peuple créole et l'espace de l'habitat et de la construction, ce qu'elle réalisera enfin dans Texaco.

Marie-Sophie est l'héritière de son père de bien des points de vue et tout d'abord en tant que personnage représentatif. Même avant sa naissance, dit-elle, elle devient « le bébé de l'ensemble du quartier » (T 241), destiné à porter les attentes et désirs de toute une partie de la population. Des indices onomastiques indiquent aussi son statut emblématique, à commencer par le quartier où elle naît – le Quartier des Misérables près de Fort-de-France – dont le nom annonce le milieu populaire qu'elle symbolise, surtout en juxtaposition avec son patronyme à elle, Laborieux, qui semblerait faire allusion aux « classes laborieuses de notre chère Martinique » (T 312). Son prénom, par contre, évoque deux grandes icônes qui réunissent la mythologie chrétienne et la pensée classique pour suggérer l'ensemble des vertus « féminines » : Marie, douce et maternelle ; et Sophie, sage et cérébrale. L'inclusivité de ce nom hybride – pour ne pas dire ses tensions, semblables à celles de la liste des « Repères chronologiques » – est renforcée par le fait que le prénom revêt la dignité de deux grandes traditions chères à l'Europe tandis que le nom de famille rappelle la bassesse d'Européens qui, tout en libérant les esclaves, les nomment comme si ces derniers leur appartenaient encore, et souvent de noms cruellement dérisoires[22]. Enfin, le principe

[22] Le nom « Laborieux » est décerné à Esternome par un fonctionnaire qui coupe court ainsi aux efforts « laborieux » de ce dernier pour se choisir un patronyme (T 144).

de l'inclusivité réapparaît encore beaucoup plus tard dans l'adoption par Marie-Sophie du surnom « Texaco ». Obéissant au vieux nègre de la Doum qui la conseille de s'armer d'un nom secret pour se fortifier dans ses luttes pour Texaco, il est sans doute significatif d'abord que Marie-Sophie choisisse un nom de lieu, liant ainsi espace et identité ; et ensuite que ce lieu abrite non seulement la protagoniste elle-même mais toute une communauté.

Fable exemplaire, donc, l'émergence de la subjectivité de Marie-Sophie sera celle – potentiellement – de tout un peuple, son destin personnel reflétant étroitement le contexte historique. Néanmoins, il s'agit d'un personnage fortement original, pour qui se trouver nécessite aussi de trouver « son » espace.

Escales et amours

Cet espace – Texaco – est le point culminant d'un long (et emblématique) trajectoire à travers d'autres résidences, car Marie-Sophie occupe à différents stades de sa carrière une variété de domiciles typiques pour une femme créole. Par ailleurs, les caractéristiques de ces différents abris reflètent les étapes de son progrès. Après le Quartier des Misérables déjà mentionné, dont le nom indique si bien la condition de ses habitants, elle s'installe dans la grande maison des Gros-Joseph et divers logis d'assimilés d'En-ville, d'où elle progresse ensuite vers la case de Nelta dans le Morne Abélard. Là aussi, le nom de l'endroit est de nouveau significatif, car si « Abélard » fait peut-être référence à l'amour impossible entre Marie-Sophie et Nelta, le mot « Morne » rappelle tout de suite les aspects à la fois positifs et négatifs du « Noutéka des mornes » : d'une part, Marie-Sophie s'y trouve entourée de voisins et jouit de l'entre-aide ambiante comme son père dans les mornes d'après l'abolition ; mais d'autre part, il est clair dès le début qu'elle devra quitter cet endroit ancré dans le régime binaire du passé pour fonder autre chose. D'ailleurs, elle y vit, comme toujours jusqu'ici, dans une case appartenant à une autre personne : à Texaco, par contraste, elle va suivre l'exemple de son père en construisant son propre abri, pour prendre possession de son propre espace.

Certaines de ces escales sont liées de manière significative à la vie amoureuse de Marie-Sophie, car à travers une série de rencontres sexuelles, qui se déroulent dans différents habitats, avec des hommes qui ont eux-mêmes une relation particulière à leur espace, Marie-Sophie évolue aussi pour devenir le sujet de son propre désir.

Les écrits de Fanon jouent un rôle critique majeur en plaçant les difficultés profondes et particulières liées à l'expression d'un moi sexué au centre du dilemme du colonisé, principe dont l'importance ne se trouve aucunement diminuée par son analyse peu judicieuse des désirs féminins[23]. De plus, la récupération et l'affirmation de la subjectivité féminine dans un « Je » désirant et énonciant est depuis ses débuts un thème capital de la pensée féministe face à des sociétés dominées par l'homme dans lesquelles « Il est le Sujet, il est l'Absolu : elle est l'Autre »[24]. C'est une perspective d'autant plus pertinente dans la société antillaise où, selon Lirus, « le statut de la femme [...] est un statut infériorisé, conséquence du machisme très développé »[25]. Hélène Cixous exprime succinctement la situation générale de la femme dans « Le Sexe ou la tête ? » :

> [...] travaillant sur le vouloir, Freud pose, quelque part, ou plutôt ne pose pas, laisse en suspens la question « Que veut la femme ? ». [...] mais Freud, quand il pose la question c'est un faux semblant : c'est une question rhétorique. Poser la question « Que veut la femme ? », c'est la poser comme réponse, un homme ne s'attendant pas à ce qu'il y ait une réponse à cette question puisque la réponse c'est : « Elle ne veut rien... ». [...] Rien puisqu'elle est passive. Ce que l'homme peut faire, c'est avancer la question d'un « Que peut-elle bien vouloir, elle qui ne veut rien ? » Autrement dit : « Sans moi, que voudrait-elle ? »[26].

Ainsi la femme est-elle en général « construite » par l'homme, selon les désirs de ce dernier. Plus loin, Cixous lie la question du désir féminin à celle de la parole dans une évocation de Lacan :

> Quant à grand-papa Lacan, il reprend la formule « Que veut-elle ? » en disant « De sa jouissance une femme ne peut rien dire ». C'est très intéressant, ça ! Tout y est : une femme ne *peut* pas, n'a pas de pouvoir... elle n'a pas de pouvoir ; le « dire » n'en parlons pas : c'est justement ce dont elle est dépouillée à jamais. Pas

23 Pour une étude compréhensive des critiques parues à cette égard, voir Celia Britton, *Race and the Unconscious. Freudianism in French Caribbean Thought*, Oxford, Legenda, 2002.

24 Simone de Beauvoir, *Le Deuxième sexe*, Tome I, Paris, Gallimard, 1949, p. 15.

25 Lirus, *op. cit.*, p. 42.

26 Hélène Cixous, « Le Sexe ou la tête ? », *Les Cahiers du Grif*, 13, octobre 1976, pp. 5–15 (pp. 7–8).

> de dire sur la jouissance = pas de jouissance, pas de vouloir : pouvoir, vouloir, dire, jouir, tout ça c'est pas pour la femme[27].

Le problème de la parole nous occupera plus longuement dans une section ultérieure de ce chapitre, mais on peut noter d'ores et déjà que l'analyse de Cixous nous invite très clairement à situer dans les domaines du désir et de la parole tout projet d'auto-construction féminine.

Mise à part la perspective féministe où il semble s'inscrire, Chamoiseau, en dotant sa protagoniste d'une évolution affective et sexuelle, rappelle que l'être humain – noir ou blanc, colonisé ou colonisateur – ne doit pas être réduit au statut de pion sur l'échiquier politique. Comme l'affirme Claudia Tate :

> Si nous nous acharnons à définir la subjectivité noire en la ravalant au niveau de l'action politique, nous continuerons de mésestimer la force du désir aussi bien dans les textes « noirs » que dans la vie des Africains Américains[28].

De même, Dominique Chancé note avec justesse que l'une des plus grandes questions pour tout écrivain antillais est, justement, « Comment devenir sujet de son Histoire ? » ; mais elle insiste que le propos de l'écrivain antillais est loin d'être « seulement » politique :

> L'interrogation identitaire, prise dans la représentation sociale et collective, céderait encore la place à la quête d'un sujet non seulement historique ou existentiel, mais également sujet du discours et sujet du désir, sujet qui assume une position symbolique[29].

---

27 *Ibid.*, p. 8, c'est Cixous qui souligne.

28 « If we persist in reductively defining black subjectivity as political agency, we will continue to overlook the force of desire in black texts as well as in the lives of African Americans ». Claudia Tate, *Psychoanalysis and Black Novels: Desire and the Protocols of Race*, New York et Oxford, Oxford University Press, 1998, p. 10, citée dans Britton, *Race and the Unconscious*, *op. cit.*, p. 2.

29 Chancé, *L'Auteur*, *op. cit.*, p. 152. Elle remarque les mêmes motivations au niveau des personnages de *Texaco*, surtout par exemple le fait que « Toute l'histoire d'Esternome, dans *Texaco*, est une histoire du sujet et non seulement de l'individu et du citoyen. Ainsi, au moment de l'Abolition de l'esclavage, Esternome n'a de désir que pour Ninon. [...] Le sujet n'obéit pas seulement à des aspirations ou à des idées, il est mû par un désir ». Plus loin, quand Chancé souligne aussi que le « je » de Marie-Sophie est « également sujet du désir », elle limite son analyse au cas d'Arcadius (voir plus bas). Voir *Ibid.*, p. 174.

Les relations sexuelles fonctionneront donc en parallèle avec le thème de l'habitat pour fournir l'un des fils thématiques les plus révélateurs de l'*histoire* de Marie-Sophie. Nous examinerons ici ses rapports avec quatre hommes qui ont une fonction importante, tant sur le plan identitaire que politique et existentiel : Basile, Monsieur Alcibiade, Nelta et Arcadius. Nous évoquerons plus loin l'homme avec qui elle finit ses jours, Iréné le pêcheur de requins.

De cette série, Basile est le premier à transmettre à Marie-Sophie la subjugation dont il est lui-même victime sans le comprendre, car il fait partie de la « société de culture physique appelée 'la Française' » où les membres « se civilis[ent] en développant leurs cuisses, leurs pectoraux, leur cou et leurs abdominaux » puisque, selon la société, « un nègre sportif [...] n'[est] même plus un nègre » (T 297–9). Basile, séduit par cette idéologie aux échos colonialistes voire vichystes[30], séduit à son tour Marie-Sophie et la domine jusqu'à l'emprisonner pendant un certain temps chez lui, dans la chambre.

Or Marie-Sophie n'accepte pas longtemps de voir supprimer ainsi son propre moi et se révolte d'abord en sortant de la chambre pour renvoyer les nombreuses amantes qui viennent chez Basile, réclamant ainsi l'espace de la case de Basile et sa place au centre de sa vie ; plus tard, elle fait face très ouvertement à Basile lui-même, sans le faire changer de comportement (T 303). Ainsi, bien que Marie-Sophie ne réussisse pas à transformer son amant dominateur, elle refuse de cacher sa propre identité comme il le lui demande, tandis qu'il se dissimule sous des muscles en réalité « un peu flots » (T 300) et le masque blanc tendu par « la Française ». En fait, avec le recul, Marie-Sophie se rend compte que « Je n'avais pas de cœur pour Basile, maintenant que j'y songe. Hiérophante d'une messe basse, il était imbriqué au plaisir de mon corps » (T 294). Rétrospectivement, vu de la perspective d'un moi bien acquis au moment de la *narration* de Marie-Sophie, Basile n'est ainsi que l'objet d'un désir physique dont Marie-Sophie découvre avoir été le sujet naissant. Notons en passant, d'ailleurs, que ce n'est pas le seul moment où la narratrice parle de

[30] Cet épisode se déroule pendant la deuxième guerre mondiale. La société de gymnastique la « Française » fut fondée officiellement à Fort-de-France en 1896. Voir Jacques Dumont, « Le Sport: une entrée dans l'histoire antillaise », in Lucien Abenon, Danielle Bégot et Jean-Pierre Sainton (eds), *Construire l'histoire antillaise. Mélanges offerts à Jacques Adelaïde-Merlande*, Paris, Editions du CTHS, 2002, pp. 335–50.

son plaisir sexuel, démarche qui lui permet de s'affirmer doublement comme sujet – celui du verbe et aussi du désir – dans les termes examinés par Cixous (voir ci-dessus, et voir T 324, T 347, T 399–400[31], T 481, T 483)[32].

Le même modèle de domination « transférée » revient quand Marie-Sophie accepte un poste (d'ailleurs trouvé par Basile) chez un deuxième « grand assimilé », Monsieur Alcibiade. Cette fois, si la séduction dure plus longtemps avant la domination ouverte, celle-ci s'avère plus violente. Monsieur Alcibiade et sa femme appartiennent tous deux à différents mouvements et associations métropolitains, dominés par la classe ethno-politique des mulâtres qui recherchent l'ascension sociale et économique en « se hiss[ant] à la hauteur de la France » (T 310) pour mieux fonder leurs demandes d'égalité. Alcibiade intervient lui-même dans le débat sur l'assimilation politique en donnant une longue conférence devant la société mutualiste, rapportée en détail par Marie-Sophie (T 314–18). Il y clame les vertus d'une assimilation « modérée », respectueuse des « particularités de notre chère Martinique » (T 318), vision qui se révèle illusoire surtout à travers le discours entièrement colonialiste de du personnage, ponctué de références à la « barbarie » de certaines races, la qualité « mûrie » de certaines autres, et la bonté de la Mère-Patrie envers ses « enfants » les colonies. Ce langage indicatif d'une mentalité si totalement dominée par l'idéologie colonialiste qu'elle serait sans doute incapable de reconnaître les vraies « particularités » de la Martinique, démontre effectivement que le rêve soi-disant égalitaire d'une assimilation « riche de liberté et de décentralisation éclairées » (T 318) est en réalité totalement vide. Marie-Sophie, pour sa part, ne comprend pas bien le discours de monsieur Alcibiade, mais elle singe les réactions du public qui l'écoute parce que, d'un côté, l'ambiance et l'émotion la captivent et, de l'autre, convaincue de son

---

[31] Marie-Sophie cite ici d'autres hommes qu'elle a connus et avec qui elle a eu « des amours semblables » finalement sans lendemain. La différence entre la perspective subjective du moment de la *narration* et la Marie-Sophie de l'*histoire* qui avoue « se tromper souvent » souligne encore une fois l'évolution du personnage.

[32] Il s'agit ici, bien sûr, d'une observation basée sur la cohérence d'un personnage littéraire à l'intérieur d'un texte et au niveau de son *histoire*. Pour une analyse du rapport entre l'écrivain (masculin) et la possibilité d'une vraie voix féminine dans ses textes, voir Milne, « Sex, Gender and the Right to Write », *op. cit.*

infériorité en matière de politique et de langue française, elle est trop peu sûre d'elle-même pour avouer son ignorance.

Monsieur Alcibiade est ainsi dénoncé à son tour comme porteur d'un « masque blanc », condition confirmée par la raison de son refus de soutenir le vrai artisan de l'assimilation, Aimé Césaire : l'idée d'élire un nègre communiste « ingrat », qui critique le colonialisme et se revendique de l'Afrique, le précipite dans « un fond d'horreur » (T 319). C'est d'ailleurs son animosité envers Césaire qui fait tomber le voile sur la réalité représentée par Monsieur Alcibiade quand, ayant surpris Marie-Sophie en train de célébrer la victoire de Césaire aux élections de Fort-de-France, Alcibiade la viole. Pour reprendre la lecture quasi-allégorique initiée par les échos onomastiques que nous avons déjà mis en lumière (le nom Alcibiade rappelant d'ailleurs l'un des plus grands traîtres de l'histoire grecque), on peut voir dans cet acte de vengeance lâche le viol vicaire du petit peuple martiniquais par la classe traîtresse des hommes politiques, surtout les assimilationnistes ; et en même temps la domination violente des partisans de Césaire eux-mêmes (représentés ici par Marie-Sophie) par la France (en la personne de Monsieur Alcibiade). Enfin, le viol illustre le fait que ce sont toujours les êtres – ou les classes – les plus vulnérables qui servent de victimes, quelle que soit la cible déclarée de la colère des plus puissants.

Chose étonnante, Marie-Sophie se laisse faire et devient « durant presque deux heures le jouet flaccide de ce sieur Alcibiade » avec, entre autres, « le sentiment de [...] ne pas exister » (T 325). Même après, elle reste chez les Alcibiade au lieu de s'en aller comme elle a décidé de le faire, « Comme si, incapable de m'extraire, je voulais me dissoudre » (T 330), et elle voit la maison comme « une sorte de tombeau » (T 331), image qui confirme que se laisser dominer de cette manière équivaut à accepter la mort identitaire, tout comme la perte de la voix dans ses silences après l'évènement (T 330, 331) indique la perte du sens du moi chez Marie-Sophie. Plus tard, elle déclare ne pas comprendre cette absence de réaction, mais il est clair que dans l'économie symbolique du texte la scène représente la logique dominatrice et colonialiste de l'idéologie assimilationniste, à laquelle obéissent également un Monsieur Alcibiade cherchant à oublier sa propre domination dans la subjugation d'autrui ; et une Marie-Sophie minée momentanément par les effets du masque blanc – croyant, par exemple, à la valeur des activités politiques et du beau parler français des Alcibiade – au point de ne pas y résister. Et pour confirmer que ce scénario d'abaissement du plus faible par le plus puissant est le même qui sévit à la Martinique depuis la période esclavagiste, Marie-Sophie affirme que pendant le viol, elle « bascule dans une ravine » (T 325), image qui ranime les connotations très précises du symbolisme identitaire de l'abîme chez Chamoiseau. Enfin, faisant écho au comportement de son père Esternome qui reste dans l'habitation même après avoir reçu sa liberté, Marie-Sophie demeure, à la suite du viol, presque enterrée dans la maison des Alcibiade « engluée dans un migan sordide » avec son maître (T 330), prise entre le désir de vengeance et l'impossibilité de fuir. Ainsi, elle incarne avec les Alcibiade cette situation de dépendance réciproque que Beauvoir applique à la position de la femme en général :

> [...] dans le rapport du maître à l'esclave, le maître ne *pose* pas le besoin qu'il a de l'autre ; il détient le pouvoir de satisfaire ce besoin et ne le médiatise pas ; au contraire l'esclave dans la dépendance, espoir ou peur, intériorise le besoin qu'il a du maître ; l'urgence du besoin fût-elle égale en tous deux joue toujours en faveur de l'oppresseur contre l'opprimé[33].

Cette impasse se prolonge jusqu'au moment où l'arrivée de Nelta sort Marie-Sophie de cette prison concrète et métaphorique qui rappelle l'emprise durable des dominations « brutale » et « silencieuse »[34].

Dans ces deux expériences où, devant Basile et Alcibiade, le moi de Marie-Sophie semble près de disparaître, ce sont donc les vieilles structures du colonialisme qui la menacent à travers ses persécuteurs. La représentation de ces rapports de force se traduit par le symbolisme spatial d'emprisonnement qui caractérise la condition de Marie-Sophie dans ces épisodes. Dans les troisième et quatrième cas, pourtant, la source du danger, quoique liée à l'espace symbolique de la plantation, n'est plus tout à fait la même, car elle est associée non pas au désir de dominer mais plutôt à la désorientation qui résulte de la crise d'identité propre aux Antillais : Marie-Sophie tombe amoureuse, tour à tour, de deux driveurs, Nelta et Arcadius. Rencontrés de façons similaires, lors d'évènements politiques liés à l'assimilation (la fête de la victoire de Césaire [T 323–4] et la visite de

---

33 Simone de Beauvoir, *op. cit.*, p. 20.

34 Notons tout de même que les Alcibiade se trouvent justement punis pour leur comportement, et que Marie-Sophie elle-même en est en partie responsable.

De Gaulle [T 423] respectivement), les relations de Marie-Sophie avec ces deux personnages jalonnent son évolution.

Figure puissante de la littérature antillaise, la « drive » est la réaction opposée à celle qui semble immobiliser le dominé dans une impasse avec le dominateur représenté par les geôliers Basile et Alcibiade, car elle pousse ses victimes à errer continuellement de long en large dans la petite île, butant constamment sur la mer ou même, comme Nelta, prenant le large pour poursuivre ailleurs leur vagabondage. Il s'agit d'un phénomène assez ambigu chez Chamoiseau[35]. D'un côté, le driveur conteste les systèmes fixes du colonialisme d'une manière efficace car « Sa résistance nie l'échiquier traditionnel : il n'oppose pas du Noir au Blanc, une langue à une autre, une culture à une contre-culture, n'érige aucune rigidité en remplacement d'une autre. [...] il comprend [...] qu'il lui faut être mobile. Disponible. Hors raideur » (EPD 193–4). La zone spatiale et symbolique parcourue par le Driveur semblerait donc tendre vers le « tiers espace » qui transcende les oppositions pour embrasser toutes les diversités. Le premier driveur de Marie-Sophie, Félicité Nelta, correspond assez étroitement à ce premier portrait. Dès qu'il l'installe chez lui, dans une case symboliquement « trop petite » (T 342) dans le quartier populaire du Morne Abélard, Nelta fait savoir à Marie-Sophie qu'il rêve de partir. Il a envie de « tout voir, d'éprouver l'impossible, de se sentir disséminé dans l'infini du monde, dans plusieurs langues, dans plusieurs peaux, dans plusieurs yeux, dans la Terre reliée » (T 344). Ainsi Nelta semble-t-il chercher un Lieu plutôt qu'un Territoire, et le Divers plutôt que l'Un. Mais il est important d'identifier ce qui l'incite au départ. En réalité, l'idée de vouloir « se sentir disséminé » confirme que c'est encore une fois le malaise identitaire qui pousse le driveur à choisir la résistance à travers une folle mobilité : « Fils de ces hommes rassemblés là, trop de choses sont effondrées en lui. Et ces effondrements baignent son imaginaire d'une réalité psychique inconsciente : *celle de l'ensemble du monde en ses diversités* » (EPD 193). Ce besoin de fuite chez Nelta suscite d'ailleurs des doutes identitaires chez Marie-Sophie, qui se dit pour sa part « en lutte contre moi-même, contre mes peurs, contre cet abandon par Nelta que je voyais venir » (T 350).

---

[35] Chamoiseau en parle dans un entretien avec Dominique Chancé. Voir Chancé, *L'Auteur*, *op. cit.*, pp. 199–216.

De l'autre côté, donc, la sensibilité du driveur au Divers le fragilise, et on se rend compte que la drive peut être vue aussi comme une réaction désepérée devant l'incapacité à intégrer les diverses sources et parties de l'identité. Chamoiseau l'explicite à l'issue du « rêver-pays » dans le chapitre d'*Ecrire en pays dominé* où il imagine le driveur :

> Notre émergence fut ainsi faite qu'elle fragilise en Drive corporelle ou consume en Drive mentale ceux qui ne parviennent pas à la penser. Et le rêve me montra cette amère grève où nous échouions, tous, à différents niveaux, saisis dans la confuse appréhension d'une diversité intérieure que nous refusons et qui, malgré tout, nous renvoie vers le monde (EPD 197).

Arcadius[36], le deuxième driveur, incarne plus clairement le ballotement identitaire exprimé par la drive, car la nuit même de sa rencontre avec Marie-Sophie, il « marchait, marchait, marchait voué à la vibration qu'il ne comprenait pas et qui l'assassinait lentement » (T 426). Pendant un certain temps, Marie-Sophie l'accompagne, afin de le ramener à sa case où elle voudrait l'ancrer en lui offrant un bébé : comme avec Nelta, pourtant, l'enfant espéré ne vient pas et Arcadius finit toujours par la quitter car, dit Papa Totone, « Il devait aller au bout de lui-même, mais ce bout était loin » (T 458).

En fait, la drive d'Arcadius prend une forme hautement symbolique : il remonte les rivières jusqu'à leur source pour redescendre « au rythme de leur écume », son but (jamais atteint) étant de « fondre à leur secret pour atteindre la mer et trouver l'échappée » (T 458). Ce trajectoire reproduit très fidèlement le schéma selon lequel les Martiniquais seraient « renvoyés vers le monde » par le caractère particulier de leurs racines nombreuses et diverses ; comme le dit Marie-Sophie, « Le destin du driveur c'était de nous porter, tous ensemble, vers les mondes égarés dans nos obscurités » (T 459). Arcadius échoue, cependant, car on le trouve noyé au bas de la Lézarde, c'est-à-dire sans doute dans cette zone de « grève amère » évoquée plus haut, où se brisent ceux qui ne comprennent pas que leur propre « source » n'est pas unique comme celle d'un fleuve, mais multiple. Dominique Chancé formule ainsi la problématique que personnifie Arcadius : « Personnage symbolique du mal être antillais,

---

[36] Cette fois, le jeu onomastique prend un ton ironique, le nom de ce personnage suggérant la recherche d'une Arcadie harmonieuse et idéalisée.

donc, personnage qui tente de devenir sujet et que les sources attirent, il échoue parce qu'il est possédé par son interrogation »[37]. On pourrait ajouter que le driveur incarne une partie de la mentalité du Lieu auquel le dispose ses racines créoles ; mais sans comprendre que cette ouverture vers l'autre et la recherche de l'exotique peuvent être vécues plus sereinement, sans (re- ?)devenir l'esclave d'errances désespérées.

Arcadius, qui représente selon Marie-Sophie « notre nègre-marron d'En-ville » (T 459) est ainsi un avatar plus primitif que Nelta de l'archétype du driveur. C'est pourquoi, tandis que ce dernier met Marie-Sophie sur la voie de son avenir en lui apprenant à clouer le fibrociment et en la présentant au Vieux Nègre de la Doum de Texaco, les départs et la mort d'Arcadius la plongent dans la folie de sorte qu'elle échoue à l'hôpital Colson (T 459) comme tant de personnages souffrant d'une crise d'identité[38], et aussi qu'elle se perd dans le rhum. Ainsi Marie-Sophie se trouve-t-elle une dernière fois soumise aux caprices d'un homme et proche de perdre la possibilité d'une « existence authentiquement assumée »[39] en tant que sujet.

Si l'amour et le désir la menacent, pourtant, et malgré sa valeur d'exemplum, Marie-Sophie affirme en même temps une forte subjectivité qui se développe à travers ses actes dans le livre. Certes, ces actes prennent souvent nécessairement la forme d'une opposition, comme nous l'avons déjà dit. Chaque fois qu'elle est confrontée à la violence dominatrice, Marie-Sophie finit par résister de manière spectaculaire. Basile, par exemple, après avoir voulu la frapper, se trouve bientôt à genoux dans la boue, ramassant ses affaires que Marie-Sophie a fait atterrir dans la rue (T 303) ; et le viol d'Alcibiade l'amène non seulement à la vengeance physique, mais aussi, précise-t-elle, à « ne plus jamais me laisser commander par personne, à décider à tout moment, en toute autorité, toute seule, de ce qui était bon pour moi et de ce qu'il fallait faire » (T 325). Dans cette affirmation,

---

37 Chancé, *L'Auteur*, *op. cit.*, p. 177.

38 Gallagher note que dans ses ouvrages théoriques, Glissant dépeint la condition antillaise à travers un discours de pathologie – c'est-à-dire de maladie, surtout mentale – qui les différencie de *L'Eloge* des Créolistes. Il serait toutefois possible d'affirmer que les romans de Chamoiseau vont plus dans le sens de Glissant en liant souvent des crises de folie aux problèmes de l'identité créole. Voir Gallagher, « Whence and whither...», *op. cit.* Chancé consacre aussi une analyse intéressante au thème de la folie chez Chamoiseau. Voir Chancé, *L'Auteur*, *op. cit.*, pp. 169–91.

39 Beauvoir, *op. cit.*, Tome I, p. 21.

Marie-Sophie assume son propre moi en devenant sujet du verbe important « décider ».

Or il est intéressant de noter que dans le cas des deux amants plus compréhensifs, Nelta et Arcadius, Marie-Sophie réagit contre leurs pulsions de driveurs en s'accrochant plus fermement à son propre espace, embellissant la case dans l'espoir de les y garder, mais aussi pour aiguiser sa propre identité : ainsi, l'abandon de Nelta la fait-il réagir en cherchant à « m'accrocher au pays alors que lui voletait, m'ensoucher alors que lui jalousait les nuages, construire alors que lui rêvait » (T 352). La « construction » évoquée ici renvoie à deux notions qui seront juxtaposées tout le long du livre : d'abord, la simple construction d'une maison, car Marie-Sophie cherche désespérément un endroit en propre qui atténuerait le sentiment de « flotter » après le départ de son homme ; et ensuite, métaphoriquement, la construction de la nouvelle Marie-Sophie, car c'est à cette époque, raconte-t-elle, que « se constitua en moi, la Marie-Sophie Laborieux qui allait [...] se battre contre l'En-ville avec la rage d'une guerrière » (T 346–7). Construire devient donc ici une tactique de résistance par les actes quotidiens à l'intérieur d'un système, soit aux projets de Nelta (que Marie-Sophie regarde attentivement pour voir si elle a « *bâti* quelque chapelle où [s]a présence brillerait » pour le retenir [T 344, c'est nous qui soulignons]), soit à la désorientation causée par le chagrin de son départ inévitable. Cette opposition préfigure aussi celle de l'En-ville : en s'accrochant à un espace particulier – en l'occurrence, le pays Martinique et enfin le quartier de Texaco – Marie-Sophie proclame son identité individuelle.

Actes et paroles

Ainsi, dans toutes ces épreuves amoureuses, Marie-Sophie fait montre d'une individualité extraordinaire et de plus en plus résolue. Une fois surmontée la condition d'objet de désirs abusifs (dans les cas non seulement de Basile et d'Alcibiade, mais aussi de Lonyon [T 266–7]), elle fait preuve d'une autonomie sexuelle dans ses relations avec une série d'hommes y compris Nelta et Arcadius, au fur et à mesure que croît aussi sa confiance en elle-même dans la construction. C'est de ses propres mains qu'elle construit et reconstruit sa case près de la Doum de Texaco ; elle dirige aussi la construction des autres cases en indiquant aux nouveaux arrivés les emplacements possibles, de sorte qu'on s'installe autour d'elle. C'est encore Marie-Sophie qui mène les autres femmes dans la bataille pour défendre et faire durer le quartier car « les hommes [...] n'organiseraient rien, ne planteraient rien » (T 430)[40].

Ces épisodes dont Marie-Sophie est actrice s'accompagnent d'une prise de conscience croissante qui fait aussi d'elle un sujet énonciatif d'une manière générale, car c'est elle qui devient la porte-parole du quartier : le « Béké des pétroles » la prend comme seule interlocutrice lorsqu'il descend à Texaco (T 463), tout comme elle devient l'Informatrice pour l'Urbaniste et ensuite pour le marqueur. Et c'est Marie-Sophie qui ose entrer chez le maire Césaire pour lui demander de faire installer l'infrastructure civique (T 469). Cette évolution linguistique est revendiquée dans dans un passage fortement anaphorique qui renvoie au « Je. Je. Je » d'Esternome dans le Noutéka des mornes, quand Marie-Sophie martèle :

> *C'est moi* qui leur indiquais [aux nouveaux] leur emplacement [...]. *C'est moi* qui contactai les pêcheurs afin qu'ils nous charrient [...] les plus lourds matériaux [...]. *C'est moi* qui établis les caches [...]. *C'est moi* qui convainquis Mano Castrador [...] de nous donner accès au robinet-béké (T 437, c'est nous qui soulignons).

Notons, enfin, que cette évolution personnelle est reflétée aussi dans celle des cases elles-mêmes car les édifices précaires des premières années se transforment enfin en domiciles de plus en plus solides, jusqu'au moment où l'identité et l'avenir de Texaco seront « cimentés » non seulement par l'arrivée du béton, mais aussi par l'incorporation officielle du quartier dans la ville.

L'écriture de Marie-Sophie porte elle aussi la marque de son affirmation subjective, d'autant plus que le premier mot qu'elle griffonne (T 411) est le « nom secret » qu'elle a pris pour la « mettre en vaillance » (T 376). Ecrire ce nom intime qu'elle a elle-même

40 Cette aptitude particulière des femmes à agir et surtout à résister tandis que « les hommes ne dis[ent] pas grand-chose » (BDG 536) est l'un des grand thèmes de *Biblique des derniers gestes*, où Monsieur Balthazar Bodule-Jules se modèle surtout sur les femmes, remarquant à maintes reprises que ce sont les « femmes qui furent de toutes les résistances, aussi farouches, aussi violentes que n'importe quel soudard » (BDG 278) et regardant la plupart d'entre elles comme « des maîtresses de vie, des leçons de combat »: « à force d'endurance et de faiblesse présupposée, les femmes des cases et des champs de canne se montraient d'une sapience sans égale » en matière de survie (BDG 316–17).

choisi, est un acte proche du prononcement du « Je » ; mais le lecteur se rend compte rétrospectivement de l'envergure symbolique de cet acte en termes d'espace d'habitat et d'identité collective, quand Marie-Sophie révèle à la fin de son *récit*[41] que le nom secret n'est autre que « Texaco » (T 488). En écrivant ce nom sur des boîtes en carton blanc qui ressemblent pour elle à « des tables de lois » (T 411), elle inscrit comme principe fondamental non seulement sa propre identité individuelle, mais aussi l'endroit auquel elle va désormais s'identifier, avec toute son histoire, toute sa légende, et tous les complexes de relations entre les gens qui l'habitent. L'expression des identités personnelles et collectives se poursuit par la suite dans les cahiers où Marie-Sophie confie ses souvenirs, activité qui lui donne de la force face aux « enfers de Texaco » (T 413) et dont résulte le premier brouillon de l'histoire qu'elle racontera à l'Urbaniste et au marqueur.

Ainsi fortifiée par ses premiers cahiers, Marie-Sophie s'y précipite de nouveau pour se consoler de la mort d'Arcadius. Elle y déverse toute sa douleur mais en y mêlant toujours des souvenirs personnels. Cet acte d'auto-expression se trouve reflété dans le *récit* de cette période, scandé par le refrain « J'écrivis » : « J'écrivis des haïkaïs [...] J'écrivis des mots-dictionnaires [...] J'écrivis-sentiments [...] J'écrivis-couleurs [...] J'écrivis-mélancolies [...] J'écrivis-hurlements [...] J'écrivis-choses involontaires [...] » (T 460). Ainsi Marie-Sophie se transforme-t-elle de lectrice et auditrice en scriptrice et « informatrice », maniant la parole pour prendre possession de sa propre histoire et pour proposer son propre témoignage. Sa voix ainsi revendiquée aura d'ailleurs un effet presque performatif, liant l'acte et la parole, car plus tard ce sera le récit de ses aventures qui domptera l'Urbaniste et sauvera Texaco, tandis que ses écrits inspireront le marqueur de paroles et seront à la genèse du texte qu'il nous soumet.

En tenant tête aux autorités qui veulent raser Texaco pour y imposer des normes européennes, Marie-Sophie incarne le refus de l'élimination du moi par autrui, et surtout par des structures coloniales ; en menant – par ses actes et par sa parole – la lutte pour l'enracinement du quartier, elle devient l'affirmation même de l'être non seulement pour-autrui mais en- et pour-soi-même. Dès lors on peut dire que la subjectivité de Marie-Sophie est elle aussi établie une

---

41 Au sens défini par Genette.

fois pour toutes et dans tous les domaines : ceux de l'action et du verbe, mais aussi celui du désir car vers la fin de sa vie elle trouve un nouveau partenaire en Iréné le pêcheur de requins – et notons que c'est *elle* qui décide de cette relation, car elle « l'entraîne d'une main ferme dans [s]on lit alors qu'il soupirait déjà *A demain Marie-So...* » (T 481). A la différence de ses prédécesseurs, Iréné respecte l'espace de Marie-Sophie en s'installant discrètement dans sa case plutôt que l'inverse ; et quand elle meurt vers la fin de l'histoire, son compagnon se pend à ses côtés, tant son existence semble subordonnée à la sienne. Ainsi ce grand amour vient-il confirmer la victoire de Marie-Sophie dans la bataille tant pour Texaco que pour elle-même.

L'Habitat fragile

Malgré tous ces signes d'une subjectivité conquise, il n'en reste pas moins que la conclusion du roman est semée de références au provisoire – voire à la fragilité – des acquis relatifs à l'habitat créole. Sans doute s'agit-il, d'une part, de rappeler l'état de flux constant de l'identité qui, en résistant à la fixité, est nécessairement toujours transitoire dans un sens très positif. D'autre part, cependant, il s'ensuit que la recherche naturelle d'une certaine stabilité peut elle-même mettre en danger l'équilibre idéal qui se nourrit du changement. Sur le plan du thème urbaniste du roman, cela se conforme à ce que dit Letchimy à propos des quartiers populaires en général, car :

> Ces quartiers, en se donnant droit de cité dans la ville, ont réussi la première étape de leur « épopée » urbaine. Maintenant, ils auront à lutter contre « l'intégration désintégrante », qui ne peut être qu'à l'origine de la destruction de leur culture, celle-ci étant exclue par l'urbanisme hygiéniste[42].

La flexibilité qui est l'essence même de l'architecture et de l'urbanisme créoles risque donc, dès l'intégration du quartier, de passer à une stabilité figée, conforme au reste de l'En-ville. C'est ce que reconnaît l'Urbaniste de *Texaco*, remarquant qu'il importe pour Texaco, dès son absorption administrative, d'éviter d'être « gobé » par

---

[42] Letchimy, *op. cit.*, p. 50. L'expression « intégration désintégrante » est de Henri Lefebvre, *Le Droit à la ville* et *Espace et Politique*, Paris, Editions Anthropos, 1972.

la ville afin de garder ses spécificités, car « la ville est une menace. [...] Texaco absorbé sera régi par l'ordre. L'île Martinique vite avalée. Il faut désormais, à l'urbaniste créole, réamorcer d'autres tracées, en sorte de susciter en ville une contre-ville » (T 462). Le marqueur aussi utilise le verbe « gober » pour décrire les desseins de l'En-ville vis-à-vis de sa périphérie créole (T 497).

Pour sa part, Marie-Sophie donne à voir les dangers de l'immobilité plus obliquement, mais toujours à travers le champ métaphorique de l'habitat, par le biais d'une référence au béton que ses voisins commencent à utiliser pour leurs cases, car « le béton, c'était l'En-ville par excellence, le signe définitif d'une progression dans l'existence » (T 456). Pour désirable que paraisse ce matériel, Marie-Sophie déclare que pour elle : « Ce temps-béton fut un temps d'asphyxie » (T 458)[43], et elle relie ce matériel suffoquant à la notion de la stérilité quand elle juxtapose dans une description de cette époque l'emploi du béton et sa propre incapacité à concevoir un enfant : « le ciment de Texao se figeait dans mon corps » (T 458). La même signification métaphorique du béton chez Chamoiseau réapparaît dans *Martinique*, où il se plaint que « En plus de la menace culturelle nous guette celle d'un béton endémique » (M 7), déplorant le remplacement de l'architecture traditionnelle par « de véritables Blockhaus » de béton (M 7) qui effacent toutes les spécificités culturelles.

Enfin, toute la problématique de la fixité asphyxiante représentée par la construction moderne est résumée dans un ouvrage plus récent, *Cases en pays-mêlés*, où un conteur regrette la disparition d'une case traditionnelle et son remplacement par une autre « en bonnes planches et clous de France » (CPM 10), mettant en contraste la vieille case qui « peut se défaire mais se refait facile [...et] peut se soulever et s'emporter plus loin » (CPM 15) à celle d'aujourd'hui qui « s'est fixée quand le débattre a diminué, puis s'est immobilisée quand une sorte de mourir a saisi le pays » (CPM 17). Ici, il devient manifeste que la vieille case créole représente la débrouillardise et l'adaptabilité créoles traditionnelles, alors que la construction moderne emblématise l'uniformité que Chamoiseau associe aux principes assimilationnistes

[43] Pour des analyses beaucoup plus approfondies du symbolisme du béton, voir: Cilas Kemedjio, « De *Ville cruelle* de Mongo Beti à *Texaco* de Patrick Chamoiseau », *op. cit.* ; McCusker, « No Place like Home? », *op. cit.* ; et Milne, « Metaphor and Memory », *op. cit.*

car, quoique le béton renforce l'habitat dans l'immédiat (dans *Texaco*, Marie-Sophie remarque que les murs bétonnisés résistent aux cyclones aussi bien qu'aux CRS [T 455–6]), il fragilise par là même la permanence d'une culture qui dépend de sa capacité d'adaptation pour survivre.

De l'immobilité étant définie comme fragilisante, il s'ensuit que la subjectivité assumée de Marie-Sophie, tout comme l'espace de Texaco auquel elle s'identifie, doit se maintenir dans un état de construction constante puisque « La case devient fixe quand le débattre prend fin » (CPM 17). Jusqu'à sa mort, Marie-Sophie continue à « construire » Texaco tout en se construisant elle-même, en racontant sa « légende » au marqueur de paroles qui sera le dernier à recevoir – et à transmettre – sa parole. Par contre, l'idée même de transmettre cette parole par l'écriture la trouble car, tout réconfortants que soient ses cahiers, elle n'est que trop consciente du caractère relativement figé de la parole écrite qu'ils contiennent. D'ailleurs, le marqueur lui-même semble partager pleinement ses soucis. C'est donc sur ce dernier personnage et sur le problème de l'écriture que nous achèverons ce chapitre.

L'Ecrivain, la construction et la fragilité

Le marqueur de *Texaco* est un personnage déjà établi par Chamoiseau dans des ouvrages antérieurs. Le narrateur de son premier livre, *Chronique des sept misères*, ne s'identifie pas ouvertement, et semble appartenir au groupe des djobeurs, si ce n'est que le texte est suivi d'un « Annexe » contenant des documents portant sur la rédaction du roman et signés P.C. Mais rétrospectivement, au cours du *récit* de *Solibo Magnifique*, le narrateur de ce dernier livre, un « Marqueur de paroles » appelé Chamoiseau, avoue être lui-même responsable de *Chronique*, car il soutient avoir connu le conteur Solibo lors de recherches au marché en tant que « prétendu ethnographe », pour un travail identifié en note de bas de page comme *Chronique* (SM 43)[44].

[44] De plus, comme Dominique Chancé le fait observer: « Véritablement créé en 1988, dans *Solibo Magnifique*, le 'marqueur de paroles' est, en effet, réintroduit, grâce à la préface d'Edouard Glissant, dans le texte plus ancien [mais ré-édité en 1988] de *Chronique* ». Dominique Chancé, « De *Chronique des sept misères* à *Biblique des derniers gestes*, Patrick Chamoiseau est-il baroque ? », *Modern*

Reconnaissant tout de suite l'échec de ce travail, et déclarant que, aujourd'hui encore, il « n'y compren[d] hak » aux notes qu'il a prises (SM 44), le narrateur de *Solibo* indique qu'il a abandonné la pseudo-objectivité (d'ailleurs sans doute illusoire) requise par l'ethnographie, mais continue à se dire « 'Marqueur de paroles', dérisoire cueilleur de choses fuyantes, insaisissables » (SM 225), comme s'il ne s'agissait jamais que de rapporter les dits des autres. Ce marqueur se déclare d'ailleurs de nouveau dépassé par la tâche d'enregistrer les évènements autour de la mort de Solibo, et surtout de reconstituer la dernière performance du conteur, qu'il finit par produire sous « une version réduite, organisée, *écrite*, sorte d'ersatz de ce qu'avait été le Maître cette nuit-là » dans une écriture qu'il juge « affligeante » (SM 226).

C'est ce même marqueur hésitant, tâtonnant et engagé surtout dans une sorte de projet de témoignage impossible qui fait son apparence dans *Texaco*, s'introduisant dans le texte par les mêmes astuces qu'avant : il aurait rencontré Marie-Sophie parce qu'il serait venu à la Doum consulter Papa Totone, précisément à propos de la rédaction de la performance de Solibo (ce livre est évoqué encore une fois dans une note de bas de page, T 491). Et de nouveau, il intervient à la fin du livre pour dire au lecteur combien il se sent inepte devant la tâche de transcrire l'histoire de Marie-Sophie. Il semble pourtant avoir récupéré quelque chose de la méthodologie ethnographique abandonnée, car il explique qu'il a réparé les cahiers de Marie-Sophie, avant de les déposer à la bibliothèque pour les consulter par la suite ; et qu'il a daté et numéroté soigneusement les notes prises auprès de son « Informatrice » (terme emprunté à l'ethnographie) (T 494–5).

Ce marqueur de paroles est ainsi un personnage cohérent, qui ressemble beaucoup à l'écrivain lui-même, puisqu'il porte son nom, aurait écrit les livres signés Chamoiseau[45], et partage certains des intérêts et des points de vue de l'auteur. Pourtant, le décor foyalais (il existe réellement un quartier appelé Texaco à Fort-de-France) et les mœurs et coutumes qu'il décrit ont beau être proches de la réalité, ce

Language Notes, 118, 2003, pp. 867–94 (p. 874). Ajoutons que l'histoire de *Solibo* paraît se dérouler à la même époque qu'une partie de *Chronique*, car Pipi, qui meurt à la fin de *Chronique*, figure dans *Solibo*.

45 Dans *Solibo*, l'identification du narrateur à l'écrivain Patrick Chamoiseau est approfondie par une autre note de bas de page, qui renvoie à *Manman Dlo contre la fée carabosse* (SM 52).

marqueur est bel et bien un être de fiction, soutenu par une chaîne de personnages fictifs (de Pipi et les djobeurs à Solibo, Papa Totone et Marie-Sophie), par des évènements imaginés, et même par des archives totalement inventées (les cahiers de Marie-Sophie, les lettres et notes du marqueur ou de l'Urbaniste, les épîtres de Ti-Cirique, et ainsi de suite). Tout cet appareil apocryphe sous-tendant l'authenticité apparente de l'*histoire* de *Texaco* (laquelle est d'ailleurs beaucoup plus vraisemblable que l'intrigue des deux ouvrages précédents, tout comme le marqueur-narrateur de *Texaco* semble lui aussi plus raisonné et méthodique) ne fait en réalité qu'épaissir le tissu fictionnel du roman et en particulier de ce narrateur homodiégétique qui prétend avoir cueilli et raconté le *récit* de Marie-Sophie.

D'ailleurs, la construction du personnage est intéressante. Appelé systématiquement par des surnoms qui diminuent son statut (Ti-Cham, Chamzibié, Oiseau de Cham...), constamment défié par des concitoyens narquois (« Alors, Ti-Cham, écrire ça sert à quoi ? » [SM 44]), acceptant toujours ce traitement et toutes les critiques qu'on lui adresse, il s'agit d'un personnage humble, peu sûr de lui, qui se qualifie à tout moment de « Lamentable » (T 19) ou « Pauvre » (T 496), et proclame facilement son « incapacité générale » (T 497).

Cette démarche a beaucoup attiré l'attention des critiques. Parmi les études les plus stimulantes, Dominique Chancé et Lydie Moudileno, ayant toutes deux mené des analyses approfondies et éclairantes sur la figure de l'auteur dans la littérature antillaise, avancent chacune une théorie du marqueur basée (entre autres) sur un rapport œdipien entre l'écrivain créoliste et ses antécédents littéraires. Dans les deux cas, le marqueur est vu comme le double de l'auteur de l'ouvrage (en l'occurrence, Patrick Chamoiseau), et sert à distancer celui-ci de sa propre écriture en inscrivant au sein de l'ouvrage lui-même une certaine incapacité à assumer le titre et les responsabilités d'écrivain créateur, au nom d'ancêtres littéraires plus dignes de ce privilège. Selon Moudileno, la pierre d'achoppement pour l'auteur obligé de se désigner comme « marqueur » plutôt qu'« écrivain » est la figure imposante d'Aimé Césaire, consacré (et ce par des bastions du canon littéraire métropolitain patriarchal tels que Breton et Sartre) père fondateur des lettres antillaises modernes : d'ailleurs, les Créolistes eux-mêmes se déclarent ouvertement « à jamais *fils* d'Aimé Césaire » (EC 18, c'est nous qui soulignons). Pour Moudileno, ce père littéraire trop puissant aurait installé une sorte de dynastie de l'écriture fortement dominée par le masculin ; il serait donc difficile pour le

« fils » créoliste d'affirmer à son tour sa propre masculinité et sa paternité textuelles sans avoir « liquidé » le père[46].

Dominique Chancé voit en revanche dans l'identification au conteur créole un premier facteur d'inhibition chez l'auteur créoliste[47]. En effet, nous avons déjà vu (chapitre 2) que lorsque l'histoire littéraire des Antilles se partage à l'époque esclavagiste entre résistance muette du marron et créations volubiles du conteur, c'est ce dernier qui devient pour les Créolistes « le *Papa* de la tracée littéraire dedans l'habitation » (LC 43, c'est nous qui soulignons). Contrairement aux nègres marrons, ce sont les conteurs surtout qui ont, dans la construction créoliste de *Lettres Créoles*, fondé la lignée des artistes littéraires aux Antilles : « Riches d'une dignité secrète, ils ont souvent, et mieux que bien des Nègres marrons, amorcé ce qu'aujourd'hui *nous sommes* » (LC 79, c'est nous qui soulignons). Et notons, pour renforcer plus encore cette vision du conteur comme père fondateur, que sa vocation de conter est présentée chez Chamoiseau dans des termes qui soulignent la virilité de l'activité. Le jour, dit Chamoiseau, le conteur affiche une apparence docile : « Mais la nuit, une exigence obscure dissipe sa lassitude, le dresse, l'habite d'une force nocturne et quasi clandestine : celle de la Parole dont il devient le maître » (TA 10). Opposé symétriquement au Maître de la plantation dans la résistance par la parole, le conteur en dérive donc une identité fortement masculine et paternelle, car non seulement il devient une sorte de Maître, mais sa parole devient une version sublimée des « besoins nocturnes » qui « dressent » les esclaves décrits dans *Chronique* par Afoukal, et qui consistent à « renverser » une femme tous les soirs (CSM 159).

Or, selon Chancé, ce père serait un modèle difficile pour les Créolistes, eux aussi artistes de la parole masculine, surtout en ce que le conteur, comme le soulignent constamment Patrick Chamoiseau et

46 Moudileno, *op. cit.*, pp. 22–8. Pour une étude qui appuie celle de Moudileno, et propose une analyse supplémentaire de la domination des lettres antillaises par Césaire, voir Jacques André, *Caraïbales: Etudes sur la littérature antillaise*, Paris, Editions Caribéennes, 1981.

47 L'étude de Chancé recoupe en partie celle de Moudileno quand celle-ci examine en profondeur la relation entre le marqueur et le conteur dans *Solibo*. Il faut noter, pourtant, que pour Moudileno, c'est le marqueur que l'auteur érige en artiste idéal dans cet ouvrage, alors qu'il dénigre les écrivains comme « ceux qui n'ont pas pris conscience de la complicité » nécessaire entre oraliture et écriture. Voir Moudileno, *op. cit.*, p. 110.

Raphaël Confiant, pratique un art *oral*, et en *créole*, tandis que le marqueur s'exprime par *l'écrit*, et en *français*, trahissant ainsi l'héritage paternel et se rendant indigne d'assumer la vocation léguée par un père qu'il a pourtant choisi lui-même[48].

Les facteurs examinés par Moudileno, Chancé et d'autres critiques contribuent peut-être à une stratégie d'écriture qui, par marqueur interposé, rapproche l'auteur de son texte et l'en éloigne en même temps. Le moins que l'on puisse dire, c'est qu'en faisant appel au personnage fictif du marqueur, Chamoiseau se montre fort préoccupé par la question de trouver une poétique créative, mais surtout pratiquable, à la hauteur des ambitions politiques et éthiques d'une œuvre mise au service de la « densification du Lieu ».

Dans *Texaco*, le dilemme de la poétique s'exprime encore une fois par une nébuleuse d'associations à l'espace, car on y voit évoluer à travers le personnage de l'Urbaniste une relation entre construction et écriture. Dans une série d'extraits de ses « Notes » adressées au marqueur, insérés dans le texte principal, on voit chez l'Urbaniste une nouvelle esthétique selon laquelle des quartiers comme Texaco deviennent non plus des déviations insalubres et chaotiques des normes métropolitaines mais, tout simplement, des endroits intrinsèquement différents, mais non moins valables, de l'En-ville. Serge Dominique Ménager attire l'attention sur le rapprochement, dans le discours de l'Urbaniste, entre l'architecture créole et la littérature en livrant une série de citations qui soulignent de plus en plus ce lien thématique, et dont les plus éloquentes sont les suivantes :

> « de l'urbaniste, la Dame [Marie-Sophie] fit un poète. Ou plutôt : dans l'urbaniste, elle *nomma* le poète » (T 436) ; et
>
> « l'architecte [...] doit se faire musicien, sculpteur, peintre [...] – et l'urbaniste, poète » (T 462)[49].

L'association de ces deux figures, l'Urbaniste et le poète, nous invite à voir la production de la littérature comme activité de

---

[48] Chancé, *L'Auteur*, *op. cit.*, pp. 68–75. Notons pourtant que l'analyse de Chancé perçoit une évolution chez l'écrivain antillais et finit par suggérer que son problème aujourd'hui est « non plus [...] une inquiétude sur sa propre légitimité, mais [...] [l']angoisse d'être entendu », en d'autres mots, c'est l'absence d'un public antillais qui tend à l'inquiéter. Chancé, *L'Auteur*, *op. cit.*, p. 190.

[49] Ménager, *op. cit.*

construction parallèle à l'érection de domiciles et à l'établissement d'une identité tels que nous les avons observés jusqu'ici. Et pourtant, si l'Urbaniste est prêt à se déclarer « poète » (ou du moins apprenti poète), le marqueur, lui, semble tâtonner vers l'équivalent verbal de la poésie de l'habitat : « Pauvre Marqueur de paroles..., s'exclame-t-il devant le projet de reconstituer l'histoire de Marie-Sophie après son décès, tu ne sais rien de ce qu'il faut savoir pour bâtir / conserver de cette cathédrale que la mort a brisée... » (T 496). En évoquant la « conservation », le marqueur révèle qu'il voit bien son travail comme un acte de témoignage au sens de rapport et de commémoration ; mais il indique par le terme « bâtir » que l'écriture est aussi affaire de *construction*, ou de création[50]. Ce qu'il « ne sait pas », pourtant, c'est par quel moyen poétique recréer la construction sacrée (la « cathédrale ») de l'histoire qu'il veut raconter. Son dilemme se retrouve sous une forme plus développée dans les expériences et les questions de Marie-Sophie à propos de l'écriture.

Le compte rendu que fait celle-ci de ses premiers efforts pour écrire porte certes toutes les marques d'une affirmation de soi, comme nous l'avons déjà vu : mais il nous apprend aussi que, tout comme l'application du béton peut fragiliser un aspect crucial de l'habitat, figer quelque chose par l'écrit peut en tuer l'éclat vivant. Car même en amorçant ce geste qui attestera concrètement la présence de sa voix, elle a le sentiment de se perdre :

> Le sentiment de la mort fut encore plus présent quand je me mis à écrire sur moi-même, et sur Texaco. C'était comme pétrifier des lambeaux de ma chair. Je vidais ma mémoire dans d'immobiles cahiers sans en avoir ramené le frémissement de la vie qui se vit, et qui, à chaque instant, modifie ce qui s'était produit. Texaco mourait dans mes cahiers alors que Texaco n'était pas achevé. Et j'y mourais moi-même alors que je sentais mon être de l'instant (promis à ce que j'allais être) s'élaborer encore (T 412–13).

L'« immobilité » des cahiers rappelle fortement l'effet étouffant du béton, tandis que le quasi-avortement de « l'embryon fragile » (T

[50] La même image de construction, liée aux labeurs de « densification » culturelle, revient dans *Lettres créoles* où, dans une discussion du « Marqueur » Glissant, les auteurs remarquent que « C'est lui qui, dans les îles de colonisation française, *bâtit* aujourd'hui, nous semble-t-il, le futur de la littérature créole » (LC 257, c'est nous qui soulignons).

472)[51] de Texaco qui y « meurt » avant d'être achevé fait écho au système répressif de la Plantation sous lequel les femmes « se pouss[aient] toute vie hors du ventre » (CSM 159), fournissant ainsi un lien oblique et subtil entre l'écriture et les oppressions brutales de l'époque esclavagiste qui continue même aujourd'hui à structurer la manière d'imaginer toute oppression[52].

Malgré ces liens évidents entre l'écriture et le français, langue du colonisateur, ce portrait de l'écriture ne signifie pas forcément que l'écrit est à voir comme un produit colonialiste, ni que l'oral et le créole soient à valoriser par-dessus tout. Pourtant, on le voit, l'écriture contient en elle le potentiel dangereux de figer et donc de « tuer » la parole orale en lui ôtant beaucoup de ses qualités variables : le ton, les gestes, les pauses, les expressions faciales de celui qui parle ; mais aussi son contenu parfois dérisoire, qui fait rarement le sujet d'un texte écrit, comme le dit Marie-Sophie :

> Peux-tu écrire, Oiseau de Cham, ces riens futiles qui forment le sol de notre esprit en vie... un senti de bois brûlé dans l'alizé... c'est contentement... ou alors une frôlée de soleil sur une peau qui frissonne... de la soif qui s'étire vers l'eau d'un Didier frais... l'ombre d'après-midi où l'on ne pense à rien [...] compter les jours de maladie, les sueurs, les fièvres, les maux de ventre, les jambes lourdes [...] (T 398).

Marie-Sophie continue à suggérer sur quatre paragraphes des exemples de « riens futiles » que le marqueur pourrait « compter » (ou conter), s'assurant ainsi (ou plutôt, c'est le marqueur qui s'en assure, puisqu'il a arrangé de la sorte le *récit* de Marie-Sophie après sa mort) qu'il les écrive en effet. De la même manière, Marie-Sophie demande au marqueur s'il est possible de rendre par écrit les structures élastiques de la parole parlée :

> Oiseau Cham, existe-t-il une écriture informée de la parole, et des silences, et qui reste vivante, qui bouge en cercle et circule tout le temps, irriguant sans cesse de vie ce qui a été écrit avant, et qui réinvente à chaque fois comme le font les spirales qui sont à tout moment dans le futur et dans l'avant, l'une modifiant l'autre, sans cesse, sans perdre une unité difficile à nommer ? (T 413).

---

51 La phrase entière d'où cette citation est tirée juxtapose d'ailleurs les champs métaphoriques du béton, de la fragilité et de la genèse: « Malgré le béton, Texaco restait un embryon fragile ».

52 Voir à l'égard de cette structure imaginaire Milne, « Metaphor and Memory », *op. cit.*

Aiguisé sans doute par la relation particulière à la parole dans une culture littéraire née de « l'oraliture » (LC 73 et ailleurs), ce souci de voir s'amoindrir l'effet de la parole écrite est pourtant loin d'être l'affaire des seuls Créolistes. D'ailleurs, si les Créolistes, dans leurs manifestes et entretiens, se déclarent enfants du conteur créole, il suffit de lire attentivement le texte romanesque pour comprendre que l'auteur de *Texaco* se réfère également au patrimoine littéraire français. En effet, non seulement Marie-Sophie possède trois livres du canon français (Montaigne, La Fontaine, Rabelais), mais on reconnaît parfois des échos de ce dernier dans le texte même. C'est le cas surtout des listes hallucinatoires parfois dressées par Marie-Sophie dans un écho de la « bacchanale langagière » rabelaisienne (T 288)[53] qui a peut-être aussi pour fonction d'éviter de fixer l'idée ou la chose signifiée par un unique signifiant inadéquat. Par ailleurs, dans une référence peut-être plus involontaire au canon métropolitain, les hésitations face à l'écriture ne vont pas sans rappeler les idées de Roland Barthes, selon qui :

> Toutes les écritures présentent un caractère de clôture qui est étranger au langage parlé. [...] A l'inverse [de la parole], l'écriture est un langage durci qui vit sur lui-même et n'a nullement la charge de confier à sa propre durée une suite mobile d'approximations, mais au contraire d'imposer, par l'unité et l'ombre de ses signes, l'image d'une parole construite bien avant d'être inventée[54].

Les métaphores déployées dans *Texaco* – surtout peut-être celle du béton – vont tout à fait dans le sens de Barthes quand il oppose ici la « durcification » et « l'unité » de l'écriture à la « mobilité » du langage parlé.

Le problème central de l'écrit semblerait donc être sa menace d'appauvrissement, car il ne peut jamais rendre qu'un compte partial et partiel de tout ce qu'il tente de saisir. Suivant un modèle qui fait écho au rapport entre l'Histoire et les histoires discuté au début de ce chapitre, l'écrit légitime un seul point de vue qui s'arroge le droit de dire *une histoire* – histoire dont tous les détails perdus dans la

---

[53] Voir par exemple le passage contenant les « petits noms » qu'elle donne à sa bouteille quand elle s'enivre: « ma commère-sans-sonner, mon hostie-à-soixante, ma descente-de-trésor, ma source doucinée, ma tétée-de-plaisir, Dolosirop-soucé... » (T461).

[54] Roland Barthes, « Ecritures politiques », (dans *Le Degré zéro de l'écriture*), *Œuvres complètes*, *Tome 1 1942–1965*, Paris, Seuil, 1993, pp. 150–4 (p. 150).

rédaction auraient pu raconter *des histoires* alternatives. Comme le béton qui renforce et pourtant fragilise l'habitat, l'écrit assure certes l'existence prolongée du récit, mais en réduit les résonances, le dépouille largement de ses aspects éphémères ou ambigus, et le condamne à l'immutabilité. « Bâtir / conserver » la « cathédrale » d'une vie ou d'une histoire par l'écrit serait donc une entreprise des plus ardues, et exigerait une poétique à sa hauteur.

Certains critiques ont fait remarquer que la « polyphonie » du texte ancrée dans la présentation de nombreuses points de vue à travers les notes, lettres, épîtres, etc., répond en partie à ce défi[55]. Pour d'autres, remplacer la voix narrative omnisciente par le point de vue singulier d'un personnage modeste et conscient du provisoire de ce qu'il dit (c'est-à-dire le marqueur), répond parfaitement au projet de souligner le décalage entre l'Histoire et les histoires[56]. Ajoutons que la création du personnage du marqueur, double de l'auteur, constitue peut-être aussi une stratégie littéraire cherchant à reproduire au niveau textuel l'espace dynamique de Texaco. En séparant l'Oiseau de Cham, personnage fictif qui relate le *récit* de Marie-Sophie, du Chamoiseau réel qui écrit le roman, l'auteur reproduit en quelque sorte le schéma proposé par Homi Bhabha dans lequel les deux sujets séparés – celui de l'énoncé et celui de l'énonciation – se retrouvent dans un processus de négociation dans le « Third Space » énonciatif. Ainsi les deux Chamoiseau se rencontrent-ils dans l'espace « tiers » du roman, l'un minant – ou complétant – l'autre dans un va-et-vient qui déjoue l'emprise médusante de l'écriture.

Cependant, même si on peut déjà discerner les éléments d'une poétique fort cohérente dans l'invention du marqueur et la polyphonie des romans *Solibo* et *Texaco*, il n'en reste pas moins que le marqueur de *Texaco* ne se sent pas en mesure de répondre de manière positive à la question posée par Marie-Sophie : « Oiseau de Cham, es-tu un écrivain ? » (T 460). L'écriture, pour Marie-Sophie (influencée sans doute par les préjugés romantiques de Ti-Cirique) est une affaire

55 Voir par exemple Gallagher, *Soundings*, *op. cit.*, pp. 125–34 ; et McCusker, « Translating the Creole Voice », *op. cit.* En outre, ces textes contiennent tous deux une discussion très pertinente de la nature de l'écriture dans les premiers romans de Chamoiseau.

56 Voir par exemple Marie-José N'Zengou-Tayo, « The Martinican Writers of the *Créolité* Movement and History », in Gertrud Aub-Buscher et Beverley Ormerod Noakes (eds), *The Francophone Caribbean Today*, *op. cit.*, pp. 125–36.

mystérieuse et presque involontaire qui dépend d'un « élan primal » et pousse l'écrivain à « [s]e gourm[er] (solitaire à jamais) comme contre [s]a vie emmêlée à la mort dans l'indicible sacré » (T 460). Pour les auteurs de *Lettres créoles*, en revanche, l'écriture se définit plus simplement comme « la projection plus ou moins esthétique d'un Moi » (LC 50). Il paraît clair que l'auteur, tel qu'il se représente à travers le marqueur de *Texaco*, n'est pas prêt à assumer cette responsabilité-là : il ne peut prononcer le « J'écrivis » affirmatif de Marie-Sophie – du moins pas encore. Car dans le chapitre suivant nous allons assister à une certaine évolution du sujet écrivant comme de sa poétique dans un examen de l'espace des bois dans l'œuvre de Chamoiseau.

Chapitre V

Quêtes et transformations : les bois

Le Symbolisme de la forêt

Dans la plupart des mythologies, littératures et pratiques symboliques qui font référence à la forêt, celle-ci est vue comme un espace secret, séparé du reste du monde, propice aux évènements mystérieux, significatifs et transformateurs. La grandeur imposante des arbres, leur âge indéterminé et leur essence inhumaine ; l'obscurité et la profondeur sylvestres ; l'efficacité harmonieuse de l'écosystème végétal se cachant sous l'apparence chaotique des branchages et des sous-bois... cet ensemble de spécificités met l'individu en présence d'une force qui le dépasse de toutes les manières possibles, tout en nous invitant à exploiter son grand potentiel métaphorique. Ceci est bien illustré par Andrée Corvol dans son étude de la forêt en tant que « lieu de mémoire » en France métropolitaine[1]. Elle affirme, par exemple, que l'interprétation « mythique » de la forêt en France est si forte que « demeure constante la vision plaçant dans l'espace boisé le dernier des territoires sauvages », alors qu'en réalité, la forêt européenne est plus souvent, et depuis fort longtemps, « un espace cultivé, soumis à des règles précises »[2] : que l'imaginé puisse ainsi l'emporter sur le réel confirme la puissance symbolique de l'espace sylvestre. Afin d'analyser la place importante et dynamique qu'occupe la forêt dans l'imaginaire français, Corvol attire l'attention d'abord sur les images de la forêt projetées dans les contes traditionnels où les qualités ambiguës de ce lieu, « à la fois le refuge des âmes limpides et une menace pour ceux qui osent s'y aventurer », en font un endroit liminal où l'ordre et la clarté du monde normal se trouvent suspendus,

---

1 Andrée Corvol, « La Forêt », in P. Nora, *op. cit.*, Tome III *Les France*, 1ère partie *Conflits et partages*, pp. 672–737.

2 *Ibid.*, p. 673.

laissant la place aux transformations[3]. Cela contribue sans aucun doute à la nature souvent initiatique des contes en forêt car, au lieu d'essayer de plier la nature à sa volonté comme il le ferait ailleurs, le héros y découvre que « Ce sont ces forces naturelles qui vont le façonner, l'éduquer, bref, le rendre plus apte à affronter la vie »[4]. Et Corvol nous rappelle enfin l'un des tropes les plus communs et les plus puissants en ce qui concerne la forêt : l'entrée dans les bois comme quête de soi, « avant tout, voyage intérieur ». « Le héros, dit-elle, pénètre dans la forêt – la forêt de ses pensées – pour s'éprouver, donc pour y subir une série d'épreuves dont la finalité est de le rendre meilleur »[5].

Les bois martiniquais de Chamoiseau – physiquement très différents, bien sûr, de la forêt française – participent eux aussi très clairement à ce symbolisme quasi-universel. Pour ce qui est de leur apparence physique, Chamoiseau décrit ainsi (dans un texte qui représente « sa » Martinique) les grands bois humides qui s'élèvent de chaque côté de la Trace, route qui traverse une partie du nord de l'île :

> une fois plongé dans les bois de la Trace, on comprend qu'il y a là un au-delà du naturel. On avance sur une frontière entre la veille et le rêve, entre l'ombre et la lumière, entre la mort et la vie. [...] S'immobiliser, c'est tomber dans le vertige d'un silence qui bat comme un tocsin. Accélérer, c'est s'engloutir jusqu'à l'impasse : cela se referme dans votre dos sans s'ouvrir devant (M 70).

Ici, les qualités concrètes de densité et d'humidité sont soulignées en même temps que les caractéristiques plutôt mythiques qui juxtaposent veille et rêve, ombre et lumière, mort et vie pour en faire un espace véritablement liminal dont les paradoxes sont résumés par l'image surprenante du « silence qui bat comme un tocsin ». Ailleurs dans le même livre, ce même type de paradoxe ponctue l'évocation du mystère essentiel des bois :

> Pénétrer là, c'est percer une enveloppe chaude, humide, obscure, odorante de vie pourrie et de vie neuve, de morts anciennes et de morts à venir, de remugle d'éternité. On est englouti dans le glauque d'une dame-jeanne. On semble

---

3 Schama, dans une analyse approfondie du paysage sylvestre dans *Le Paysage et la mémoire*, confirme cette notion (voir Schama, *op. cit.*, pp. 37–242, surtout p. 141), tout comme le fait Vierne, *op. cit.*, pp. 18, 106.

4 Corvol, *op. cit.*, p. 675.

5 *Ibid.*, p. 677.

> traverser une ville étrangère qui n'aurait rien d'une ville, mais qui fonctionnerait comme, témoignant de la communauté d'existences indéchiffrables (M 68).

A la fois naturels et surnaturels, pourris et constamment renouvelés, ces bois où l'on « plonge », « pénètre » ou « perce » constituent un système clos et hors du temps, tissé de relations mystérieuses comme le sont aussi les espaces du marché et du quartier, Lieux certes plus ouverts que celui de la forêt, mais évoqués en écho ici peut-être par le biais d'une référence à la ville.

Il apparaît donc d'emblée que l'auteur s'intéresse au potentiel symbolique de l'espace en question. D'ailleurs, les bois sont décrits ici – comme presque toujours dans l'œuvre de Chamoiseau – non d'un point de vue « neutre » ou indéterminé, mais d'une perspective spécifique, celle de l'individu qui les affronte et voudrait les « déchiffrer ». Même si les bois, chez Chamoiseau, sont présentés – et parfois fort poétiquement – dans toute leur majesté et leur beauté, il est manifeste qu'ils ont toujours et surtout la fonction d'étoffer, voire d'éclairer, l'expérience humaine qui s'y déroule.

En outre, même si l'expérience antillaise des bois obéit à des conventions symboliques quasi-universelles, elle est en même temps très particulière, non seulement à cause des traits physiques de la forêt tropicale, mais aussi parce que les bois jouent un rôle distinctif dans l'histoire du pays. Cette juxtaposition de l'universel et du spécifique est évident quand Chamoiseau lui-même déclare :

> Les bois étaient toujours considérés par les esclaves comme une sanctuaire, mais aussi comme la porte de l'enfer puisque les békés faisaient courir plein de légendes sur les bois : quand on part dans les bois on est pris par des monstres, par la bête à sept têtes... Donc, il y a le côté sanctuaire, et aussi le côté hostile. [...] cette espèce d'ambivalence a toujours existé, sans compter que sur les grands arbres et les bois, on retrouve tous les mythes primordiaux et toutes les symboliques primordiales[6].

Que Chamoiseau relie immédiatement l'imaginaire des bois à l'esclavage est fort significatif car, comme nous l'avons déjà mentionné dans le chapitre précédent, les mornes étant les régions les plus inaccessibles de la Martinique, ils sont restés aussi les plus boisées, hors de la portée des planteurs. C'est pour cette raison que les mornes constituaient le refuge classique des esclaves marrons,

---

6 Entretien inédit du 9 mars 2000.

devenant parfois de véritables sites de résistance à la machine plantationnaire ou, du moins, s'établissant comme tels dans l'imaginaire du pays[7]. Certes, le spécialiste Richard Burton, dans son livre *Le Roman marron*, estime qu'il existe un décalage important entre, d'une part, la réalité historique du marronnage en fait peu fréquent aux Petites Antilles et, d'autre part, sa représentation plus robuste dans certains ouvrages de fiction[8]. Mais que l'on soit troublé ou plutôt fasciné par ce fait, toujours est-il que dans la littérature antillaise, les mornes boisés sont devenus porteurs d'un symbolisme « marronniste » très particulier. Dans l'analyse qui suit, il faudra donc garder à l'esprit cette spécificité du symbolisme sylvestre martiniquais, qui met à la disposition de l'auteur qui veut l'exploiter un fort signifiant politique pour toute quête de soi, tout voyage intérieur situés en bois martiniquais.

7 Dans ce contexte, et pour une analyse plus générale de la figure du marron (et de ses avatars) comme trope littéraire, voir Marie-Christine Rochmann, *L'Esclave fugitif dans la littérature antillaise*, Paris, Karthala, 2000 (pp. 359–81 pour une analyse de l'œuvre de Chamoiseau).

8 Burton s'applique à démontrer que le glorieux et contestataire « mythe marronniste » trouvé dans certaines cultures et chez certains auteurs « marronnistes » antillais, surtout haïtiens, n'est pas fondé sur la réalité historique d'un marronnage plutôt modeste et parfois même subsistant en collaboration avec le système qu'il prétendait refuser. Voir Burton, *Le Roman marron*, *op. cit.* Soulignons toutefois que pour nous, l'existence d'un tel mythe ne mine nullement le « bien-fondé » d'ouvrages de fiction, mais confirme plutôt le profond besoin chez l'être humain de structures imaginaires lui permettant d'exprimer son identité à travers, entre autres, ses relations complexes à (une version de) son passé.

Les Bois et l'initiation politique

Comme il le reconnaît lui-même[9], l'importance et la subtilité des bois se sont accrues dans l'œuvre de Chamoiseau. Ses premiers ouvrages, surtout les contes et les pièces de théâtre, comportent un symbolisme sylvestre relativement simple. D'une part, on retrouve, dans les pièces *Solitude la mulâtresse* et *L'Epoque Delgrès*, la tradition « marronniste » selon laquelle les mornes boisés servent de refuge non seulement aux rebelles mais à des héros : l'ultime discours du protagoniste dans ce dernier cas le confirme, en célébrant une série de marrons :

> Après nous ?
> Ça sera encore l'esclavage
> Mais la Guadeloupe aura dans le sable
> une roche ferme à l'appui
> elle aura dans la poussière une masse compacte et dure propice aux fondations
> favorables aux courages des hommes dressés
> des frères debout !
> [...] Et notre pierre s'ajoutera à celle de Makendal
> à celle de Boukman
> à celle de Toussaint
> à celle de tous ceux dressés raides à maronner [*sic*]
> et à porter au plus haut un front de fierté folle ! (ED 52–3)

D'autre part, les contes de Chamoiseau (ainsi que la pièce de théâtre *Manman Dlo contre la Fée Carabosse*) suivent très souvent le modèle du conte traditionnel qui se déroule dans les bois et raconte les aventures particulières d'un unique individu fictif ou folklorique. Ici, le (ou la) protagoniste se trouve soumis aux qualités magiques des bois : il y rencontre – soit pour s'en voir persécuter, soit pour les vaincre – des monstres, des sorcières, des ogres ou des zombis. Comme l'explique Chamoiseau dans l'introduction au recueil de contes *Au temps de l'antan*, le conte créole a pour but tant d'amuser que d'éduquer :

---

9 Dans notre entretien inédit du 9 mars 2000, Chamoiseau a reconnu que l'intérêt de l'espace forestier était pour lui « récent ». Dans *Biblique*, d'ailleurs, le narrateur s'exclame que « Je dus m'avouer ne pas m'être jusqu'alors intéressé à ces hommes des bois. [...] Cette ignorance me fit trembler de honte. Quelle inconséquence d'être à ce point gonflé des vanités de l'écriture et de ses illusions! » (BDG 122–3).

> le conte créole dit que la peur est là, que chaque brin du monde est terrifiant, et qu'il faut savoir vivre avec ; le conte créole dit que la force ouverte est le fourrier de la défaite, du châtiment, et que le faible, à force de ruse, de détours, de patience, de débrouillardise qui n'est jamais péché, peut vaincre le fort ou saisir la puissance au collet ; le conte créole éclabousse le système de valeurs dominant, de toutes les sapes de l'immoralité, que dis-je : de l'a-moralité du plus faible. Il n'a pourtant pas de message « révolutionnaire », le héros est seul, égoïste, préoccupé de sa seule échappée (TA 10)[10].

Dans ce type de conte, les bois martiniquais remplissent une fonction de liminalité mystérieuse semblable à celle des forêts dans les légendes françaises citées par Corvol ; à certaines particularités près, bien sûr, car les contes antillais abondent en spécificités témoignant des origines multiples de la culture créole. En réalité, Chamoiseau simplifie beaucoup quand il explique que le conteur créole « a mêlé le bestiaire symbolique africain (baleine, éléphant, tortue, tigre, compère lapin...) aux personnages humains ou surnaturels (Diable, Bondieu, Cétoute, Ti-jean l'horizon...) d'influence plus nettement européenne » (TA 10)[11].

Les deux fonctions – politique et liminale – se conjuguent de manière intéressante dans certaines scènes de romans qui soulignent aussi les particularités du symbolisme forestier antillais. Par exemple, nous avons déjà vu l'importance du Noutéka des mornes dans *Texaco* : d'un côté, cet espace connote la liberté (celle, marronne,

---

10 Même si l'image des bois comme espace d'opposition est plus répandue dans les pièces que dans les contes de Chamoiseau, ces derniers ont tout de même parfois une signification politique: voir par example « Le Commandeur d'une pluie » et « La personne qui asséchait les cœurs » (TA 15–19 et 48–51 respectivement ; le premier est repris dans Patrick Chamoiseau, *Le Commandeur d'une pluie suivi de L'Accra de la richesse*, illustrations de William Wilson, Paris, Gallimard Jeunesse, 2002.) Ces contes reprennent tous deux des anecdotes racontés par le Père Labat dans son *Voyage aux îles*, et font ainsi la critique de l'époque de l'esclavage et de son historiographie, tout en récupérant au profit du sujet noir le droit de raconter – voire de mythifier – son propre passé. De la même manière, « Yé, maître de la famine » (TA 68–76) prétend reprendre l'un des contes racontés pendant son voyage aux Antilles à Lafcadio Hearn. Voir Jean-Baptiste Labat, *Voyage aux îles: Chronique aventureuse des Caraïbes: 1693–1705*, Paris, Livre de poche, 1998 ; et Lafcadio Hearn, *Trois fois bel conte. Avec le texte original en créole français*, Vaduz, Calivran, 1978.

11 On se demande, pourtant, de quel coin de l'Afrique le conteur serait allé chercher le tigre.... Cet extrait est repris sous une forme plus développée dans *Lettres Créoles* (LC 74).

d'avant l'abolition et aussi celle octroyée par la France en 1848) ; mais d'un autre, il est lié aussi aux éléments sylvestres légendaires de l'oraliture et des croyances créoles car c'est cet environnement qui permet à Esternome de raconter les « baboules » où il explique la disparition de sa compagne Ninon. Dans la « première baboule », elle est tuée dans une ravine des bois par « non pas une Manman dlo, mais une de ces sirènes dont s'émeuvent les blancs-france » (T 187–8) ; dans la deuxième, elle est emportée par une « diablesse qui volait en soufflant du pipeau » (T 189). Dans ces deux histoires, la ravine et la diablesse volante appartiennent bien au paysage topographique et imaginaire antillais, tandis que la sirène et le pipeau évoquent plutôt celui de l'Europe : il s'agit là d'exemples d'un métissage évident qui se retrouve dans la plupart des contes créoles sinon dans la culture créole entière.

C'est également dans une clairière des bois que se déroulent les évènements magiques les plus importants de *Chronique*, car c'est là que Pipi rencontre le zombi Afoukal et ensuite la diablesse Man Zabyme. Encore une fois, le décor sylvestre facilite l'introduction d'éléments de folklore créole tout en fournissant un symbolisme traditionnel facilitant l'initiation de Pipi aux secrets de l'histoire – initiation qui, vue sous l'angle des questions d'identité soulevées par le roman, s'avère aussi de nature hautement politique.

Le motif de l'initiation politique vécue au cœur des bois antillais atteint son expression la plus développée dans *Biblique des derniers gestes* dont le protagoniste, Monsieur Balthazar Bodule-Jules, est né dans les bois, fils d'un « bougre des bois, une sorte de créature posée à part de toute éternité »[12] ; et d'une mère qui le protège d'une sorcière malfaisante à l'aide magique d'un calebassier (BDG 136–7). D'ailleurs, après ces débuts fortement liés à la forêt, l'enfant est élevé par une « Mentô »[13] qui en est issue, Man L'Oubliée.

Au cours de sa jeunesse, Balthazar subit en effet une série d'initiations prodiguées par des femmes. Celle qui l'introduit à la vie politique est l'extraordinaire Déborah-Nicol, femme qui endosse aussi parfois une identité masculine qui semble incarner l'ambition

---

[12] Il est sans doute significatif que cet homme des bois relève aussi « d'une lignée sans chaînes que les békés n'avaient pu dominer » (BDG 90), distinction qui renforce encore une fois l'association entre les bois et la liberté.

[13] D'habitude masculins, les « Mentô » de Chamoiseau ont un don de la « Parole » tout à fait particulier. Nous y reviendrons plus loin.

politique et l'agression rebelle. En réalité, c'est donc le côté « Nicol », ou masculin, de ce personnage qui emmène Balthazar dans des meetings politiques et lui apprend la philosophie anti-colonialiste. Pourtant, au cours de la *narration* (par un écrivain observateur qui devine les pensées de Monsieur Bodules-Jules, stratégie narrative à laquelle nous reviendrons dans le chapitre 6) le protagoniste semble se rendre compte que c'est dans les bois auprès de Man L'Oubliée, personnification plus pure de la sagesse féminine, qu'il a appris le nécessaire à sa survie au cours de ses longues campagnes anti-coloniales à l'étranger, ainsi que les principes de l'égalité, du respect et de la compassion pour autrui et pour l'environnement qui ont nourri son engagement imperturbable contre les forces de l'oppression.

De plus, alors que Déborah-Nicol insiste sur l'importance du savoir raisonné et de la compréhension intellectuelle, c'est aux côtés de Man L'Oubliée que le jeune Balthazar se trouve confronté d'une manière bien plus concrète mais aussi plus mystérieuse à la clé du passé – et donc d'une forte partie de l'identité – de son peuple. Cela fait surface dans une série d'épisodes analogues, enracinés dans un fort symbolisme spatial. A plusieurs reprises, Man L'Oubliée, accompagnée de Balthazar, sort des bois pour venir en aide aux gens souffrant des effets d'une « Malédiction » qui, petit à petit, s'avère être l'héritage des oppressions impérialistes et surtout de l'esclavage[14]. A chaque fois, c'est dans un espace hanté par la mémoire des cruautés colonialistes que la « Malédiction fondamentale » (BDG 454) frappe : par exemple, un enfant tombe gravement malade après une chute dans une pente où, « Lors du temps de l'esclavage, le planteur propriétaire du coin pratiquait le supplice du tonneau » (BDG 476). De même, la « Blesse » qui fait dépérir la petite fille d'une autre famille ainsi « soumise à la Malédiction » provient du fait qu'elle a été conçue à l'emplacement d'un cachot (BDG 484). D'ailleurs, la première matronne appelée pour la guérir en conclut que « *C'est l'enfant d'un viol !* » (BDG 484), notion qui nous ramène à l'esclavage car, selon Chamoiseau et Confiant, « Le viol est, d'emblée, le modèle de la relation sexuelle de l'aire américano-caraïbe » de cette époque-là (LC 123). La Malédiction réapparaît dans l'épisode d'une famille qui, à cause d'une conque de lambi maudite enterrée par un chaman sur ses

[14] L'épisode de l'enfant à la « tête fendue » (BDG 485–6) que nous avons évoqué dans le Chapitre 2 s'insère dans cette série d'aventures.

terres (BDG 510–11), subit la vengeance spectrale des Caraïbes exterminés par les premiers Européens ; et elle resurgit ensuite chez le malheureux Béké dont l'écurie a servi d'infirmerie où on « laissait mourir les éclopés et les mutilés » de l'ère plantationnaire (BDG 514). A chacune de ces rencontres avec la Malédiction, une grande partie de la guérison appliquée par Man L'Oubliée consiste à rendre hommage aux martyrs de ces endroits, et en quelque sorte à les commémorer. C'est ainsi que le jeune Balthazar comprend que :

> la Malédiction empoisonnait les vies. Les anciens s'efforçaient de l'enlever de leur mémoire et de celle des enfants, mais elle était là, plus que jamais, virulente et terrible. *En perdant la mémoire on perd le monde*, lui dit un jour Man L'Oubliée, *et quand on perd le monde on perd le fil même de sa vie* (BDG 518).

On le voit, le secret auquel Balthazar est initié ressemble de bien des points de vue à celui qu'Afoukal transmet à Pipi, avec la différence que, premièrement, Man L'Oubliée est indiscutablement une force douce alors qu'Afoukal, ancien esclave, est assez brutal ; et, deuxièmement, que Balthazar est meilleur élève que Pipi, et apprend sa leçon. Plus tard dans sa vie, on le voit souvent évoquer « la Traite des nègres comme douloureuse Genèse » gravée au plus profond des mentalités antillaises :

> Ô vous, héritiers de colons esclavagistes, oui vous, descendants de leurs victimes esclaves, vous croyez l'avoir oublié mais, dans chacune de vos cellules, ce traumatisme majeur a déposé sa marque, disait M. Balthazar Bodule-Jules : il suffit d'écouter sa rumeur remonter les os (BDG 60).

Cette série d'évènements reconfirme donc la nature essentiellement « spatiale » de l'imaginaire et du style chamoisiens, tout en suggérant que c'est avec l'être des bois Man L'Oubliée, plus qu'avec Deborah-Nicol, représentative de la raison et résidente de la ville, que Balthazar vit les expériences formatrices qui le marquent le plus. Encore une fois, ce sont les bois qui offrent un environnement propice aux contacts avec le plus profond de soi.

Cependant, si la forêt occupe une place centrale dans l'initiation politique du vieil indépendantiste dans *Biblique*, c'est dans *L'Esclave vieil homme et le molosse* qu'elle atteint le symbolisme le plus riche que Chamoiseau lui ait donné jusqu'alors, car dans ce roman, les bois deviennent le lieu d'une initiation non seulement historique, culturelle et politique – et donc identitaire –, mais aussi – et peut-être même surtout – littéraire. Afin de tenter une explication claire de cet aspect du livre, il sera utile de le relire à la lumière des aspects symboliques de l'espace forestier que nous avons déjà établis.

L'Esclave vieil homme et le molosse : une métamorphose identitaire[15]

La fuite de l'esclave vieil homme dans le roman en question est la première incartade d'une longue vie qui jusque-là n'en a jamais rien laissé prévoir : avant son départ, ce vieillard semble le pur produit du processus d'oblitération des individualités que nous avons déjà identifié. Etonné de voir marronner un esclave si ancien et apparemment si docile, dont personne ne s'est jamais soucié, le maître se lance à sa poursuite avec son molosse noir dans une course à travers des bois séculaires. Le récit de la fuite, fortement poétique, fournit la plus grande partie de l'action, encadré par une introduction extradiégétique qui nous présente les personnages, le contexte de l'*histoire* et la voix du narrateur ; et par un dernier chapitre dans lequel ce narrateur s'identifie non pas, cette fois, en tant que « marqueur de paroles » Oiseau de Cham, mais tout simplement en tant que Patrick Chamoiseau, et nous révèle les « sources » de son livre. Nous reviendrons sur cette intervention de la voix narrative vers la fin de cette analyse. Considérons d'abord les caractéristiques de l'espace sylvestre présenté dans le roman.

Etant donné que « le Nègre Marron [est…] une forme de résistance certifiée conforme »[16] pour la littérature antillaise – notion à laquelle nous avons déjà fait allusion par ailleurs – il va sans dire que la forêt participe ici comme ailleurs au symbolisme du refus de l'esclavage. Elle échappe à la juridiction du maître, distincte du terrain défriché et ordonné de la plantation de par la densité chaotique de sa végétation. En outre, elle *prédate* la plantation et reste ainsi intacte de souillure

---

15 Une partie de l'analyse qui suit a été publiée dans Lorna Milne, « The *marron* and the *marqueur*. Physical Space and Imaginary Displacements in Patrick Chamoiseau's *L'Esclave vieil homme et le molosse* », in Gallagher, *Ici-là*, *op. cit.*, pp. 61–82.

16 Voir Christine Chivallon, « Eloge de la 'spatialité': conceptions des relations à l'espace et identité créole chez Patrick Chamoiseau », *ASCALF Yearbook*, I, 1996, pp. 24–45 (p. 25).

esclavagiste. Le maître lui-même, traînant loin derrière son chien sur la piste du vieil homme, reconnaît la puissance sacrée de ce domaine qui lui échappe totalement : « Ces Grands-bois qui connaissaient l'Avant, qui recelaient l'hostie d'une innocence passée, qui vibraient encore des forces initiales, l'émouvaient à présent » (EVHM 105). D'une part, la forêt rappelle l'ère historique d'avant les ravages du colonialisme, lequel a « fondé les villes [...], déployé les ports [...], défriché les terres [...], dompté les rivières [...], fait Grands-cases [...], [et] [t]racé les routes [...] » (EVHM 104–5) ; d'autre part la forêt évoque l'ère mythique des origines innocentes, paradisiaques du monde. La fuite de l'esclave dans la forêt vierge est donc associée à un retour aux sources à tous les niveaux. A certains moments, c'est le caractère mythique, biblique de ce jardin de l'innocence qui est évoqué par les descriptions de ce « sanctuaire » (EVHM 72), de « la brousse vénérable » (EVHM 70), et de « l'omnisciente prière » (EVHM 78) des arbres qui « mâchonnent un fond d'éternité » (EVHM 77), lorsque le vieil homme, semblable à Adam, pénètre des lieux que « [p]ersonne ne semble avoir jamais foulé[s] » (EVHM 72). A d'autres moments, la forêt est comparée à « un ventre-manman » (EVHM 105) qui produit, dans les hallucinations troublées de l'esclave, « des ondées amniotiques » (EVHM 72). Ces métaphores qui établissent plus explicitement la forêt comme l'espace d'un *regressus ad uterum* renouent avec l'ancestrale tradition universelle, culturelle et littéraire, que nous venons d'examiner, et qui présente la forêt comme un lieu numineux propice aux métamorphoses et aux initiations mystérieuses. D'ailleurs, *L'Esclave vieil homme et le molosse* est en effet une histoire de transformations. Analysons donc dès à présent celle de l'esclave, qui suit une évolution en quatre étapes bien marquées au cours de sa fuite.

Au début, l'état d'esprit de l'esclave renforce l'image d'une recherche des origines, car le contact avec ce lieu originel se traduit pour lui à la fois par un besoin d'obscurité – il se réjouit au début qu'il fasse nuit, et plus tard se bande les yeux pour éviter la lumière du soleil levant – et par des visions extravagantes rappelant l'indifférentiation du chaos primitif : « Il entrevoit des formes, troublés, troublantes, toutes menaçantes. Impossibles à identifier. Elles sortent du néant [...] Il y en a de toutes qualités sans modèles et sans genres » (EVHM 72ff). Ensuite, pourtant, poussé par la peur, l'ancien esclave sort de cette phase obscure pour passer à une deuxième étape en affrontant la lumière. Tout comme celle de l'enfant luttant pour franchir le seuil entre l'inconscience et la conscience, ou celle d'Adam subissant les angoisses de ses nouvelles connaissances, la transition est laborieuse : le vieil homme sent que « lumière menait des transhumances en lui », mais aussi qu'« [e]lle dissipait des innocences » (EVHM 83). On voit ici que les deux premiers stades de l'itinéraire suivent de près deux modèles universels dont les structures se recoupent et qui donnent à l'histoire une dimension universelle : celui, d'abord, des grands mythes cosmogoniques ; et en même temps, celui de l'émergence de l'*ego* infantile s'arrachant péniblement aux ténèbres de l'inconscience[17]. A ce niveau plus humain, c'est aussi au cours de cette deuxième étape que la narration du texte change radicalement de ton en remplaçant la troisième personne par la première personne dans un passage tout à fait remarquable[18]. S'étant arraché à une source profonde où il a failli se noyer, l'ancien esclave voit son environnement d'un œil nouveau :

> Les choses autour de lui étaient informes, mouvantes, comme exposées derrière une eau très claire, j'écarquillai les yeux pour mieux voir, et le monde naquit sans un voile de pudeur. Un total végétal d'un serein impérieux. Je. Les feuilles étaient nombreuses, vertes en manières infinies, ocre aussi, jaunes, marron, froissées, éclatantes, elles se livraient à de sacrés désordres. Je. Les lianes allaient chercher le sol pour s'emmêler encore, tenter souche, bourgeonner. Je pus lever les yeux et voir ces arbres qui m'avaient paru si effrayantes dans leurs grands-robes nocturnes. Je pus les contempler enfin (EVHM 89).

Purifié par l'eau de la source, renouvelé par cette espèce de renaissance qu'est sa sortie du trou qui l'aspirait, le vieil homme se rend compte que l'angoisse engendrée par l'accès à la connaissance se solde quand même par une prise de conscience au niveau du moi, évènement qui lui permet pour la première fois, comme à Esternome dans *Texaco*, de faire l'expérience de ce que veut dire : « Je ».

---

[17] Sur l'isomorphisme des mythes cosmogoniques et leur ressemblance au processus de l'évolution de l'*ego*, voir Erich Neumann, *The Great Mother*, trad. Ralph Manheim, Londres, Routledge et Kegan Paul, 1972: et Erich Neumann, *The Origins and History of Consciousness*, trad. R. F. C. Hull, Princeton, Princeton University Press, 1973.

[18] Gilles Anquetil note aussi l'effet extraordinaire de cet extrait: « Au milieu du récit, Chamoiseau passe au 'je', donne des mots au vieil homme qui n'en avait plus et c'est bouleversant ». Voir Gilles Anquetil, « La Grande course de Patrick Chamoiseau. Le Guerrier de l'imaginaire », *Le Nouvel Observateur*, 1693, 9–23 avril 1997, p. 59.

Conséquence logique de cette nouvelle confiance en soi, la troisième phase de l'évolution est amorcée quand le vieillard, décidant enfin de prendre en main son destin, s'arme d'une branche morte et retourne vers le molosse qui le pourchasse afin de l'affronter. Ici, au lieu de rester fugitif, il devient « guerrier » (EVHM 101), et sa transformation impressionne et fascine le molosse. Mais il est encore une dernière étape à franchir, car c'est le quatrième stade, celui qu'il atteint à l'issue de ses épreuves, qui recèle le plus grand prestige. Au terme de sa fuite, mourant au fond d'une ravine mais goûtant enfin un calme et une connaissance de soi qu'il n'a jamais connus auparavant, le vieillard affirme :

> Tout m'est au-delà du nécessaire et du possible. Au-delà du légitime. Ni *Territoire* à moi, ni langue à moi, ni Histoire à moi, ni Vérité à moi, mais à moi tout cela en même temps, à l'extrême de chaque terme irréductible, à l'extrême des mélodies de leurs concerts. Je suis un homme (EVHM 135).

Cet esclave anonyme, dont personne sur l'habitation ne se souvenait des origines, même pas lui-même, aboutit ainsi à un sens plus plein et plus équilibré de son identité, indiquant que sa course jusqu'au cœur de la forêt n'est autre qu'un voyage au plus profond de son moi, qu'il finit effectivement par affirmer pleinement.

L'évènement qui mène définitivement à cette affirmation du moi prend la forme, encore une fois, d'un retour métaphorique aux origines, effectué par la découverte d'une énorme pierre qui lui barre la route. Cet objet rappelle ces pierres amérindiennes gravées de signes énigmatiques que l'on trouve aux Antilles, et effectivement, le narrateur prétend à la fin du livre que ce fut une « pierre caraïbe » (EVHM 142) qui lui servit en partie d'inspiration pour cette histoire. Mais en fait, la pierre dont il s'agit ici, « Voltigée en des temps très anciens » du cœur d'un volcan (EVHM 126), porte les traces non des seuls Amérindiens, mais de « graveurs [qui] se sont succédés durant des temps-sans-temps. Pas les mêmes peuples, ni les mêmes outils ni les mêmes intentions. Un ouélélé de mythes et de Genèses. [Le vieil homme] les sonde d'un doigt sensible… » (EVHM 128–9). Ces peuples ont précédé le sien mais ont partagé à la fois le même espace géographique que les esclaves – la Martinique, dont cette pierre originelle fait partie intégrante – ainsi que les persécutions aux mains des coloniaux. C'est pourquoi, à leur contact, le vieil homme peut se munir d'une sorte d'histoire, aussi vague soit-elle, en faisant fusionner des éléments de son propre passé avec des éléments du passé de tous les peuples représentés dans les gravures :

> La pierre rêve. Elle m'engoue de ses rêves. Je me serre contre elle [...] nos rêves s'entremêlent, une nouée de mers, de savanes, de Grandes-terres et d'îles, d'attentats et de guerres, de cales sombres et d'errances migrantes sur cent mille fois mille ans. Une jonction d'exils et de dieux, d'échecs et de conquêtes, de sujétions et de morts. Tout cela, grandiose hélée, tourbillonne dans un mouvement de vie – vie en vie sur cette terre. La Terre. Nous sommes toute la terre (EVHM 127–8)[19].

L'identité que découvre ici le vieil homme est ainsi tout aussi authentiquement martiniquaise que la pierre elle-même. Et il devient clair que, comme les racines innombrables de la forêt contre lesquelles il bute au cours de sa fuite, son moi est nourri de sources multiples et forgé par les épreuves des générations successives qui occupent le même espace.

D'ailleurs, le texte n'omet pas de rappeler que les békés aussi participent, d'une manière différente mais tout aussi significative, à l'histoire commune de cet espace, car non seulement le molosse, instrument monstrueux du maître esclavagiste, finit par être adouci, et même attiré, par la nouvelle force intérieure du vieillard, mais le maître lui-même se trouve transformé par l'épisode. Quand il sort enfin des bois :

> [e]n lui, maintenant, s'ébrouaient d'autres espaces qu'il n'emprunterait peut-être jamais, mais que ses enfants, dans quelque génération, un jour sans doute, au plein éclat de leur pureté et de leur force légitime – c'était à espérer –, entreprendraient comme on aborde le premier doute (EVHM 137).

Ces phrases qui terminent l'histoire de la fuite laissent entrevoir la possibilité – même provisoire – d'éventuels rapprochements futurs entre békés et créoles, ancrés dans les expériences formatrices partagées par leurs aïeux à la Martinique.

Il est donc manifeste que la forêt « marronniste » est d'abord, dans ce livre, l'espace du refus de l'esclavage, système qui vide les êtres de leur identité ; mais c'est aussi l'espace des transformations, des

[19] La pluralité exemplaire des « voix » qui se font entendre à travers la pierre est préfigurée par le sentiment du molosse, après la prise de conscience de l'esclave, qu'il est en train de « suivre une foule baignée par des pollens d'exode, des êtres de toutes natures, toutes odeurs, toutes peurs, tous vouloirs « (EVHM 115).

découvertes de soi, de l'affirmation d'une identité fortement liée à l'histoire comme à l'espace même de la Martinique et alimentée par des racines multiples et des relations toujours changeantes : une identité « rhizomatique », donc, mais surtout aussi dynamique. Aussi le déplacement physique du vieil esclave devient-il en effet – et en tous sens ! – une renaissance radicale à valeur exemplaire car, selon le narrateur qui s'adresse au lecteur à la fin du récit, « Nous sommes tous, comme mon vieux-bougre en fuite, poursuivis par un monstre » et « projetés vers la vie [...] confrontés aux Grands-bois du monde en train de se relier » (EVHM 146).

Comme cette affirmation le laisse entendre, ce roman est aussi le site d'un important voyage imaginaire, et c'est ici que nous devrons revenir sur la question de la voix du conteur que nous avons évoquée ci-dessus.

La Métamorphose littéraire

Dans l'introduction extradiégétique, et dans les premières étapes du récit, le narrateur s'exprime à plusieurs reprises à la première personne, tantôt pour expliquer comment il va agencer son histoire (« Je vais […] vous raconter tout ce que j'en sais. Mais ce n'est pas grand-chose » [EVHM 46]) ; tantôt pour souligner l'intensité ineffable de certains moments (« …il connut le vertige dernier. A ce point que je ne saurais décrire » [EVHM 87]). Comme l'illustrent ces deux exemples, le narrateur proclame volontiers son incapacité à tout dire[20], ce qui a pour effet de le séparer de son personnage et de l'établir comme un être indépendant et bien identifiable – comme nous l'avons remarqué plus haut, il annonce à la fin qu'il est effectivement l'écrivain Chamoiseau. Pourtant, au moment où la voix narrative passe de la troisième à la première personne dans cette page extraordinaire au cours de laquelle le vieil homme paraît insister sur son « Je » (EVHM 89), les voix du narrateur et de l'esclave s'en trouvent nécessairement brouillées. D'une part, comme nous l'avons

20 Comme l'expliquent Chamoiseau et Confiant dans *Lettres créoles*, c'est d'ailleurs un stratagème typique du conteur créole traditionnel de prendre de la distance à l'égard de son conte, afin d'éviter les conséquences d'une parole jugée trop contestataire par le maître (LC 77–8).

établi, ce changement de perspective textuel répond certes à une transition identitaire du personnage. Mais par ailleurs, ce passage à la première personne invite le lecteur à percevoir *aussi* la projection du conteur/écrivain dans ce personnage : d'abord parce que le « je » de ce paragraphe se superpose à celui du narrateur, apparu à peine deux pages plus tôt (assurant ainsi une apparence de continuité entre les deux pronoms) ; mais aussi parce que cette technique d'identification est déjà attestée dans l'œuvre de Chamoiseau. Le « Je » du « marqueur de paroles » appelé Chamoiseau, par exemple, qui apparaît dans *Solibo* et *Texaco* tout en relevant du personnage de fiction est aussi très proche, évidemment, de celui de l'auteur lui-même. Le même mécanisme est encore plus visible dans l'essai *Ecrire en pays dominé*, publié au même moment que *L'Esclave vieil homme et le molosse*, qui constitue avec ce dernier, selon Gilles Anquetil, « deux livres siamois »[21]. Là, dans le « rêver-pays » que nous avons déjà cité, l'auteur décrit sa tentative pour récupérer certains aspects de l'histoire et de l'identité martiniquaises en se rêvant lui-même tour à tour colon, Amérindien, Africain et ainsi de suite, dans une série de fragments intitulés « *Moi*-Colons », « *Moi*-Amérindiens », etc. (EPD 102–200, c'est nous qui soulignons). D'ailleurs, cette dernière entreprise et la dynamique d'identification dans *L'Esclave vieil homme et le molosse* sont suffisamment proches pour qu'on puisse les considérer comme faisant partie d'un même projet : tout comme l'esclave vieil homme se lance dans la forêt à la recherche de lui-même, l'écrivain plonge dans les mythes et mémoires de l'espace qu'il habite, cherchant les racines d'une identité créole contemporaine... et d'une identité d'*écrivain* créole contemporain. L'auteur lui-même suggère du reste ce parallèle : le rattachement « siamois » des deux livres est marqué par l'apparition en exergue, à l'ouverture de l'un d'eux, de la phrase qui clôt l'autre (« Le monde a-t-il une intention ? » [EVHM 9 ; EPD 317]).

Ainsi peut-on avancer, en premier lieu, que ce sont, d'une manière générale, non seulement les « lieux forts » concrets comme les bois martiniquais, mais aussi les déplacements imaginaires entre des moi provisoires, fictifs ou rêvés qui nourrissent la pratique litéraire de Chamoiseau, en lui fournissant des fragments d'une identité ancrée dans de multiples aspects du passé et du pays Martinique.

[21] Anquetil, *op. cit.*

Nous reviendrons sur la poétique du déplacement dans notre Conclusion. Ce qui frappe ici, en second lieu, c'est que l'ambiguïté du « Je » narratif dans *L'Esclave vieil homme et le molosse* nous invite à y lire (comme l'ont affirmé aussi d'autres critiques[22]) un compte rendu dramatisé et quasi-allégorique de l'histoire et de l'identité de l'écrivain antillais en général, sinon de Chamoiseau lui-même comme écrivain. Dans cette perspective, le livre présente une histoire de la littérature antillaise en quatre étapes, lesquelles recoupent approximativement les phases de l'évolution psychique du protagoniste : d'abord, l'évocation du conteur créole ; ensuite les références aux deux phares pour Chamoiseau les plus brillants de la littérature antillaise, Césaire et Glissant ; et enfin, la figure du narrateur qui, comme nous le verrons, rejoint celui du conteur. Commençons nos analyses par ce dernier personnage.

Il est sans doute significatif que le titre de cette histoire de marronnage évite de désigner son protagoniste fugitif par le mot « marron ». Même avant sa fuite, le vieillard de l'histoire n'a rien d'un marron. En fait, sa nature discrète, son caractère anonyme, ses compétences au travail, le mélange de respect et d'amnésie qu'il inspire aux autres esclaves, rappellent assez exactement non pas le marron, mais le conteur tel que celui-ci est décrit par Patrick Chamoiseau dans ses autres écrits[23]. Dans *Lettres Créoles*, par exemple, Confiant et Chamoiseau caractérisent ainsi « leur » conteur :

> [...] d'âge mûr, d'allure discrète, aussi insignifiant, sinon plus, que plus d'un. Sous sa paupière, nulle insolence. Le jour, il vit dans la crainte, la révolte ravalée, le détour appliqué. [...] Il devra être bien intégré, plus discret que les autres, moins braillard dans le quotidien des jours, peut-être même plus docile, et jamais Nègre marron (LC 72–8[24]).

---

22 Voir John Taylor, « Rabelais in Martinique », *Times Literary Supplement*, 10 octobre 1997, p. 32 ; et Catherine Bédarida, « Ecrire l'esclavage », *Le Monde des livres* 16261, 9 mai 1997, p. iii. Ces deux critiques constatent ce phénomène, sans pourtant en donner une analyse.

23 D'habitude, comme le souligne A. James Arnold, les Créolistes opposent les deux figures du marron et du conteur. Voir A. James Arnold, « The Gendering of Créolité. The Erotics of Colonialism », in Maryse Condé et Madeleine Cottenet-Hage (eds), *Penser la créolité*, Paris, Karthala, 1995, pp. 21–40. Les théories avancées par Arnold se trouvent appliquées, avec quelques nuances, à l'œuvre de Chamoiseau dans Milne, « Sex, Gender and the Right to Write », *op. cit.*

24 Chamoiseau avait déjà utilisé la première partie de cette description, à quelques détails près, dans l'introduction à son recueil *Au temps de l'antan. Contes du pays*

Il est évident que c'est par cette docilité superficielle que le conteur « se protège, protège sa fonction, protège le message de la résistance détournée qu'il propage » (LC 78), alors que l'esclave vieil homme ne couve pas un tel projet de résistance consciente. Mais la forte parenté de celui-ci avec le modèle des écrivains créolistes indique suffisamment qu'on peut lire la fuite de l'esclave vieil homme comme une aventure littéraire qui commence par les débuts du conte créole. De plus, la grande puissance du conte créole lui-même est présent dans la série de visions apocalyptiques qui closent le quatrième chapitre du livre : celles-ci sont suscitées par l'effet enivrant d'une voix de conteur imaginée, un de « ces hommes [...] infatigables, forgeant une parole que nul ne comprend mais qui nomme chacun » (EVHM 74). Dans cette litanie d'images fabuleuses, des personnages de contes créoles – dorlis, zombis et sorcières claudiquant sur des sabots de chèvre – s'unissent aux éléments, à la nature, aux légendes et au symboles de diverses cultures, en une grande synthèse cosmique symbolisant la capacité du conteur à dépasser les limites étroites de l'univers plantationnaire.

Ces « origines » litteraires une fois posées, c'est juste avant la partie suivante du livre que se dessine en filigrane, et par le biais subtil de références intertextuelles, la figure d'Aimé Césaire, qui représente l'étape suivante de l'évolution. Pour bien saisir le détail de cette intertextualité, il faut nous rappeler la lecture très particulière de Césaire que font Chamoiseau et Confiant dans *Lettres créoles*, où les auteurs décrivent à leur manière la création de l'ouvrage fondateur *Cahier d'un retour au pays natal*. Ils présentent l'expérience de Césaire comme une sorte d'épiphanie :

Martinique publié en 1988 (TA 9). L'idée centrale de l'extrait – celle du masque de docilité derrière lequel se cache le conteur – semble le préoccuper beaucoup, car il y revient souvent – en particulier, les auteurs de *Lettres créoles* y insistent à plusieurs reprises: voir LC pp. 72, 75, 76, 78. Notons de plus que la description du conteur recoupe aussi celle du prestigieux Mentô dans *Texaco*, personnage dont « l'insigne même » est d'être « coulant discret », de « vivre parmi les hommes sans bruit et sans odeur, en façons d'invisibl[e] » sans jamais avoir de « tracas » avec le Béké (T 70–1) ; pourtant le Mentô est lui aussi doté d'une « Force » aussi bien que d'une « Parole » mystérieusement puissante qui « érigea [...] le Mentô à la source de notre difficultueuse conquête du pays » (T 72-4, et voir les « Paroles du vieux-nègre de la Doum » [T 373-7] qui commencent: « Tu cherches Mentô. Pas de Mentô. / *La Parole !* »).

> Une nuit, un vertige le saisit. De son « tourbillon partenaire » s'élève une incroyable rumeur. Il entend monter de ses chairs le cauchemar négrier : « ...les malédictions enchaînées, les hoquettements des mourants, le bruit d'un qu'on jette à la mer [...] ». Dans une secousse mentale, retrouvant « le secret des grandes communications », Aimé Césaire perçoit « le cri oublié provenant de la cale », ce cri que tant de siècles avaient couvert des fougères de l'oubli. Un lourd silence venait ainsi de s'effacer. Mille tracées littéraires venaient ainsi de se renouer. Dehors dans Paris gris, il fait Seine et brouillard...
>
> Les pages se couvrent d'une poétique du cri (LC 161).

Chamoiseau et Confiant, tissant des citations empruntées au *Cahier* afin de narrer la genèse de l'ouvrage lui-même, transposent ce qui était récit poétique d'un retour imaginé à des origines traumatiques pour faire leur propre récit mythique de Césaire écrivant. Celui-ci y fait l'expérience d'une épiphanie créatrice foudroyante où se fondent prise de conscience négriste *et* son expression immédiate, inspirée. De plus, la description est fortement organisée autour du thème de l'initiation, car les images de descente – le vertige, la nuit, le cauchemar, les profondeurs de la cale et de la chair – cèdent la place à celles de la révélation, des redécouvertes et de la sublimation poétique qui fait renaître le « cri » si longtemps oublié[25]. Ces thèmes de l'illumination et du renouveau sont renforcés plus loin car, au fur et à mesure que Césaire continue d'écrire, selon Chamoiseau et Confiant :

> En lui-même commence une spirale de fin de monde. Il descend, descend, se laisse engloutir au plus profond de ce « trou noir », puis en un puissant sursaut, le voici qui remonte, le voici « avancer par escalades et retombées sur le flot pulvérisé... ». Force et vie l'assaillent, « et voilà toutes les veines et veinules qui s'affairent au sang neuf » (LC 162).

Ici, la révélation et l'écriture sont à tel point imbriquées que tous les emprunts du *Cahier* ne sont même pas identifiés comme tels : la phrase « Force et vie l'assaillent », en réalité une citation du *Cahier* (« Et voici que force et vie m'assaillent comme un taureau... »[26]), est présentée par les Créolistes comme un simple élément narratif. En insistant ainsi sur le moment séminal de la création, Confiant et Chamoiseau condensent le drame psychique communiqué dans le

---

[25] Nous avons déjà vu, d'ailleurs (Chapitre 2), que la cale du bateau négrier se présente comme le lieu de naissance de la Négritude dans le discours historico-littéraire de Chamoiseau.

[26] Césaire, *Cahier*, *op. cit.*, p. 56.

Cahier en évènement fulgurant, instantané. Cette stratégie localise, renforce et érige en mythe fondateur l'histoire d'un (re)démarrage littéraire, d'autant plus que la structure prêtée à cette expérience par les auteurs créolistes reprend de nouveau la forme d'une descente aux enfers (« une spirale de fin de monde »), suivie d'une renaissance ascensionnelle à la « force » et à la « vie ».

Sans prétendre qu'une telle interprétation de Césaire soit tout à fait insoutenable, il faut néanmoins souligner son parti-pris, qui se révèle aussi par le choix des citations censées résumer l'expérience poétique. Par exemple, Chamoiseau et Confiant auraient pu faire allusion, dans ce passage, aux derniers vers du *Cahier*, lesquels auraient fort bien illustré la dynamique de renouveau vécue par le poète et exprimée par des références à l'axe vertical tant prôné par les Créolistes :

> [...] monte, Colombe
> monte
> monte
> monte
> Je te suis, imprimée en mon ancestrale cornée
> blanche.
> monte lécheur de ciel
> et le grand trou noir où je voulais me noyer l'autre
> lune
> c'est là que je veux pêcher maintenant la langue
> maléfique de la nuit en son immobile verrition ![27]

Au lieu de ceci, les Créolistes préfèrent une procédure plus compliquée, qui consiste à rassembler des images relativement dispersées, en un collage sans doute plus coloré. Par exemple, non seulement ils attribuent à Césaire lui-même (« Le voici ») une action accomplie dans le poème par « la fière pirogue » auquel le poète voudrait s'assimiler (« *La* voici avancer par escalades et retombées sur le flot pulvérisé »[28]), mais ils choisissent une image (« escalades et retombées ») qui soutient l'accent exclusif qu'ils mettent sur cette dynamique verticale liée à l'initiation. En réalité, cependant, dans le *Cahier*, le mouvement principal de la pirogue est, justement,

---

[27] *Ibid.*, p. 65. A propos du néologisme qui clôt le poème, voir Jean Khalfa, « The Discrete and the Plane: Virtual Communities in Caribbean Poetry in French », *Mantis*, 1, 2000, pp. 147–88 (pp. 182–3).

[28] *Ibid.*, p. 51. C'est nous qui soulignons.

d'« avancer », difficilement mais courageusement, sur le plan horizontal d'une traversée de la mer, renforçant par là une des métaphores centrales du poème. De même, le choix de l'image du « sang neuf » prolonge l'allusion à la renaissance, qui passe dans la lecture créoliste pour être celle du poète, alors que dans le *Cahier* les « veines et veinules » sont (aussi) celles du « pays natal » lui-même qui, dans une fusion transcendante de l'homme et de l'île, se ranime après un moment de défaillance, dans les bras du poète[29]. Enfin, le « trou noir » où le poète « se laisse engloutir », selon Chamoiseau et Confiant, n'est décrit comme tel que *rétrospectivement* dans le poème lui-même, dans le dernier passage cité ci-dessus. Toutes ces manipulations discrètes confirment que, si la lecture du *Cahier* faite par Confiant et Chamoiseau n'est pas inadmissible, elle n'en a pas moins des traits fort distinctifs.

Si nous avons tant insisté sur ce point, c'est parce que l'expérience de Césaire telle qu'elle est structurée et décrite par les Créolistes annonce le passage dans *L'Esclave vieil homme* où le protagoniste tombe dans la source. D'abord, les profondeurs noires du « manman trou » où « s'engloutit » l'esclave (EVHM 85) évoquent sans ambiguïté possible le « trou noir » où « se laisse engloutir » Césaire. Dans ce contexte, il est certainement significatif que le premier réflexe du vieillard tombé dans le trou soit de penser au bateau négrier, expérience semblable à la rencontre du « cauchemar négrier » dans le « vertige » de Césaire (LC 161) : « Noyade. Une eau glacée-glacée. Il retrouva les cauchemars des cales négrières » (EVHM 85).

La description des efforts de l'esclave pour sortir de la source renvoient eux aussi directement à la discussion du *Cahier*. « Il [l'esclave] trouva support à propulsion. Il jaillit du trou pour inspirer de l'air. Il y retomba et s'enfonça profond [...]. Il rebondit encore [...] Hurlant au déchiré » (EVHM 87) : ici, c'est l'image de l'avancée « par escalades et retombées sur le flot pulvérisé » qui est reprise. Et ensuite, sauvé, l'esclave sent revenir la force de la vie, tandis que, dans une image qui fait écho au « sang neuf » irrigant les « veines et veinules » dans le *Cahier*, le soleil brillant perçu à travers ses paupières closes lui fait voir le réseau de ses veines écarlates et palpitantes comme une foule de crabes qui lui agitent de « grosses pinces rougeoyantes » (EVHM 88). Enfin, le hurlement que pousse

29 *Ibid.*, p. 57.

l'esclave en sortant définitivement du trou rappelle le « cri » de la cale et son prolongement dans la littérature négriste où « les pages se couvrent d'une poétique du cri ».

Une fois établis ces échos intertextuels incontournables, il devient clair qu'on peut lire l'épisode purifiant et initiatique de la source comme une allégorie, d'une part, de l'experience de Césaire lui-même et, d'autre part, de la rencontre nécessaire avec la Négritude de l'écrivain d'aujourd'hui : après tout, nous savons déjà que Chamoiseau lui-même est passé par une période négriste, racontée dans *Ecrire en pays dominé*, et qu'il en reconnaît l'importance. Cette dernière affirmation se trouve appuyée par le fait que dès qu'il émerge de l'eau, l'esclave, en se retournant pour affronter le chien, devient un « guerrier » oppositionnel qui se place devant le molosse « face à face [...] Yeux dans yeux » (EVHM 111–12). Nous avons déjà vu qu'il s'agit là d'une image que Chamoiseau utilise souvent pour caractériser la Négritude « figée » dans une relation contraignante, binaire avec le colonialisme eurocentrique (voir par exemple EPD 55–8). Le baptême de l'esclave dans la source noire fonctionne donc à plusieurs niveaux : non seulement cet épisode figure la remise en contact de l'Antillais avec les sources de son identité – dynamique favorisée par la Négritude dans son insistance sur les origines africaines de tout homme noir – , mais il rappelle aussi la nécessité pour l'écrivain créoliste contemporain d'être lui-même passé par une rencontre formatrice avec la Négritude et avec son plus grand artiste, Aimé Cesaire. Cette rencontre, faut-il comprendre, permet à l'Antillais en général comme à l'écrivain de se dresser pour faire face à son adversaire[30].

Cependant, nous venons de voir plus haut que l'esclave est destiné à dépasser sur le plan de son itinéraire métaphorique identitaire cette étape de confrontation : il en va de même au niveau du symbolisme littéraire car si, comme nous le savons, Confiant et Chamoiseau reconnaissent dans *Lettres créoles* que la Négritude a fondé la littérature antillaise d'aujourd'hui en faisant revivre le « cri » de la cale négrière (LC 170), ils déplorent que :

---

[30] Comme nous l'avons déjà remarqué (Chapitre 2), on retrouve la même idée dans *Texaco*, où c'est spécifiquement la lecture du *Cahier*, « poème-médicament », qui remet Marie-Sophie debout, « dos droit, regard ferme, voix claire, geste tranchant » après une période d'écrasement (T 468). Le redressement du Nègre est d'ailleurs un motif central du *Cahier*: voir Césaire, *Cahier*, *op. cit.*, pp. 57, 61–2.

> ce cri nous fut restitué de manière insuffisante, car la Négritude ne dénouera pas le silence qui avait succédé au cri. [...] Il aurait fallu, pour ce faire, [...] habiter la parole nocturne, inédite, qui s'élève dedans la plantation. En clair, pour dénouer ce silence, il aurait fallu ne pas rompre avec le conteur (LC 170–1).

La reprise des tactiques du conteur par le narrateur à la fin de *L'Esclave vieil homme* renoue certainement avec cet ancêtre littéraire après le détour négriste sur le chemin initiatique de l'écrivain. Mais avant d'examiner cette ultime étape de la métamorphose littéraire, considérons l'évocation de Glissant.

A la différence de Césaire, Edouard Glissant est évoqué très ouvertement dans *L'Esclave vieil homme* par « l'entre-dire » qu'il a lui-même contribué à l'ouvrage. Il consiste en sept extraits tirés tant de son *Intention poétique* que d'un ouvrage inédit, *La Folie Celat*. La technique consistant à incorporer un passage de Glissant au début de chacun des sept chapitres du livre souligne clairement l'immense importance de celui-ci en tant que repère littéraire, et réinscrit au cœur du texte le dialogue incessant qu'entretient l'œuvre de Chamoiseau avec les écrits à la fois théoriques et fictifs de ce maître à penser et à écrire.

Glissant est présent aussi, mais de manière plus oblique, dans l'image qui se trouve à la fin de la fuite et qui marque l'apothéose du vieil homme, celle de la pierre gravée. Afin d'expliquer la série d'idées qui nous mène de cet objet à Glissant, il faut nous référer d'abord encore une fois à *Lettres créoles* où les deux auteurs inscrivent les pierres amérindiennes aux débuts de leur histoire littéraire, y voyant l'œuvre où « La main du premier écrivain de nos pays » a tracé en « récit des origines » le témoignage d'un « martyre : celui du peuple Caraïbe décimé » par l'entreprise colonialiste (LC 21). Ainsi pourrait-on dire que dans le schéma créoliste, l'esclave vieil homme qui embrasse la pierre semble remonter encore plus loin que la plantation et la cale, pour entrer en contact avec les vraies origines de la littérature antillaise.

Nous avons déjà souligné l'intérêt de la pierre de *L'Esclave vieil homme*, car Chamoiseau la dote de qualités explicitement plurielles et polyphoniques lesquelles l'opposent à l'idée singulière de la source[31] :

[31] D'ailleurs, ce n'est sans doute pas par hasard que le vieillard ne s'arrache de la source qu'en prenant appui sur des « racines aveugles qui traversaient la source » (EVHM 87) et qui préfigurent ainsi l'existence salvatrice d'origines à la fois

la pierre est un objet « où grouillaient une myriade de peuples, de voix, de souffrances, de clameurs. Des peuples inconnus célébrant un éveil », auxquels le vieil homme se trouve « mêlé » (EVHM 136) à la fin. Sous l'influence de la pierre, et riche de ses expériences dans les bois, l'ancien esclave entre ici dans un état plus ouvert, pluriel et équilibré, parcours qui reflète fidèlement l'évolution – de jeune militant négriste, en adepte de la « pierre-monde » – de Chamoiseau lui-même, racontée dans *Ecrire en pays dominé* (EPD 281–317). Dans ce livre, le néologisme « pierre-monde », terme aux associations alchimiques (EPD 284) qui rappelle et ressemble fortement à celui de « tout-monde » inventé par Glissant, évoque un univers de variétés infinies dont les éléments évoluent les uns par rapport aux autres dans un état constant d'interdépendance mais aussi de flux, de changements et même de conflits : « Un Total loin des stabilités à tendances closes du Tout et de la Totalité » (EPD 284). En se pressant contre la pierre au fond des bois, l'esclave vieil homme entre en contact non seulement avec ses propres origines, mais aussi avec un vaste univers foisonnant de possibilités : en effet, cette scène semble résumer sur un plan gestuel l'affirmation de Chamoiseau, s'approchant de la fin de son voyage à l'intérieur de lui-même et de son pays dans *Ecrire en pays dominé* : « Moi qui voulais toucher au fondoc du pays, je me retrouve exposé à un monde grand ouvert » (EPD 214). Et il est sans doute significatif que dans *L'Esclave vieil homme*, l'élément médiateur qui permet à la fois l'acquisition du moi et l'accès à la « pierre-monde », c'est l'*écriture* gravée sur la roche.

Ces analyses pourraient facilement nous amener à conclure que l'apothéose qui clôt le roman est celle, non seulement de l'esclave et de la littérature, mais celle aussi de la notion largement glissantienne de la « pierre-monde », le tout présidé d'ailleurs par l'esprit d'un Glissant rendu très présent, comme nous l'avons vu, par « l'Entre-dire ». Notons, cependant, que Chamoiseau n'adopte pas tout simplement la terminologie de Glissant, mais l'adapte : si, dans le néologisme « pierre-monde » il y a hommage et écho vis-à-vis du « tout-monde », il y a en même temps détournement subtil, la métaphore de Chamoiseau s'appuyant de manière caractéristique sur un objet matériel, tangible.

---

encore plus profondes, plus nourrissantes et plus variées que la « source » unique africaine de la Négritude.

Alertés par ce décalage discret entre l'apparence et la réalité, remarquons de même que Chamoiseau s'éloigne encore une fois de Glissant dans la peinture d'un motif encore plus fondamental de la littérature antillaise qui revient avec insistance, comme J. Michael Dash le dit, dans l'œuvre de Glissant : celui du marron et du marronnage[32]. Pour Glissant, la fuite du marron figure souvent le pur refus contestataire de la plantation et l'alternative diamètralement opposée à l'acceptation du système esclavagiste[33] : le marron est, selon lui, « le seul vrai héros populaire des Antilles, [...] un exemple incontestable d'opposition systématique, de refus total »[34]. En revanche, la récupération du marronnage par Chamoiseau à travers le personnage du vieil homme transforme le marron en figure qui à la fin dépasse la pulsion de l'évasion pour devenir une représentation de l'identité et de la littérature créoles tournées de manière plus positive vers l'avenir.

A cet égard, il est pertinent de rappeler en premier lieu que le vieil homme tient du conteur plutôt que du marron ses traits distinctifs. D'ailleurs, *L'Esclave vieil homme* nie explicitement la notion d'un « vrai » marronnage, car l'esclave lui-même « décide [...] non pas de marronner mais d'*aller* » (EVHM 54). Cela rappelle Esternome qui, lui aussi, en prenant possession des mornes, a le sentiment que « c'était pas marronner, *c'était aller*. C'était pas refuser, c'était *faire* » (T 162). Ce refus du monde plantationnaire qui tente d'éviter la dialectique dominante et rigoureusement binaire du maître et de l'esclave semble échouer pour Esternome, mais mène à l'apothéose de

---

32 « marronnage (escape) is the phenomenon with which [he] is constantly preoccupied » (« le marronnage est le phénomène qui le préoccupe sans cesse »). Voir Dash, « Introduction », in Edouard Glissant, *Caribbean Discourse : Selected Essays*, trad. J. Michael Dash, Charlottesville et Londres, University Press of Virginia, 1989, pp. i–xlvii (p. xli). Voir aussi Bernadette Cailler, *Conquérants de la nuit nue: Edouard Glissant et l'H(h)istoire antillaise*, Tübingen, Gunter Narr Verlag, 1988, pp. 40–107 ; Burton, *Le Roman*, *op. cit.*, pp. 66–7 ; et Bongie, *op. cit.*, pp. 152–3. Gallagher nuance certaines de ces analyses en expliquant qu'elles tendent à voir chez Glissant des espaces excessivement polarisés (Gallagher, *Soundings*, *op. cit.*, pp. 202–3) ; Britton (*Edouard Glissant*, *op. cit.*, pp. 59–82) offre elle aussi une interprétation détaillée et nuancée. Rochmann, pour sa part, considère – au terme d'une étude approfondie – que Glissant « module sans cesse de nouveaux avatars » du personnage du marron (Rochmann, *op. cit.*, p. 386).

33 Voir par exemple l'opposition des deux dynasties des Longoué et des Béluse, dont les origines sont décrites dans Edouard Glissant, *Le Quatrième siècle*, *op. cit.*

34 Glissant, *Le Discours*, *op. cit.*, p. 180.

l'esclave vieil homme. Pour ce dernier, le stade de l'opposition est d'abord embrassé pour être explicitement dépassé plus tard : le vieil homme, à la fin, n'offre plus d'opposition au molosse, tandis que le molosse finit par lécher celui qu'il aurait dû « lacér[er] mieux que le plus malfaisant des fouets » (EVHM 44)[35]. L'étape de l'affirmation tranchante du guerrier cède donc la place à un état d'esprit davantage prospectif, provisoire, ouvert, et même conciliant.

En second lieu, observons que contrairement aux personnages de certains romans d'Edouard Glissant – citons surtout par exemple *Le Quatrième siècle*, *La Case du commandeur* et *Malemort* – le marron n'est point ici un héros sur-mâle doté d'une puissance phallique extraordinaire. C'est un vieillard qui, l'unique fois dans le texte où il se sent « envoûté de désir », en éprouve une « la-honte » profonde (EVHM 83). Cet incident a une valeur surtout symbolique dans l'économie du texte, appuyant les références plus ouvertes au livre de la Genèse par une allusion à la perte de l'innocence qui accompagne le passage à la connaissance.

Enfin, notons (pour en revenir au symbolisme pré-établi de l'espace « marronniste »), que Chamoiseau subvertit aussi la dimension spatiale du « mythe marronniste », car son histoire ne se déroule pas sur le haut des mornes mais dans une forêt qui se trouve *en bas* de l'habitation (EVHM 19). De plus, le marron de Chamoiseau n'atteint jamais les sommets phalliques des mornes, mais finit sa vie dans une ravine étroite de la forêt (espace plutôt féminin et même maternelle si l'on recourt à un symbolisme sexuel peut-être simpliste mais sans doute évocateur ![36]), sans pour autant diminuer son statut héroïque, ni réduire toute la portée aussi bien sexuelle que morale de l'affirmation : « Je suis un homme » (EVHM 135)[37]. Si Chamoiseau

[35] Peut-être faut-il y voir un nouveau clin d'œil en direction du *Cahier*, dont les derniers versets contiennent l'image triomphale du « lécheur de ciel ». Voir Césaire, *Cahier*, *op. cit.*, p. 65.

[36] Les associations féminines et maternelles de la forêt – liées sans doute à la notion de la renaissance spirituelle de l'esclave – sont d'ailleurs explicitement évoquées dans le texte: nous avons déjà cité ses « ondées amniotiques » (EVHM 72), mais on pourrait ajouter qu'il y règne, par exemple, un « noir de vulve » (EVHM 59) et que l'esclave achève sa fuite sous « de maternelles feuilles » (EVHM 125).

[37] Une fois de plus, cette formule nous renvoie au *Cahier*: « Tenez je ne suis plus qu'un homme, aucune dégradation, aucun crachat ne le conturbe, / je ne suis plus qu'un homme qui accepte n'ayant plus de colère / (il n'a plus dans le cœur que de l'amour immense, et qui brûle) ». Voir Césaire, *Cahier*, *op. cit.*, p. 52. Mais par

ne semble pas émasculer son personnage, il est clair que le héros de ce roman ne se définit pas non plus par des exploits traditionnellement virils, ni par une simple réaction oppositionnelle mais – après un refus primaire de l'ordre établi – par l'interrogation et la réflexion. Ainsi, tout comme l'écrivain assimile et par la suite transcende le modèle offert par Césaire, il évolue aussi au-delà de celui de Glissant. Avec toute la discrétion et l'apparente docilité du conteur qui évite l'opposition ouverte face au maître, Chamoiseau rend hommage à son maître littéraire grâce à l'« Entre-dire », tout en proposant cependant sa propre vision, distincte, à travers sa ré-écriture de la figure du marron[38].

A la fin d'*Ecrire en pays dominé*, Chamoiseau incarne lui-même la même transformation que l'esclave qui devient « un guerrier sans souci de conquête ou de domination. Qui avait couru vers une autre vie. Vie de partage et d'échanges qui transforment. Vie d'humanisation du monde en son total » (EVHM 146), car il se déclare non plus un simple « marqueur de paroles », mais un « guerrier de l'imaginaire » (EPD 276–80). Il souligne par là le devoir

cet écho intertextuel, Chamoiseau marque de nouveau la distance qui le sépare de Césaire. L'« acceptation » de la part de « l'homme » évoqué dans cette séquence du *Cahier* est représentée sous une lumière profondément ironique et comme une sorte d'apathie induite par les abus racistes (« Et le nègre chaque jour plus bas, plus lâche, plus stérile [...] j'accepte, j'accepte tout cela », p. 56) ; ce n'est qu'après cette séquence que la voix poétique retrouve soudain les « force et vie » qui le redressent pour le combat (p. 56). A la différence de cette vision, le « Je suis un homme » de *L'Esclave vieil homme* suit l'abandon volontaire du combat (« Je me cherche cette arme. Puis je m'avoue qu'il n'y a là qu'un réflexe de mes chairs. Que je peux me défaire de cela » [EVHM 134]), et reflète l'acceptation de soi dans la sérénité d'*après* la lutte.

38 Cette stratégie d'hommage accompagné de distanciation discrète est déjà visible dans *Texaco*, où le lecteur averti notera que le driveur Arcadius se noie à l'embouchure de la Lézarde (T 458–9 ; et voir Chapitre 4), endroit où cette rivière, selon le roman d'Edouard Glissant « n'a pas une belle mort ». Voir Edouard Glissant, *La Lézarde*, Paris, Seuil (Points), 1995, p. 33. C'est aussi l'endroit où se déroule la noyade de l'agent Garin (pp. 153–4), épisode-clé d'un roman dans lequel la Lézarde fonctionne systématiquement comme métaphore centrale d'une quête de la source de l'identité. Le fait qu'Arcadius y meure lui aussi au cours d'une quête identitaire établit un écho intertextuel entre *Texaco* et *La Lézarde*, que *L'Esclave vieil homme* nous permet d'interpréter comme un clin d'œil de reconnaissance de la part de Chamoiseau envers son ami, mais en même temps aussi un rectificatif à l'idée de la quête d'une source singulière.

morale et politique de l'écrivain de re-configurer l'imaginaire qui, pour lui :

> devient maître de nos rapports au monde, lesquels le produisent à leur tour. C'est une autorité immanente, collective-individuelle, individuelle-collective, qui conditionne l'être, détermine l'inconscient, organise le conscient, régente la frange haute du conscient où se tiennent le Vrai, le Juste, le Beau, le vouloir-être, le vouloir-faire... (EPD 275).

Selon cette vision, l'imaginaire forme une sorte de filtre qui –

> une fois dominé (reprofilé à l'issue d'influences insidieuses) – nous peint une autre réalité, de nouveaux charmes, d'autres séductions, une autre beauté, poinçonne des éclairages dans les ombres initiales, et couvre d'ombres des évidences... notamment celles de la domination (EPD 275).

Ainsi ce texte confirme-t-il une fois de plus l'importance capitale de l'imaginaire pour Chamoiseau, en tant que site de conflits où luttent des forces contradictoires et variées – et non seulement les forces évidentes, « brutales », coloniales qui ont tant blessé l'identité du colonisé, mais aussi les nouvelles « dominations furtives », qui s'insinuent dans l'inconscient pour y semer la notion de la supériorité d'un groupement ou d'un attribut humain par rapport à un autre. Face à cela, les artistes qui se voudraient « marrons » et qui adoptent par conséquent une stratégie de « rue[r] driveurs en opposants irréductibles, en agressifs sans but » finissent par échouer en « petits désastres » (EPD 276) qui rappellent le silence ultime du marronnage évoqué dans *Lettres créoles* ; et même la stratégie de témoignage créatif du marqueur de paroles ne semble pas avoir assez de portée, comme nous l'avons vu dans le dernier chapitre. Par contre, le guerrier de l'imaginaire « à peine plus lucide, mais lucide sur le mirage de sa lucidité » est conscient d'habiter un « champ de bataille » et se doit – entre autres – « travailleur sur lui-même, affecteur, infecteur, gratteur des failles, effriteur de murailles, refuseur de conforme, dérouteur de facile, jeteur des germes qui font les oasis [...] louangeur d'inconnaissable » (EPD 277). Cette série de caractéristiques met l'accent sur un nouveau type de défi lancé aux conventions, qui se traduit par le motif du déplacement et du mouvement continus comme moyen d'échapper à la fixité qui permet la domination de l'imaginaire[39]. En effet, ce guerrier qui « gratte » à toutes les surfaces et ne veut rien laisser tranquille ne se livre pas à un scepticisme facile : il se place plutôt en *interaction* constante et dynamique avec le monde, monde qu'il « affecte » et « infecte » à son tour. Bref, il devient une sorte d'agent provocateur de la « diversalité », un ennemi déstabilisateur de « la standardisation, [de] l'uniformisation, [d]es dominations insidieuses [qui] s'étalent et s'étendent »[40], qui interprète le monde et ses différentes composantes selon les principes du Lieu, et qui s'engage à « densifier » celui dont il est lui-même issu.

Dans le projet du nouvel écrivain-guerrier, *L'Esclave vieil homme et le molosse* est un pas décisif, car ce roman exprime en même temps qu'il exemplifie la tâche essentielle de l'artiste. Sur le plan politico-littéraire, pour n'approfondir ici que celui-là, Chamoiseau s'inscrit dans ce roman dans un espace littéraire propre à sa culture, c'est-à-dire l'espace de la tradition « marronniste » ; mais en même temps, en détournant à tous les niveaux la typologie de cette tradition, en réinterprétant le marron et en le liant au conteur – et, de là, à l'écrivain – Chamoiseau conteste l'ordre établi (mais de manière à la fois discrète et créative), réinterprète le mythe « marronniste », et renouvelle la contribution de celui-ci à l'imaginaire martiniquais. Ce stratagème se cristallise sur le plan textuel à la fin de *L'Esclave vieil homme* dans les images de la pierre et des os, présentés par le narrateur comme sources d'inspiration pour l'histoire, et méritant dès à présent une analyse plus détaillée.

---

[39] Le jugement porté par Anquetil sur *Ecrire* semble assez à propos: « Ecrire pour Chamoiseau, c'est habiter, mieux, désirer le chaos créole, c'est accueillir toutes les identités antillaises, briser l'encerclement d'une mer-prison, ouvrir son île à tous les ouragans du monde et du langage, suivre chaque trace de mémoire ou de souffrance d'un peuple dominé ». Voir Anquetil, *op. cit.*

[40] Patrick Chamoiseau, « La Mise en relation », *op. cit.*

La Pierre et les os

En ce qui concerne la pierre, le narrateur l'utilise, après s'être désigné clairement comme Chamoiseau lui-même, pour jeter un doute précisément sur les *sources* de son histoire. Après avoir prétendu d'abord que son inspiration se trouvait en partie dans une pierre caraïbe dont lui aurait parlé un « vieux-nègre-bois », il déclare : « Je n'acceptai pas d'aller voir la Pierre. Ou alors, j'y allai avec lui mais il ne la trouva point. Ou alors, un de mes frères y alla et la vit à ma place. Ou alors nul ne la vit [...]. A moins que ce ne soit mon frère » (EVHM 142–3). L'effet déstabilisant de ces explications provisoires et contradictoires est semblable à celui que cherche le guerrier de l'imaginaire : « Echapper à nos vieilles certitudes. Nos si soigneux ancrages. Nos chers réflexes horlogés en systèmes. Nos somptueuses Vérités. En élan vers l'à-construire imprévisible qui nous offre ses dangers » (EVHM 146). Plutôt que de se faire le témoin d'une vraie pierre, le narrateur-guerrier préfère l'imaginer « en rêve », procédure qui lui permet de la voir plus « étonnante » (EVHM 143) et plus mouvante.

Pour ce qui est des os, il s'agit de restes humains que le même « vieux-nègre-bois » aurait trouvés près de la pierre putative et aurait peut-être (mais cela n'est pas sûr) décrits, ou même montrés au narrateur par la suite (EVHM 143). Or ce dernier prétend à la fois les avoir imaginés mais aussi y avoir touché, acte qu'il dit d'ailleurs regretter. Les mots « Je n'aurais pas dû » ponctuent comme un refrain les derniers paragraphes du livre, et reviennent pour finir dans la toute dernière phrase : « Frère, je n'aurais pas dû, mais j'ai touché aux os » (EVHM 147).

La pierre et les os ont une fonction métaphorique parallèle. Là où la pierre dénote les débuts de la littérature antillaise, les os sont plus directement associés aux débuts du présent roman, puisqu'ils en sont l'inspiration la plus immédiate. De même, la pierre et les os évoquent tous deux la fin : la pierre barre la route à l'esclave au niveau intradiégétique ; les os – symbole de finitude s'il en fût ! – mettent un point final au *récit* extradiégétique. Cette image totalisante reliant l'alpha et l'oméga du livre dans les deux cas est complétée par l'idée de l'*ouverture* associée à ces deux objets pourtant maniables et ponctuels : la pierre fait rêver l'esclave et le met en contact avec une « bouillante disharmonie » qui le dépasse et l'apaise (EVHM 134) ; la pierre et les os font rêver le narrateur et lui donnent accès à un univers poétique. Tous deux ne sont peut-être en fait que le produit des rêves de celui-ci. Dans ce dernier cas, le rôle onirique des os est particulièrement puissant, car ces restes imaginés, malgré leur statut fictif, auraient poussé le narrateur à inventer le personnage même qui les laissera près de la pierre. Cette logique « à rebours », ou plutôt circulaire, nous ramène de la fin de l'histoire à son point de départ (et à son inspiration) dans une grande boucle – ou faut-il dire dans un grand O, homonyme de « os » ? Sans doute, cette figure ronde, close mais en même temps ouverte, est-elle singulièrement bien choisie pour refléter la métaphore foncièrement ambiguë des os anonymes et imaginaires qui, eux, « disaient une époque tout entière, mais ouverte dans l'incertain total » (EVHM 144)[41]. Reliques culturelles et humaines cachées au cœur de la forêt, la pierre et les os contrastent avec cet espace par leur dureté et leur taille relativement petite ; mais simultanément, ils participent de la grandeur et de la fluidité de l'espace sylvestre quand ils font rebondir les pensées vers les rêves et le divers complexe.

Enfin, n'oublions pas qu'en répétant « Je n'aurais pas dû », le narrateur rappelle ici la vieille technique du conteur qui s'adresse à ses auditeurs à la fin du conte pour désavouer sa part de responsabilité dans l'invention d'une histoire qui pourrait déplaire[42]. D'ailleurs, son mot final, « os », rappelle fortement le « O ! » prononcé à haute voix qui ponctue l'oraliture du conteur, d'autant plus que ce phonème est utilisé d'une façon presque symétrique à la fin de l'avant-dernier paragraphe : après la lamentation « O je n'aurais pas dû » (EVHM 145), c'est comme si le « O » phatique se déplaçait vers la fin de la dernière phrase du livre dans « Frère, je n'aurais pas dû, mais j'ai touché aux os ». Encore une fois, donc, la boucle est bouclée car en incarnant ainsi la figure du conteur créole, le narrateur s'assimile de nouveau à l'esclave vieil homme qui ressemble déjà lui-même au conteur, les trois personnages se liant dans un rapport étroit mais

[41] Gallagher analyse d'une manière semblable l'exclamation « Mes frères O, je voudrais vous dire » qui ferme *Antan d'enfance* (AE 186), soulignant la capacité de la lettre O à symboliser à la fois l'absence et la présence qui se trouvent, dans le contexte de cet ouvrage autobiographique et retrospectif, au cœur de la mémoire. Voir Gallagher, *Soundings*, *op. cit.*, p. 109.

[42] Le narrateur s'ancre ainsi dans une tradition culturelle si explicitement créole qu'il rappelle par là les multiples incertitudes des origines non seulement de la présente histoire mais de toute une culture et de tout un peuple.

instable, tout aussi fluctuant que le « Je » qui narre l'*histoire* du vieil homme.

En réalité, pourtant, malgré ses reniements formels, le narrateur de *L'Esclave vieil homme* assume pleinement la responsabilité de son livre, car les regrets qu'il exprime d'avoir « touché aux os » se rapportent uniquement à la difficulté d'écrire les rêves que lui inspirent ces objets. Il s'exclame :

> *Roye, je n'aurais pas dû toucher à ce garde-corps.* J'étais victime d'une obsession, la plus éprouvante et la plus familière, dont l'unique sortie s'effectue par l'Ecrire. Ecrire. Je sus ainsi qu'un jour j'écrirais une histoire, cette histoire [...] *Je n'aurais dû toucher à rien* (EVHM 145).

Le narrateur qui s'identifie comme Chamoiseau, auteur de « *Texaco*, roman »[43], se fait ici non plus « Marqueur de paroles », ni conteur d'histoires ancrées dans l'oral, mais bel et bien sujet du verbe *écrire*, même si « Cet écrire-là est raide » (EVHM 146). Chamoiseau effectue donc ici un nouveau détournement subtil de conventions littéraires qu'il a lui-même souvent exploitées. Sous l'apparence d'un désaveu à la manière du conteur, artiste de l'oral, il s'affirme en fait auteur de fiction, artiste d'une « poésie nouvelle » (EVHM 147) des plus écrites.

L'image finale des os résume parfaitement le chatoiement poétique qui se dévoile à chaque ligne de ce petit texte fort complexe, éclatant de sens et d'associations. Placé pour recevoir toute la force de la phrase – voire du texte entier – qui le précède, ce tout petit mot « os » renvoie d'une part à un objet concret et élémentaire, et d'autre part à toutes les connotations abstraites de mystère et d'ouverture dont Chamoiseau l'a chargé. C'est un processus qui illustre parfaitement la capacité de la littérature à évoquer ces bribes d'expérience riches en significations, que Chamoiseau appelle les « parages intérieurs assemblés dans l'Ecrire » et qui semblent, d'après ce qu'il dit dans *Ecrire*, l'avoir aidé lui-même à trouver le chemin de l'écrivain-guerrier. En effet, non seulement la pierre et les os, mais le texte entier de *L'Esclave vieil homme* ressemble beaucoup par sa forme et sa portée à ces phénomènes « Mobiles, éclatés, en touches et parenthèses. Compacts comme la vie qui ne s'étend jamais, laissant

[43] Cette identification se fait par le moyen d'une note de bas de page, donc de manière « officielle » (EVHM 142).

l'éternité aux pierres mais se répercutant à l'infini dans les innombrables densités éphémères » (EPD 313).

Conclusions

L'espace symbolique de la forêt joue dans ce texte un rôle capital, car dans l'*Esclave vieil homme et le molosse*, ce sont les bois qui deviennent l'espace privilégié où l'auteur contemporain entre finalement en contact avec ses propres racines, en tant que Martiniquais et écrivain[44]. Au fond, la forêt remplit par là sa fonction symbolique éternelle en devenant, comme le dit Corvol, « source d'enseignements : la connaissance de soi, des autres, de l'univers »[45]. Et d'ailleurs si, comme le démontre d'une manière fort convaincante Dominique Chancé, l'auteur antillais est celui qui par excellence a besoin en tant qu'écrivain de se créer « un espace intermédiaire »[46] – en d'autres termes (pour Chancé), de se dégager une aire de travail entre l'oral et l'écrit, le créole et le français – , on ne peut imaginer meilleure métaphore pour désigner cet espace liminal que celle de la forêt.

D'ailleurs, à regarder de plus près les références aux bois dans tous les ouvrages de Chamoiseau, on trouve qu'il a de plus en plus tendance à les lier – souvent tout simplement en passant – à l'art et surtout à la littérature. Ces références apparaissent sous des formes diverses : dans *Martinique*, par exemple, « l'étrangeté » des grands bois est « très certainement celle qu'a dû éprouver Lautréamont quand son esprit, en folle audace, pénétrait la Poésie » (M 70) ; dans *Biblique*, c'est à travers des images de la forêt que Balthazar s'éveille

[44] Chamoiseau déclare volontiers à propos de *L'Esclave vieil homme* (entretien inédit du 9 mars 2000) que « c'est un conte fondateur », mais il faudrait peut-être préciser que c'est à notre avis la fondation de l'expression littéraire qui est principalement en question. L'analyse de Rochmann va aussi dans ce sens, car pour elle, l'esclave vieil homme « mime davantage l'aventure scripturaire qu'il ne signifie un projet politique »: voir Rochmann, *op. cit.*, p. 387. Ici, nous ajouterions pourtant que l'écriture, tout aussi bien que l'histoire littéraire, *est en soi* un projet politique chez Chamoiseau.

[45] Corvol, *op. cit.* p. 677.

[46] Chancé, *L'Auteur*, *op. cit.*, p. 121. Cette notion de l'écrivain qui se situe dans les interstices de l'expression orale et écrite, française et créole, fait écho à celle élaborée par Soja et Bhabha à propos du sujet, citée dans le chapitre précédent.

à la poésie de Saint-John Perse (BDG 532–3) ; et dans ses recueils de contes nous rencontrons l'insistante association des bois et du conteur car, comme Chamoiseau le fait observer lui-même, la forêt « c'est quand même un lieu où l'imaginaire de l'oraliture s'est développé de manière très très importante »[47]. Remarquons enfin que, dans le passage d'« éveil » dans *L'Esclave vieil homme*, la prononciation répétée du nouveau « Je » que nous savons maintenant être celui aussi de l'écrivain, se trouve enchâssée dans une très belle description des arbres qu'il peut « contempler enfin » (EVHM 89), comme si la vraie découverte des bois allait de pair avec la découverte d'une voix d'auteur et d'autorité. Mais c'est encore dans *Ecrire en pays dominé* qu'il faut chercher le lien le plus explicite que fait Chamoiseau entre les bois et l'écriture.

Vers la fin de cet essai, en s'annonçant « guerrier de l'imaginaire » dynamique et changeant, « orienté vers l'intense de la Vie, et jamais retenu par le treillis de ses racines », il avoue l'influence sur son inconscient de « cet archipel fluide » des Antilles (EPD 289) et, de là, passe tout de suite à une évocation des bois martiniquais tels qu'il les avait retrouvés à son retour d'un séjour en France : alors, dit-il, « J'ai eu ce chant à propos de *La Trace* et de son paysage [boisé]... » (EPD 289–90). Trois aspects du « chant » qui vient à la suite de cette affirmation sont particulièrement intéressants. Premièrement, une note de bas de page suggère qu'il s'agit de la reprise d'un texte (dont nous avons cité des extraits plus haut) déjà publié deux ans plus tôt dans *Martinique* (M 68–70) : en recourant ainsi à une longue citation, explicitement désignée comme telle[48], Chamoiseau désigne plus ouvertement que d'habitude sa propre écriture, se définissant comme auteur dans ce lien entre les bois et la littérature. Mais, deuxièmement, à comparer les deux versions du « chant », on s'aperçoit que l'auteur a apporté quelques modifications à la deuxième. Il s'agit dans certains cas de simples petites améliorations stylistiques, mais plusieurs corrections importantes doivent retenir notre attention. D'abord, Chamoiseau enlève le commentaire sur Lautréamont, cité plus haut, ainsi qu'une référence à l'oraliture créole. A ces références à la

---

47 Entretien inédit du 9 mars 2000.

48 Comme beaucoup d'auteurs, Chamoiseau ne craint pas de réutiliser certains passages de ses textes, mais d'habitude il ne tire pas l'attention sur ce recyclage. Voir par exemple le passage sur le conteur cité ci-dessus, qui paraît dans *Au temps de l'antan. Contes du pays Martinique* avant de figurer dans *Lettres créoles*.

littérature d'autrui, il substitue une évocation de sa *propre* écriture quand, au début du passage, il constate : « Ces bois-là sont troublants pour l'Ecrire » (EPD 290). Cette manière d'assumer l'identité de l'écrivain reste certes très oblique, écho des hésitations que nous avons déjà remarquées dans le dernier chapitre : l'auteur évite de se faire directement le sujet du verbe « écrire » ; il évoque « l'Ecrire », plutôt que « l'écrivain » ; et il se dit – par le détour d'un qualificatif appliqué aux bois plutôt qu'à lui-même – « troublé ». Il reste cependant que l'auteur s'affirme comme écrivain dans ce passage, ce qui constitue un développement intéressant par rapport au « pauvre marqueur de paroles » tâtonnant qui figure dans les romans qui précèdent *Ecrire.*

Enfin, le troisième aspect fascinant de ce passage, c'est que Chamoiseau le modifie pour lier beaucoup plus étroitement cette identité d'écrivain (et l'Ecrire même qui le préoccupe), à l'espace particulier des bois. A la fin de l'extrait, au moment où la première version renvoyait à Lautréamont, l'auteur effectue un nouveau changement. Ainsi les phrases :

> S'immobiliser [dans les bois martiniquais], c'est tomber dans le vertige d'un silence qui bat comme un tocsin. Accélérer, c'est s'engloutir jusqu'à l'impasse : cela se referme dans votre dos sans s'ouvrir devant. Il faut vivre cette expérience, l'apprivoiser, savourer cette étrangeté qui est très certainement celle qu'a dû éprouver Lautréamont quand son esprit, en folle audace, pénétrait la Poésie (M 70)

se transforment-elles en :

> S'immobiliser, c'est tomber dans un silence qui bat comme un tocsin. Accélérer, c'est s'engloutir jusqu'à l'impasse : cela se referme dans votre dos sans s'écarter devant. Et le ciel au-dessus est défait en des points d'un bleu fixe...
>
> O ce défi !...L'Ecrire ainsi, en paysage deviné par le rêve. L'Ecrire ainsi (EPD 291).

Ainsi Chamoiseau souligne-t-il encore une fois ses propres soucis d'écrivain, et lie étroitement son projet esthétique à la forêt imaginaire. Le défi qui vient enfin se concrétiser dans cet espace sylvestre serait donc de produire une écriture qui aurait – et traduirait – elle-même les spécificités des bois martiniquais, pensés en tant que

Lieu : la diversité et la relativité infinies, vivantes, évolutives[49], dans des textes nourris par le rêve qui a la fonction capitale de déplacer sans cesse le sujet écrivant lui-même.

C'est cette stratégie de déplacement incessant qui fournira le sujet principal de notre Conclusion.

[49] En effet, Chamoiseau fait ressortir ces qualités beaucoup plus dans la deuxième version du texte, introduisant par exemple une allusion à « Un désordre de feuilles jamais identiques » afin de souligner la notion de la variété.

Chapitre VI

Conclusion
Déplacements et Emerveilles

Au cours des chapitres précédents, nous avons déjà esquissé un certain nombre de conclusions préliminaires concernant le fonctionnement de la littérature et la figure de l'écrivain dans l'univers de Chamoiseau.

Pour résumer rapidement, rappelons-nous que c'est à partir de *Solibo Magnifique* qu'il introduit dans son œuvre un « marqueur de paroles » nommé Chamoiseau à qui est attribuée rétrospectivement la rédaction de *Chronique* (SM 43). Comme nous le savons, le titre de « marqueur » désigne d'emblée un personnage au statut assez douteux, car le dossier de police dans *Solibo* le place sous la rubrique « en réalité sans profession » (SM 30), tandis que le marqueur lui-même affirme qu'il s'agit pour lui d'un pis-aller : il a adopté cette fonction seulement après l'échec d'un projet ethnographique sur les djobeurs – revers dû à son incapacité à maintenir une distance « objective » entre lui-même et ses informateurs, au point de « se dissoudre [...] dans ce qu'il [a voulu] rigoureusement décrire » (SM 44). Or, toute occupation définie par opposition aux autorités métropolitaines telles que la police et les ethnographes ayant étudié la Martinique[1] est à voir chez Chamoiseau sous une lumière plutôt

[1] Tout comme *Chronique* critique les scientifiques métropolitains qui détruisent le jardin de Pipi, le texte de *Solibo* ridiculise ouvertement les savants français qui essaient d'appliquer à la Martinique des théories et un langage inadaptés: citons l'exemple du malheureux psychologue scolaire auvergnat qui « passa le restant de son séjour à bâtir des passerelles théoriques au-dessus des impasses du complexe d'Œdipe » après avoir rencontré le jeune Philémon Bouaffesse, issu d'une famille monoparentale et incapable de distinguer entre « mère » et « père » (SM 54). De même, la référence dans *Solibo* (SM 43–4) aux ethnologues célèbres, à leurs pratiques « scientifiques » et « objectives », et à l'échec du projet d'« observation directe participante » du narrateur nous autorise à conclure que Chamoiseau partage la colère de Dany Bébel-Gisler à ce propos:
« 'Les Antilles françaises offrent des chances exceptionnelles aux chercheurs [...] elles ont beaucoup à offrir aux disciplines qui les aident à se reconnaître. Espérons

positive. Néanmoins, comme nous l'avons déjà établi (Chapitre 4), le statut du marqueur – même celui de *Texaco* qui semble plus assuré que celui de *Solibo* – est frappé d'incertitude, constamment miné par la dérision de ses pairs et par son insuffisance face aux exigences de « l'Ecrire ». Comme l'affirme Chancé, les marqueurs qui figurent si souvent dans les ouvrages créolistes « apparaissent dans leurs récits sous les traits de personnages dérisoires et maladroits, bricoleurs et nomades qui se mêlent à la foule babillarde, sans faire entendre clairement leur propre discours ». Bref, le marqueur « ne serait pas un 'écrivain réel', mais un 'précurseur' » de celui-ci ; un « anté-écrivain enraciné dans l'oralité »[2].

Ce jugement est basé sans doute en partie sur le portrait du marqueur dans *Solibo*, où « l'écrivain au curieux nom d'oiseau » (SM 169) se retrouve en garde à vue, soupçonné de meurtre, après avoir assisté à la mort mystérieuse en pleine performance du conteur Solibo. Face aux interrogations policières, le narrateur nie toute culpabilité ; en outre, il refuse catégoriquement le titre d'écrivain :

> Non, pas écrivain : *marqueur de paroles*, ça change tout, inspectère, l'écrivain est d'un autre monde, il rumine, élabore ou prospecte, le marqueur refuse une agonie : celle de l'oraliture, il recueille et transmet. C'est presque symbolique que je fusse là pour la dernière parole du Magnifique (SM 169–70).

Ici, l'écriture est définie d'abord et surtout par son opposition à la parole vivante de l'oraliture traditionnelle, qu'elle menace peut-être même de tuer, comme le suggère la mort symbolique de Solibo, l'un des derniers maîtres conteurs ; d'où l'insistance anxieuse de ce Chamoiseau fictif, « avec la sueur et le débit des nègres en cacarelle »

---

qu'elles sauront en profiter', écrit Jean Benoît oscillant entre le voyeurisme et la pédagogie et rendant un culte castrateur à ce peuple antillais constitué en objet de science. [...]. Quand on pense à tous ceux qui sont exploités et dominés depuis des siècles, à ces millions d'hommes obligés pour survivre de quitter leur pays mis à sac par l'impérialisme, il est ignoble que des ethnologues posent le problème du courant migratoire mondial en termes de rentabilité ethnologique. Car c'est bien de cela qu'il s'agit: sous couvert de leur venir en aide, ils ne s'intéressent à ces hommes que parce qu'ils apparaissent comme source d'information, objet privilégié, instrument à exploiter, et moins coûteux qu'avant ». Voir Bébel-Gisler, *op. cit.*, p. 20.

2 Chancé, *L'Auteur*, *op. cit.*, pp. 2–3. Chancé note cependant (p. 3) que ce personnage apparaît paradoxalement dans de « véritables œuvres » écrites par « des écrivains de la veine la plus littéraire qui soit ».

(SM 169), qu'il n'est ni assassin, ni écrivain, les deux rôles revenant pour lui presque à la même chose. Le marqueur apparaît donc comme un ethnographe raté qui essaie néanmoins de rendre compte le plus véridiquement possible d'un environnement qui n'est autre que le sien. De plus, comme nous l'avons montré dans notre analyse de *Texaco*, il est conscient à tout moment de la nature mortifère de l'écriture – même de celle qui est censée « *refuser* une agonie » – non seulement pour l'oraliture, mais pour la représentation du monde entier en toute sa diversité imprévisible et polymorphe.

Comme nous l'avons aussi découvert (Chaptire 5), ce n'est que plus tard, par exemple dans *L'Esclave vieil homme*, *Ecrire* et *Martinique*, que l'on retrouve un narrateur plus près d'assumer la responsabilité de la création proprement littéraire, c'est-à-dire qui semble motivé par le désir de « ruminer, élaborer et prospecter », pour reprendre la définition du narrateur de *Solibo* citée ci-dessus. Le marqueur balbutiant se trouve alors remplacé par le guerrier de l'imaginaire qui relève le défi d'*écrire* la complexité mouvante de la « pierre-monde », même si cet acte est représenté comme une pulsion à la fois irrésistible et extrêmement douloureuse : « [...] affronter ce chaos, aller ce difficile, comprendre cette intention et la suivre jusqu'au bout. Cet Ecrire-là est raide », nous confie le narrateur de *L'Esclave vieil homme* (EVHM 146).

En même temps, nous avons constaté dès le début de cette étude que pour Chamoiseau, « l'Ecrire » a une fonction non seulement esthétique mais politique. Axe essentiel de la construction d'une identité – voire de tout notre être, puisque les histoires et les discours de toutes sortes contribuent à orienter nos perspectives, à structurer nos mentalités, et surtout à définir nos valeurs – la littérature sera l'arme privilégiée du guerrier de l'imaginaire. Il lui revient la tâche de la « densification » de son « Lieu », que ce Lieu soit littéralement géographique ou plutôt composé d'un faisceau de préoccupations culturelles, politiques, linguistiques ou autres. Le guerrier a le devoir de mettre en avant, avec tout le pouvoir de séduction dont il est capable, ses propres valeurs – ou celles de sa société ou de sa culture – tout en reconnaissant l'existence partout ailleurs de valeurs alternatives (semblables, complémentaires ou opposées ; acceptables ou détestables) avec lesquelles les siennes entrent en relation. Ainsi la littérature lui donne-t-elle accès à l'immense jeu mondial des correspondances matérielles et virtuelles, pour contribuer au maintien de la « diversalité », et à ce que Chamoiseau (une fois de plus d'après Glissant) appelle la « Mise-en-relation » :

> C'est le grand mouvement du donner-recevoir, et la rafraîchissante dynamique du donner-avec. [...] La mise-en-relation invalide les notions de centre et de périphérie pour autoriser l'aventure des réseaux de solidarités véritables, de la communication vraie, des complexités multipolaires, des appartenances multiples et des alliances protéiformes fécondes. Elle n'isole pas, elle lie, et elle relie. Elle n'intègre pas, elle accepte l'Autre dans ses opacités, et le convie aux alliances des partages. [...] elle s'étale comme un rhizome, dans une multiplication de nodules qui s'ouvrent et qui rayonnent de manière autonome sur leur environnement, pour susciter d'autres nodules et d'autres rayonnements [3].

Il s'agit là, comme Chamoiseau le dit lui-même, à la fois d'un « constat », d'une manière de voir l'état véritable du monde ; et d'un « projet » ou intention, qui comprend, entre autres, le ré-équilibrage de ce monde en mouvement par la réaffirmation – la mise « en » et non pas « sous » relation – des cultures dominées[4]. Cela suppose la conceptualisation en Lieu de telles cultures, et il est manifeste que pour Chamoiseau lui-même, le premier Lieu à « Densifier [...] dans l'exploration minutieuse d'une diversité érigée en valeur » (EPD 207) est celui – géographique, mais aussi culturel et politique – de la Martinique : « J'annonce ici [à la Martinique] un Lieu, affirme-t-il, une Méta-Nation souveraine, mêlée et emmêlée à toutes les terres du monde, altière et interdépendante, nouée et dénouée dans la Pierre-Monde » (EPD 314).

On voit de nouveau le poids qu'attache Chamoiseau à la littérature dans l'acomplissement de la « densification » quand il déclare urgent le besoin d'inaugurer une politique du livre à la Martinique. Se plaignant du fait que beaucoup de livres d'écrivains antillais sont épuisés et introuvables (et citant à titre d'exemples Vincent Placoly et Clément Richer), Chamoiseau déclare :

> Sans une politique de patrimoine littéraire permettant la mise en place d'une politique du livre, ces trous iront s'agrandissant. Cette politique [du livre] nous permettrait l'accès, dans les conditions du livre de poche, à certains auteurs (du pays ou de la Caraïbe) signifiants pour nous[5].

---

3 Patrick Chamoiseau, « La Mise en relation », *op. cit.*

4 *Ibid.*

5 Patrick Chamoiseau, « Une semaine en pays dominé », *Antilla*, 666, 26 janvier 1996, p. 6.

Dans un environnement où, aux yeux de Chamoiseau, « c'est Paris qui administre [...] nos âmes notre cœur et nos destins »[6], des ouvrages littéraires concourraient, selon lui, à faire contrepoids aux discours et aux histoires dominateurs émis par la métropole et les autres grands pouvoirs, mais aussi, de nos jours, par l'internet, les entreprises, les institutions financières, les médias et ainsi de suite. En affirmant sa spécificité culturelle, la littérature martiniquaise que réclame Chamoiseau assurerait la diffusion d'effets « densificateurs » du Lieu, refuserait la domination, minerait l'homogénéisation, favoriserait la diversalité, et renouerait ainsi avec le projet de ré-équilibrage du monde.

Le roman le plus récent de Chamoiseau, *Biblique des derniers gestes*, se focalise encore plus clairement sur certains aspects esthétiques de ce projet politique, culturel et – soulignons-le – éthique. Examinons donc la figure de l'écrivain et son *modus operandi* tels qu'ils sont présentés dans ce livre : cette analyse nous permettra de déceler les grandes lignes de la poétique chamoisienne élaborée dans cet ouvrage, poétique largement façonnée – comme nous l'avons annoncé dès le début de cette étude – par la notion de l'espace.

L'Ecrivain et *Biblique des derniers gestes*

Richard Watts résume ainsi la démesure de cet ouvrage de 865 pages (pour l'édition Folio) :

> Alors que *Biblique* comporte surtout les souvenirs d'un certain Monsieur Balthazar Bodule-Jules [...], ce roman est aussi et à la fois une histoire culturelle de la Martinique, une méditation sur le rôle des sexes et sur le dimorphisme sexuel, une condamnation passionnée de la dégradation environnementale, un traité sur la violence, une réflexion à propos de la mémoire et des problèmes liés à sa transcription, et une présentation de la crise de la culture et de la production culturelle à la Martinique, crise résultant à la fois de l'attachement martiniquais à l'assistanat français métropolitain, et de l'attachement concomitant aux produits de consommation importés[7].

---

6 Patrick Chamoiseau, *Antilla*, 705, 13 novembre 1996, p. 24 (intervention portant sur une dispute concernant la gestion du Marin).

7 « While *Biblique* is principally constituted by the reminiscences of a certain Monsieur Balthazar Bodule-Jules [...], the novel is also a cultural history of

On pourrait ajouter que *Biblique* est aussi – et peut-être même avant tout – une méditation sur le processus de l'écriture[8], comme son titre même l'indique d'emblée par l'emploi du mot « biblique » qui attire l'attention de par son étrangeté. Adjectif dérivé du mot « Bible » et substantivé par la syntaxe du titre, ou néologisme renvoyant au radical grec « biblion » signifiant « livre », ce terme contient une référence très claire à l'aspect épique et même spirituel du parcours du protagoniste, tout en désignant aussi la qualité *livresque* de l'ouvrage lui-même. Comme la Bible elle-même, le *Biblique* de Chamoiseau est lui aussi un assemblage d'écrits, en l'occurence de ceux qui décrivent les derniers gestes de Balthazar Bodule-Jules[9]. Le titre fait ainsi allusion au travail du narrateur qui déclare avoir recueilli et rédigé ces écrits après avoir longuement observé Balthazar. Enfin, le titre suggère peut-être la fonction prophétique d'un texte qui, comme nous allons le voir, annonce l'avènement d'une nouvelle esthétique....

Dans *Biblique*, désigné de nouveau et dès le début comme « Ti-Cham » (BDG 15), le narrateur est encore plus présent que dans les autres ouvrages de Chamoiseau. Dans *Texaco*, par exemple, le marqueur apparaît d'abord en filigrane, grâce à la correspondance qu'il entretient avec d'autres personnages (les « notes » ou « épîtres » citées à intervalles), avant de prendre la parole pleinement dans le

---

Martinique, a reflection on gender roles and sexual dimorphism, an impassioned rant against ecological degradation, a treatise on violence, a meditation on memory and its transcription, and a presentation of the crisis of culture and cultural production in Martinique as a result of the island's addiction to the 'assistanat' from metropolitan France and the concomitant addiction to imported consumer goods ». Richard Watts, « 'Toutes ces eaux !': Ecology and Empire in Patrick Chamoiseau's *Biblique des derniers gestes* », *Modern Language Notes*, 118, 2003, pp. 895–910 (p. 897).

8 Watts voue d'ailleurs une partie intéressante de son article à la démarche esthétique de *Biblique*.

9 Dominique Chancé estime que le mot « Biblique » perd entièrement son côté énigmatique à la lecture de la dernière phrase du roman, où il est utilisé dans sa fonction adjectivale usuelle: « [...] nous devinions au fil des secondes incalculables que M. Balthazar Bodule-Jules était devenu bien plus d'un simple rebelle, sans doute un grand guerrier, et que ces déplacements empreints de majesté gravaient dans nos mémoires, comme pour l'ouvrir et l'achever, la démesure biblique de ses derniers gestes » (BDG 851). Voir Chancé, « De *Chronique...* », *op. cit.*, p. 891. Il nous semble pourtant que cette dernière phrase n'est pas sans ambiguïté, d'autant que l'emploi du mot substantivé dans le titre le charge de connotations supplémentaires.

dernier chapitre. En revanche, chaque niveau textuel de *Biblique* donne une place beaucoup plus importante aux réflexions, explications et interrogations du narrateur, la plupart de ces interventions portant directement, comme nous allons le voir, sur la pratique et la nature même de son travail.

Cette fois, la démarche narrative est tout à fait opposée à celle adoptée dans *Solibo*. Dans *Biblique*, il s'agit de *rendre compte* d'une agonie, et non pas d'en « refuser » une. De plus, le protagoniste agonisant, contrairement à Solibo, n'est nullement un « Maître de la Parole », mais reste entièrement muet : il n'est donc plus question pour le narrateur de recueillir les paroles d'un personnage comme il le fait pour un Solibo ou une Marie-Sophie. C'est plutôt à travers les gestes et expressions supposés de Balthazar que le narrateur, venu veiller le héros au terme de ses jours, devine les pensées et les souvenirs qui viennent à l'esprit du mourant, pour les transcrire ensuite dans ses cahiers :

> [...] l'agonisant n'ouvrit jamais la bouche, ou si peu, ne savourant que le viatique de son silence. Le plus simple fut pour moi de ramasser les gestes de cette affaire, l'un après l'autre, et de les nouer ensemble au gré de leurs hasards et des nécessités (BDG 50).

Maintenant, donc, c'est le narrateur qui fournit la parole, loin d'être soupçonné de l'avoir assassinée.

Cette démarche est facilement compréhensible si l'on considère Solibo et Monsieur Balthazar Bodule-Jules à la lumière de nos analyses du conteur et du marron chamoisiens (Chapitres 2 et 5). Il s'avère que, si Solibo relève sans ambiguïté du premier type, Balthazar se conforme presque toute sa vie aux caractéristiques du deuxième. Rebelle, violent, rempli d'une « sainte fureur qui dynamis[e] sa vie » (BDG 684), ce personnage de nouveau mythique et emblématique, qui participe à toutes les grandes guerres anti-colonialistes de son époque, s'engage durablement dans des luttes manichéennes qui, même si elles sont justes et parfois victorieuses, semblent surtout donner libre cours à son goût forcené du combat :

> M. Balthazar Bodule-Jules éprouva des fureurs identiques chaque fois qu'un morceau de sa vie s'effriterait dans des ruines ; il se mettait à invoquer les morts afin de les réveiller, à demander aux Taïnos de revenir, aux Aztèques de se dresser, au Che d'être de retour dans ce monde de merde, à Lumumba, El-Hadj

> Omar, à Martin Luther King, à Malcolm X, à l'oncle Hô, à Ben Bella, à Fanon... ! Tout ce qui était cassé était interpellé à renaissance (BDG 684–5).

Cet acharnement courroucé à exiger l'impossible, ainsi que l'obsession de rescuciter le passé et ses héros révolutionnaires, nous donnent à penser qu'au fond, Balthazar appartient au clan des marrons oppositionnels et finalement silencieux, impression confirmée tout de suite après le passage cité ci-dessus par sa colère et sa désolation face à l'effondrement de la maison de sa jeunesse : Balthazar « se mit à crier, à hurler, à braire, à libérer ses cordes vocales pour lutter contre l'effritement accéléré de la maison » (BDG 685). Encore une fois le cri, son du refus primordial dans l'œuvre chamoisienne, s'associe ici à la colère oppositionnelle qui débouche certes sur l'action (Balthazar, homme d'action par excellence, plie bagages et s'en va au combat), mais reste toujours stérile en termes de *création*. Même dans sa vieillesse, après les luttes et errances de sa jeunesse de guerrier anti-colonial[10], Balthazar continue à se battre verbalement, contre la domination et la dégénérescence culturelles et économiques de sa Martinique natale, en proie – comme tant d'endroits partout dans le monde – aux dominations « furtives » (EPD 251) :

> Nul coin de la terre ne connaissait de paix. [...] Toujours des peuples seuls contre des ennemis herculéens. Il voyait grandir la puissance mafieuse des médias. Il voyait la connaissance scientifique se transformer en arme. Il voyait les technologies neuves se concentrer en des mains prédatrices. Il devinait un peu partout des organisations sans visage et sans âme, sans drapeau et sans dieu, qui fructifiaient dans le brouillard des hautes finances. De nouveaux conquérants cybernétiques dans les espaces du monde... Ils proliféraient puis se concentraient comme des poulpes. Ils traversaient les peuples comme des hordes barbares et les asservissaient sans même qu'on les perçoive ou qu'on sache où tirer. Ils traversaient les esprits, habitaient les envies, et dominaient non plus des nations

[10] Les errances de Balthazar ont d'ailleurs trait à celles des premiers driveurs, qui sont ainsi décrits dans *Ecrire*: « A la sédentarité, ou à l'immobilité, ou encore à la déshumanisation enracinée du système plantationnaire resté en place malgré l'abolition, ils opposaient la Drive comme une contestation mais aussi comme tentative d'épanouissement de soi. Aller-sans-cesse (balancer-descendre son corps) était la forme élémentaire de résistance, la forme tombée hagarde. Une fluidité-vaccin contre la crucifixion » (EPD 191). Que Balthazar renvoie obliquement à ce topos martiniquais bien connu, sans toutefois l'incarner exclusivement, contribue sans doute à la richesse mythique et représentative du personnage.

> ou des races, mais des centaines de millions de personnes consommant leurs produits... (BDG 808–9).

La réaction de Balthazar devant ces phénomènes est de vouloir de nouveau courir au-devant de l'ennemi, mais il est évident que ses stratégies sont devenues obsolètes devant des adversaires si divers, diffus et anonymes. Ainsi donc, selon la logique typologique du marron chamoisien, il est peu surprenant qu'après toutes ses aventures adversatives, Balthazar reconnaisse son échec face aux dominations et se retire du monde pour s'enfermer enfin dans le silence.

Et pourtant, c'est dans ce silence méditatif que réside peut-être la rédemption du vieux combattant, d'abord parce que la solitude, puis le souvenir et la réflexion, lui apprendront à adopter une nouvelle perspective ; mais aussi et surtout parce que c'est le silence de Balthazar qui va permettre au narrateur de prendre le relai des actes du vieux héros, en racontant ses parcours de manière créative. Qui plus est, il accomplit cette tâche avec une confiance inouïe par rapport aux romans antérieurs, car s'il est très souvent obligé de « supposer », de « deviner » et d'avouer qu'il ne comprend pas tout ce qui passe par l'esprit du mourant, le narrateur occupe ici une position privilégiée, déclarant qu'il est « seul à deviner » (BDG 53) ce qui se passe dans la tête du vieillard. Comme le note Dominique Chancé, ce narrateur :

> n'hésite plus à entrer dans l'intériorité que le personnage lui laisse découvrir par ses mimiques, ses tensions, ses gestes ; il peut tout écrire et tout dire, tout réinsérer dans sa propre narration, sans coupures, il devine, pressent, traduit sans tremblement[11].

Cette fois donc, si le narrateur « recueille et transmet » semblablement au marqueur de *Solibo*, on peut dire aussi qu'il n'hésite pas à « rumine[r], élabore[r] ou prospecte[r] » comme un écrivain (SM 169–70). Nous pouvons dès lors affirmer, avec Chancé, que dans *Biblique*, « le 'marqueur de paroles', encore présent comme témoin, laisse la place à un véritable narrateur »[12] dans un ouvrage « fondant un univers romanesque qui ne prétend plus être la trace

---

11 Chancé, « De *Chronique...* », *op. cit.*, p. 880.

12 *Ibid.*, p. 876.

nostalgique d'une parole mais accepte d'être la recréation littéraire d'une vie »[13].

Ce scénario donne lieu à deux effets frappants sur le plan de la réflexion littéraire qui se dévoile dans *Biblique*. Premièrement, ce portrait de Balthazar vu comme marron le lie par association à la Négritude contestataire dans le schéma historico-littéraire chamoisien (voir Chapitres 2 et 5) ; d'ailleurs, dans ses campagnes anti-coloniales, Balthazar garde toujours sur lui un exemplaire du *Cahier*, « vrai compagnon de lutte », et « s'était nourri de ce verbe incantatoire qui pouvait galvaniser les cœurs nègres du monde mais aussi tous les cœurs opprimés » (BDG 811)[14]. Deuxièmement, ce positionnement du Balthazar marron du côté de la Négritude invite le lecteur à se référer au même schéma pour situer le Chamoiseau marqueur-écrivain homodiégétique qui le relaie par sa parole. Or, face au marron silencieux, l'histoire littéraire créoliste fonde le conteur créateur ; et face à la Négritude, la poétique de la Créolité, celle où la critique a toujours vu, entre autres, un devoir primordial vis-à-vis de la parole *orale* du conteur (d'où, bien sûr, la nécessité d'inventer le « marqueur » qui « refuse l'agonie de l'oraliture », comme nous l'avons réitéré ci-dessus). Dans *Biblique*, en revanche, voici que l'*écrivain* se trouve placé face au marron. Il s'insère ainsi dans la lignée du conteur, lui succédant apparemment en digne héritier. En témoignent les termes auxquels Chamoiseau a recours dans *Ecrire* pour dépeindre les liens entre ses figures du marron et du conteur, car le rapport de Balthazar au narrateur dans *Biblique* possède la même structure. Dans un passage où il rêve la naissance « sur place » – c'est-à-dire entièrement sous le signe de la diversité du nouveau monde antillais – du conteur et de ses inspirations, Chamoiseau annonce :

> [...] son Big-Bang [celui-du conteur] irradiait du cri d'un révolté dans la cale négrière. L'expansion silencieuse de ce cri provoqua sa parole qui elle-même alla dans l'étendue. Cela dotait cette parole d'une audace sans espoir liée à tous les désirs. Ainsi, il s'érigeait sans un dieu, sans une muse, penchés à son oreille pour un murmure divin. Mais mousse d'une soupe primitive de création de monde, chargé de *tout cela*, levé de *tout cela*, il inventait son peuple dans le non-absolu (EPD 176).

---

13 *Ibid*., p. 880.

14 La relation de Balthazar à Césaire évolue plus tard, comme nous le verrons ci-dessous.

Si l'on transpose cette description pour attribuer à Balthazar le « cri d'un révolté », c'est dans un rôle semblable à celui du conteur, poussé et habité par ce cri, qu'on se voit contraint de placer le narrateur de *Biblique*. Tout comme le conteur, selon Chamoiseau, « transforme le bond raidi du Nègre marron en hérésies fibrillonnantes qui envahissent l'habitation » (EPD 169), l'écrivain moderne relaie et complète l'histoire et l'action politiques en les faisant passer dans une littérature qu'il va expédier sur les champs de bataille de l'imaginaire[15].

Par l'emploi renouvelé de la figure de l'écrivain fictif, Chamoiseau maintient donc dans *Biblique* le « tiers espace » que nous avons identifié dans nos analyses de *Texaco* (Chapitre 4) et qui permet au « je » écrivant de se mêler au « je » narrant afin d'échapper à la fixité mortelle de l'écriture. Pourtant, dans l'ouvrage le plus récent, on découvre à travers ce personnage un rôle d'écrivain soudain assumé, ainsi qu'une volonté de l'associer enfin, sinon de l'assimiler, à l'art du conteur.

A la différence des romans précédents, lesquels (à l'exception de *L'Esclave vieil homme*, comme nous l'avons montré) tranchaient entre le marqueur et l'écrivain, le narrateur de *Biblique* ne s'inquiète plus autant de son incapacité à transcrire fidèlement un « réel » complexe mais objectif. Certes, il arrive chez Balthazar muni de toute la panoplie de marqueur (pour ne pas dire d'ethnographe) : magnétoscope, carnets, tables sur les guerres coloniales, questions préparées (BDG 52). De même, il restera conscient à tout moment des multiples défis de l'« Ecrire » car, comme il le dit lui-même, « Restituer cette agonie est affaire difficile » (BDG 50). Comme pour d'autres ouvrages, tout le *récit* du narrateur sera donc placé sous le signe du provisoire, de l'instable et de l'incertain, et il suffit, pour s'en assurer, de considérer les titres des différentes sections du texte principal, dont chacune commence par le mot « Incertitudes » (« Incertitudes d'un commencement au cœur ému du pays enterré », « Incertitudes sur les trente-douze amours de son enfance sorcière », etc.). Enfin, dès qu'il sent qu'il va lui falloir écrire ce que Balthazar

---

15 Nous avons déjà vu (Chapitre 2) que Pipi découvre dans *Chronique des sept misères* la qualité « galvanisatrice » des histoires créatives, supérieure à celle des rapports factuels, quand il raconte aux enfants de Marguerite Jupiter des « vaillances imaginaires » de son invention, sur le passé esclavagiste des Antilles (CSM 194–5).

lui communiquera, le narrateur de *Biblique* ressent une angoisse semblable à celui du marqueur de *Solibo* et de *Chronique* où des crises d'asthme (SM 43) reproduisent à la fois la suffocation paniquée devant une tâche trop lourde, et l'étouffement de la parole par l'écrit. Il avoue :

> Je ressentais, le regardant [c'est-à-dire Balthazar], une asphyxie envahissante, comme une oscillation aux abords d'un abîme dont je devinais l'importance inéclose. Cela me nouait la gorge et m'emplissait d'une trouble excitation (BDG 52).

Cependant, le ton positif de cet extrait – dans le choix du mot « importance » plutôt que « profondeur », par exemple ; ou « excitation » au lieu d'« angoisse » – indique qu'il s'agira cette fois non pas d'un effort « lamentable » pour rendre compte d'une vie, mais plutôt d'une aventure inattendue et fabuleuse, fait souligné de nouveau par les onomatopées naïves mais résonnantes d'allégresse qui annoncent le début du *récit* : « Et, soudain, *flap*, *ooooye*, je fus le seul à deviner [...] ce qui se bousculait dans la tête du vieil homme » (BDG 53, c'est nous qui soulignons).

Comment le nouveau *modus operandi* du narrateur de *Biblique* lui permet-il d'embrasser ainsi sa condition d'écrivain, et de se mesurer au conteur créole ? Sa démarche consiste à ériger en véritable poétique le mécanisme du déplacement, notion annoncée plus haut (Chapitres 4 et 5), et qui nous ramènera à nos deux thèmes liminaires : l'espace et l'identité.

Une Poétique du déplacement

Biblique, nous l'avons déjà suggéré, est un ouvrage extrêmement ambitieux, tant par sa longueur que par l'envergure de l'entreprise, révélée dans le compte rendu de Watts. Le roman incarne une vision totalisante qui veut toucher à toutes les questions d'importance pour l'être humain, et qui correspond au projet du « roman-monde » (E 126) que Chamoiseau semblait poursuivre au moment de l'écrire : « je suis actuellement en train d'explorer toutes les facettes de cet imaginaire [à la base de l'oraliture] [...] et je mobilise d'une certaine manière tous les contes, tous les mythes, toutes les légendes », a-t-il affirmé en 2000, à propos du livre à ce moment-là en cours de préparation[16]. Cette remarque donne une idée de l'ampleur du projet, tout en le liant à l'oraliture, l'art du conteur.

Néanmoins, l'édifice entier érigé dans *Biblique* est constamment sujet aux assauts de l'incertain. Rappelons que le narrateur affiche ses doutes concernant les pensées de Balthazar et les témoignages parfois peu fiables des autres personnages (BDG 137, par exemple). Il indique aussi le statut équivoque – incertain et inachevé – des interprétations qu'il nous transmet en citant ses « Notes d'atelier et autres affres » (BDG 138 et ailleurs). Mais en outre, comme l'indiquent leurs noms extraordinaires, tous les personnages métadiégétiques principaux sont eux-mêmes instables, doubles voire triples, réunissant par exemple deux sexes, comme Deborah-Nicol ou « les » Polo Carcel ; incarnant plusieurs êtres, comme Sarah-Anaïs-Alicia[17] ; ou chevauchant les âges et mêmes les catégories naturelles, telle Man L'Oubliée, à la fois jeune fille et vieille femme, qui a la capacité – qu'elle enseigne à Balthazar lui-même – d'imiter une racine, ou de se faire arbre pour rester cachée dans les bois. De plus, beaucoup de personnages s'expriment d'une façon énigmatique qui, comme les souvenirs de Balthazar, dépasse l'interprétation définitive : Man L'Oubliée, par exemple, semble se faire comprendre la plupart du temps sans parler, ou bien s'exprime « peut-être » en « *Apatoudi* », des « espèces de sentences populaires jamais répertoriées par aucun spécialiste » (BDG 282) dont le nom même suggère l'impossibilité de « tout dire ». De même, les femmes que Balthazar rencontre partout dans le monde parlent bien sûr d'autres langues que lui, ou profèrent souvent des paroles obscures ; plus souvent encore, elles (et Balthazar lui-même, en leur compagnie) disent peu mais communiquent par le rire ou par le geste, sorte de langage charnel investi de sensations et d'émotions.

L'essentiel, dans *Biblique*, c'est que toutes ces énigmes, au lieu de se présenter comme des obstacles insurmontables, semblent plutôt inciter la reconnaissance souriante, et même le désir de partager leur mystère. Le narrateur ne défaillit plus devant l'impossibilité de comprendre – et encore moins d'analyser intellectuellement – ce monde qu'il décrit. Il se contente d'imaginer ou de ressentir, voire de

---

[16] Entretien inédit du 9 mars 2000.

[17] Balthazar lui-même note, à propos de Déborah-Nicol et Sarah-Anaïs-Alicia, que « Ces deux femmes, pourtant très fortes, étaient irrémédiablement incertaines et fluides » (BDG 434).

fusionner avec, les différentes subjectivités proposées par son *récit*. Ainsi constate-t-il que :

> J'avais souvent utilisé le « je » en griffonnant mes notes. Pour mieux me mettre à sa place [à celle de Balthazar]. Mais je savais maintenant que j'étais devenu lui durant bien des instants, qu'il m'avait habité de ses émotions, que ses élans avaient troublé des nappes taiseuses en moi. Il m'avait moi aussi éveillé, réveillé, forcé à naître à une part inconnue de moi-même (BDG 842).

Le processus d'identification évoqué ici ressemble d'une manière saisissante à celui du « rêver-pays » raconté dans *Ecrire*, que nous avons déjà mentionné plusieurs fois, et qui a la fonction de déplacer le sujet écrivant pour le faire goûter d'autres conditions que la sienne. Dans l'extrait ci-dessus, le narrateur présente ce processus comme une symbiose du sujet rêvant et du sujet rêvé auquel il s'unit, sujet qui l'« habite » et le « trouble » de sorte qu'il s'en trouve changé à l'issue du rêve. Ici, on est très loin de l'ethnographe « raté » par son manque d'objectivité ; tout aussi loin du marqueur admiratif se considérant inapte à traduire le réel d'une parole ou d'un personnage. Le narrateur, et le texte entier de *Biblique*, refusent toute objectivité prétendue et artificielle, optant joyeusement pour la fusion volontaire de l'écrivain et de son personnage dans une identification certes provisoire et même « en série », mais également radicale et transformatrice. Acceptant que le monde peut s'interpréter « de toutes les façons possibles » parmi lesquelles « il n'existait pas de point de vue privilégié », et se résignant enfin au fait que lui-même il « n'[est] pas le mieux placé pour observer et comprendre » mais que « D'autres voyaient [...] des significations tout aussi importantes que les [s]iennes » (BDG 367), le narrateur se satisfait de proposer une version de l'histoire parmi d'autres, et il revient transformé au plus profond de lui-même par l'expérience. Comme le fait observer Richard Watts, ceci a pour effet de souligner le rôle de *l'imagination* créative dans la construction des narrations littéraires[18]. Et d'ailleurs, le narrateur reconnaît effectivement comme version *littéraire* son compte rendu de l'agonie :

> J'essayais d'écrire dans cette boucle incessante d'observateur-concepteur, de témoin-créateur [...]. Toutes ces croyances, ces dires multiples, ces mouvements de gestes et de paroles étaient infiniment interprétables : ils étaient délirants, ambigus, incertains, trop partiels. Mais j'aurais plongé dans une plus grande

---

[18] Watts, *op. cit.*, p. 901.

> pauvreté encore en me posant en clarificateur ou démystificateur. Je laissais les légendes, les mythes et les délires là où les logiques d'un prétendu réel les avaient épuisés ; et j'ensemençais de fiction, de mythes et de légendes ces endroits où trop de clartés rationnelles les avaient vidangés (BDG 290).

A cet extrait s'ajoutent des moments où le narrateur explique ses choix littéraires à la rédaction de son texte : par exemple, il déclare avoir voulu « trouver comme un symbole » dans certains actes de Balthazar (BDG 753) ; il annonce aussi qu'il n'a pas cherché à connaître les détails d'un évènement, mais a préféré « travailler avec [une] image » mythifiée (BDG 755). Dans la section intitulée « Désirs », il va même jusqu'à prétendre que ses propres inventions (en l'occurence, des *apatoudis* qu'il imagine pour Man L'Oubliée) éclaircissent rétrospectivement une scène de l'agonie qu'il n'avait pas comprise auparavant (BDG 283). Tous ces exemples tendent à soutenir la tension entre deux pôles : d'une part, l'ambition totalisante d'un ouvrage qui essaie de verbaliser la complexité du monde par le biais de toute une vie d'homme ; et d'autre part, l'impossibilité, évidente et reconnue, de la tâche. Toutefois, le style et le langage du texte maintiennent une ambiance de consentement heureux – de quasi-jubilation, pourrait-on dire – face à cette même impossibilité, le narrateur-écrivain s'accommodant avec un abandon croissant des déplacements multiples – des siens propres comme de ceux de ses personnages – qui construisent et reconstruisent la « pierre-monde ». Au lieu d'une objectivité impratiquable, il embrasse désormais la fiction :

> Fiction. La fiction qui m'indifférait tant m'incline à présent sous sons ordre. [...] L'Ecrire n'a rien à voir avec la vérité, ni avec le réel : l'Ecrire n'est qu'une quête de la vie, la plus libre et la plus folle des quêtes, donc la plus tressaillante de cette vie même qu'elle cherche... (BDG 138)[19].

Cette image de la littérature en tant que « quête tressaillante » la représente comme un *cheminement* ou déplacement continu, tout en secousses et rebondissements, qui imite ainsi la forme de la vie elle-

---

19 Notons que cette réflexion est déclenchée par la réorganisation par le narrateur du récit chaotique de Gasdo, en mettant « au centre » de sa version de la mort de la mère de Balthazar, un arbre « *comme vecteur des effets de fiction que je me dois d'utiliser* » (BDG 138). Nous retrouvons ici l'association profonde entre les bois et l'écriture chez Chamoiseau.

même. Cette figure est reprise plusieurs fois dans le texte, notamment aux nombreux moments où le narrateur, « *attelé à l'Ecrire* », repense au processus de transcription du « *large dire imprononcé* » de Balthazar :

> Où était M. Balthazar Bodule-Jules dans tout cela ? Je sentais que ce n'était pas l'aboutisssement de ce récit, cette mort après une agonie, qui m'en donnerait la clé, mais justement ce cheminement dans ses mémoires mobiles et dans ce que ce corps conservait de sa vie (BDG 290).

Ici, le « cheminement » est double : celui de Balthazar le ramène à ses souvenirs, tandis que celui du narrateur le plonge, en « quête folle » à travers les mêmes souvenirs, dans le processus de « l'Ecrire ».

La notion de cheminement est développée plus en profondeur quand elle réapparaît dans une nouvelle intervention du narrateur :

> J'allais vers l'incompréhensible, le non-élucidable, pas vers le dévoilement d'une destinée humaine mais sur l'abscisse incessante d'un vertige. L'important n'était peut-être pas l'achèvement de cette histoire mais son cheminement proliférant. J'aurais pu dire aussi – avec plus d'amertume que d'orgueil – sa beauté (BDG 368).

Cette fois, le « cheminement proliférant » appartient à l'« histoire », et devient donc encore plus étroitement partagé entre Balthazar, qui l'aurait vécu, et le narrateur, qui l'écrit – et qui reconnaît ouvertement la part de fiction, d'imagination et d'invention qu'il y apporte. De plus, ce cheminement est présenté comme un regard alternatif et nettement plus positif sur le chaos du « non-élucidable », lequel prend sinon l'allure déboussolante d'une « abscisse » sans fin. Enfin, le narrateur admet ici que l'Ecrire puisse très bien chercher non pas à éclairer ni à analyser, mais – tout simplement – à rendre compte de la « beauté » d'une histoire. Nous approfondirons plus loin les ramifications de cette esthétique. Au préalable, il est cependant nécessaire de mieux comprendre le principe de « déplacement » littéraire, en dégageant ses liens vis-à-vis du thème de l'identité.

A cet égard, si l'on considère de nouveau la citation ci-dessus, c'est l'expression « l'abscisse incessante d'un vertige » qui attire l'attention. Même si cette heureuse image fait appel à l'axe latéral (l'abscisse étant la co-ordonnée horizontale d'un point fixe dans l'espace), la sonorité du mot lui-même, surtout juxtaposé à celui de

« vertige », rappelle immanquablement le mot « abysse » – lequel a, comme nous le savons, des connotations identitaires très particulières liées à l'espace de la cale du bateau négrier dans l'univers chamoisien. Cette évocation discrète des origines créoles renoue, d'ailleurs, avec une autre, plus explicite et déjà citée plus haut, où le narrateur de *Biblique*, en contemplant la nécessité d'écrire la vie de Balthazar, ressent « une asphyxie envahissante, comme une oscillation aux abords d'un *abîme* » (BDG 52, c'est nous qui soulignons). Ce souvenir lointain de la cale qui hante subtilement le travail du narrateur rappelle la dynamique initiatique et transformatrice (étudiée dans les Chapitres 2 et 5) qui met l'écrivain en contact avec ses origines historiques et littéraires afin de mieux les dépasser, « comme pour renaître, souple, [aux] plurales genèses » (EPD 124) de ses différents déplacements imaginaires. Pour le narrateur de *Biblique*, le déplacement fondateur est celui qui lui fait endosser l'identité de Balthazar, expérience qui le « forc[e] à naître à une part inconnue de [s]oi-même » (BDG 842).

La pratique de l'écriture *dans l'acceptation* des aléas ou « cheminements proliférants » de la vie comme de l'identité créole semblerait donc inaugurer un cycle de « renaissances » chez l'écrivain et, par là, déjouer l'angoisse suffocante que susciterait autrement « l'abscisse d'un vertige ». Issu d'origines plurielles et incertaines, d'une culture « mosaïque », et d'une tradition littéraire traversée par des influences multiples et antagonistes, l'écrivain créole qui émerge enfin de l'œuvre chamoisienne refuse de se laisser déstabiliser par cet héritage nébuleux : au contraire, désormais, il l'embrasse. Et par le biais de « déplacements », il l'intègre à son écriture, processus qui lui permet à la fin de suivre un conseil émis par Balthazar lui-même : « *changez tous les jours et restez ce que vous êtes dans ce changement qui va* » (BDG 788). Accepter, explorer, voire célébrer, le caractère mouvant de son identité créole semblerait même permettre à l'écrivain de proposer une façon plus positive de figurer ses origines culturelles et littéraires : à l'issue de la séquence des rêves dans *Ecrire*, Chamoiseau va jusqu'à suggérer qu'en termes de créolisation, « La cale du négrier n'est pas un point de départ, mais le point d'une bascule vers des possibles inouïs » (EPD 203–4). La confiance en soi acquise en même temps qu'une identité certaine (quoique sans cesse modifiée), libère l'individu de l'abîme terrifiant des origines obscures et l'ouvre au contraire au monde des échanges potentiels[20]. Chez l'écrivain, cette mise-en-relation de l'individu se traduit par une poétique du déplacement, approche esthétique qui engendre des renaissances incessantes à des perspectives nouvelles. L'approche lui offre aussi un moyen littéraire d'aborder le problème, évoqué au début de notre Introduction, de son rapport difficile à l'espace antillais. Nous l'avons vu, tout en se réappropriant l'espace martiniquais dans ses ouvrages par le déploiement de décors spatiaux particuliers (dont le marché, le quartier et la forêt), Chamoiseau reconceptualise l'espace en des termes plus abstraits et théoriques. Or, érigé en Lieu et soumis à un regard créatif constamment déplacé par l'Ecrire, l'espace antillais quitte sa condition de Territoire, et donc de pays sujet à domination, pour devenir un « archipel fluide » (EPD 289), un espace libre, poreux ou élastique, qui « connaîtra, un jour, des élans plus libres, un imaginaire neuf [...], dans l'échange avec la Caraïbe, les terres américaines, avec l'Europe, avec le Total-Monde » (EPD 314). Ainsi, en les recréant selon les optiques diverses imposées par ses déplacements, l'écrivain redessine les contours mêmes de son pays natal, le libérant, par une mise-en-relation avec le « Total-Monde », de la rigidité passive où l'enfermerait la pensée du Territoire.

N'oublions pas, cependant, que cette poétique du déplacement, si libératrice sur les plans éthique et politique, comporte une autre composante essentielle, la simple « beauté » de l'histoire. C'est cet apect de l'esthétique chamoisienne dont nous traiterons dans la dernière section de cette étude, en commençant par l'idée d'« Emerveille » chez Chamoiseau.

[20] L'identité ainsi perçue comme *processus* constamment renouvelé ou renégocié fait écho à des conceptions de l'identité proposées par des théoriciens postmodernes pour qui toutes les identités sont sans cesse construites et reconstruites au point d'intersection de conditions, d'influences et de processus multiples et changeants. Voir Bhabha, *op. cit.* ; Zygmunt Bauman, *Intimations of Postmodernity*, Londres, Routledge, 1992 ; et Stuart Hall et Paul Du Gay, *Questions of Cultural Identity*, Londres, Sage, 1996. Voir aussi Lorna Milne, « Introduction », *Forum for Modern Language Studies*, numéro spécial *Caribbean Connections*, sous la direction de Lorna Milne, 40, 4, octobre 2004, pp. 357–64.

L'Emerveille et la poésie

Mot du cru chamoisien, le terme « Emerveille » (la majuscule est de rigueur) a la fonction d'un substantif, mais semble garder la trace dynamique du verbe dont il est dérivé, dénotant à la fois la merveille qui provoque le ravissement et la réaction émerveillée de celui qui la contemple. Cette notion donne son titre au livre *Emerveilles*, où Chamoiseau l'explicite en des termes qui renouent immédiatement avec les préoccupations que nous venons de découvrir dans *Biblique* : « Plus nous avons conscience du monde, mieux il devient incertain, insaisissable, imprévisible. C'est pourquoi l'Emerveille (cette saveur du monde) doit nous le rendre encore plus incertain, plus insaisissable et plus imprévisible » (E 5). D'ailleurs, l'Emerveille est liée sans ambages au conteur, car c'est lui, selon la préface du livre (intitulée « Ouverture »), qui produit l'Emerveille à partir de tous les rêves, mirages, légendes, mythes, contes et « candeurs enfantines » qui l'habitent (E 9). L'oraliture préside donc au début de ce livre et oriente la lecture des contes qui suivent. Or, il est vrai que ces textes contiennent des caractéristiques rappelant fortement le conte créole typique : personnages traditionnels ou allégoriques ; paysages antillais ; langage parlé. Mais ils ont en même temps pour particularité de faire appel à un style très écrit : citons, à titre d'exemple, la délicieuse histoire de Tête-Mabolo (E 113–6), une petite fille qui s'acharne à s'habiller non pas de vêtements convenables mais d'articles de plus en plus farfelus, y compris la carcasse d'une voiture abandonnée ! Alors, nous dit le narrateur :

> chose vraiment pas même croyable, le débris devint le plus saisissant corsage de petite fille que l'on pourrait imaginer. On eût juré qu'il n'avait attendu que cela durant sa longue misère. Il épousa au bidjoule la morphologie de la petite rêveuse (E 115–6).

D'une part, ce bref extrait est semé de références au conte créole, depuis son contenu extravagant et folklorique jusqu'à l'emploi d'une syntaxe parlée (« vraiment pas même croyable ») et du lexique créole (« bidjoule ») . Mais d'autre part, le passage possède aussi des éléments appartenant à un registre plus soutenu, tels que le passé simple et l'imparfait du subjonctif, ou le vocabulaire plus recherché (« morphologie »). De plus, le caractère à la fois délirant et désopilant du conte lui-même renvoie presque autant à Rabelais qu'aux conteurs créoles, surtout dans la longue liste de « vêtements » bizarres essayés par la protagoniste, qui commence par des fleurs et des feuilles et passe par « un vieux chat à poil ras qui ne comprit jamais ce qui lui arrivait » (E 114)[21]. Ce mélange, et cet élément « écrit », préparent en fait la postface du livre (au titre significatif de « Ré-ouverture », sans doute dans un nouveau refus de la clôture immobile), où Chamoiseau cite explicitement, non pas le conteur, mais l'écrivain :

> L'écrivain (mais aussi l'artiste, l'enseignant, le politique, le jeune, la région, le quartier...) n'est plus enfermé dans l'absolu de son village, de sa culture, de sa langue. Il est projeté dans le flux ouvert des langues et des possibles. [...] Le roman d'aujourd'hui pourra être le roman-monde où l'esthétique du chaos, de l'incertain identitaire, de l'inachèvement, de la polyphonie, du Grand amour se joignent à l'Emerveille pour tenter d'approcher de la saveur du monde donné en son total. [...] Il ne s'agit plus de comprendre le monde mais de le deviner. Il ne s'agit plus de le dominer ou de le conquérir : mais de l'habiter. C'est cet imaginaire qui nous permettra de mieux lutter contre les racismes, les ethnicismes purificateurs ou les nationalismes barbares (E 126).

Il semblerait donc qu'en tentant de canaliser l'Emerveille, jadis le propre du conteur, l'écrivain conquière le droit de s'affilier avec confiance à ce dernier. Le conteur, alors, pour autant qu'il reste bien sûr une figure essentielle du décor imaginaire chamoisien, commence discrètement à s'éclipser derrière celle d'un écrivain aux prises avec une nouvelle esthétique. Dans cette esthétique, dit Chamoiseau, la présence de l'Emerveille sera déterminante, car elle « enjambe le simple réalisme merveilleux » et mobilise « les légendes, les mythes, les miracles, les événements inexplicables, les êtres incertains, les zombis » tout en mélangeant de même « le fantastique, l'étrange et la simple merveille de l'âme enfantine »[22]. Enfin, ajoute-t-il, « ce vertige

---

[21] On se souviendra que Marie-Sophie affectionne, parmi ses livres, non seulement un Rabelais, mais un exemplaire d'*Alice au pays des Merveilles* – ce qui pourrait bien sûr s'écrire « *Alice au pays d'Emerveilles* ». Notons que la comparaison de Chamoiseau à Rabelais n'est pas rare. Hormis l'article de John Taylor (« Rabelais in Martinique », *op. cit.*), Guy Scarpetta affirme pour sa part que Rabelais « n'était pas mort » mais « revient [...] sous l'identité, désormais, [...] d'un descendant d'esclaves de la Caraïbe, Chamoiseau » entre autres. Voir Guy Scarpetta, « La Légende de la Caraïbe », *Le Monde Diplomatique*, février 2002, p. 29.

[22] Ce souci d'inclusivité et de dépassement se reflète aussi dans le désir de faire référence, en écrivant, à toutes les littératures. Dans l'entretien inédit de mars

baptisé Emerveille nous prépare à *renaissance* » (E 127, c'est nous qui soulignons).

Il est évident que *Biblique* – où se rencontrent effectivement tous ces éléments littéraires et thématiques – répond fortement aux préceptes proposés dans *Emerveilles*, jusqu'au narrateur prêt au renouveau (ou à la « renaissance ») qui renonce à comprendre le monde qu'il décrit, et accepte de le « deviner ». C'est dans cette optique qu'il convient aussi de relire l'affirmation du narrateur selon laquelle les « cheminements » de la vie de Balthazar, ainsi que ses propres écrits, se justifient tout simplement par leur « beauté » insondable (BDG 368, cité plus haut). Mais c'est Balthazar lui-même qui livre la représentation la plus éloquente du pouvoir de l'Emerveille quand il en apprend la valeur et en fait l'éloge (à travers la plume du narrateur, bien sûr).

Balthazar et l'Emerveille poétique

Comme nous l'avons déjà remarqué, à la fin de sa vie, mais bien avant d'annoncer sa mort, Balthazar se retire du monde. Dans sa solitude, il s'entoure de l'œuvre de trois poètes, dont chacun va lui apporter un enseignement essentiel. Il serait sans doute fascinant de vouer une étude approfondie à la comparaison des différentes œuvres citées ; ici, cependant, nous nous contenterons d'examiner l'effet presque alchimique de cette poésie sur Balthazar.

Balthazar découvre la poésie pour la première fois dans sa jeunesse, grâce à Sarah-Anaïs-Alicia dont les écrits intitulés « Livret des Lieux du deuxième monde » contiennent une section où elle proclame l'existence d'un « Lieu qui vit dans un poème », c'est-à-dire

2000, Chamoiseau a relié ce principe à l'écriture de *Biblique*: « la littérature ne peut pas, comme au 18ième, 19ième et même une grande partie du 20ième siècle, ne pas s'interroger elle-même, ne pas se regarder en train de se faire, ou ne pas jouer avec elle-même ; et ça il faut le réintroduire dans la littérature. Donc composer des textes factices ou fictifs, jouer avec des textes réels, se regarder en train de composer ce qu'on écrit, tout cela est important. Ce sont des choses qui sont très largement explorées dans le prochain [roman], *Biblique des derniers gestes* [...] l'écrivain jusqu'à maintenant, il y avait les coulisses, et il mettait un voile entre le récit qu'il raconte et toute la machinerie derrière. Et moi à la limite, pour moi il faudrait raconter l'histoire *et* montrer la machinerie derrière ».

un Lieu (dans le sens chamoisien) qui est appelé à l'existence parce qu'il réunit des gens très divers vivant « en solitaires » dans toutes sortes d'endroits – des déserts aux villes – mais dont chacun possède un exemplaire du poème et qui « sans se voir [...] avancent comme un peuple [...] dans l'univers minuscule du poème » (BDG 595). Ainsi la poésie offre-t-elle la possibilité d'une communion et par là d'un certain potentiel de « déplacement » de l'individu, lié par son amour du poème à des êtres dans le monde entier.

Aussi Balthazar, reprenant dans sa vieillesse ses lectures de poésie, recourt-il d'abord au poète préferé de Sarah-Anaïs-Alicia, le béké guadeloupéen Saint-John Perse. C'est grâce à lui que Balthazar a absorbé l'idée – quoique sans grande conviction au début – que la poésie permet de dépasser la condition sociale ou politique :

> elle [Sarah] lui montrait comment Perse actionnait une sensibilité qui n'était pas du monde de ses ancêtres, une vision qui le situait au-delà des étroitesses d'un univers colonialiste. Du fond de cette condition, Perse avait réussi l'exploit de transcender l'obscurité ambiante pour nous emplir de beauté. Quand on accède comme lui au commerce exigeant de la beauté, on annule l'ordre minable mis en place par les hommes (BDG 577).

Relisant ce poète des années plus tard, Balthazar « se dit que Saint-John Perse avait été un homme. Un homme d'abord, tout simplement », et il réussit enfin à relire « autrement les poèmes en éloignant ses vieilles raideurs rebelles » (BDG 810) contre ce représentant de l'ethno-classe des maîtres colonialistes.

La relecture d'un deuxième poète, Aimé Césaire, renforce ce message paisible et anti-oppositionnel, car Balthazar délaisse le *Cahier* pour se concentrer sur *Moi, Laminaire*, où il découvre une toute autre voix. Reconnaissant des réminiscences de sa propre vie chez un Césaire qui apparemment, dans cet ouvrage, « prenait mesure de son échec » politique pour « affront[er] sa seule condition d'homme » (BDG 810), Balthazar apprend à dépasser son statut marronesque de « rebelle ardent, [...] chien de guerre, [...] étalon lubrique » (BDG 811–12), pour retrouver en lui-même « cette humanité (tant invoquée pour fonder ses batailles) [qui] avait disparu sous sa cotte de rebelle » (BDG 811)[23].

Enfin, c'est avec le troisième poète, Edouard Glissant, et la notion du Tout-Monde que Balthazar arrive à ré-évaluer son passé que, jusqu'alors, il a eu tendance à regarder comme un échec à cause de l'existence toujours aussi tenace des dominations, malgré tous les combats qu'il a livrés. Savourant non seulement les poèmes mais aussi la *Poétique de la Relation*, Balthazar voit que « Bien inscrit dans sa terre, Glissant tentait divination du monde : il le voyait en l'inventant, il l'inventait pour mieux le voir ! » (BDG 812). Ici encore, Balthazar perçoit des parallèles entre la logique interne de l'œuvre littéraire, et la structure de son cheminement personnel, car tous deux obéissent à une relation réunissant le chez-soi et l'ailleurs. La poésie de Glissant offre un point de vue qui légitimise les dérives et luttes de Balthazar – à condition de réinterpréter ces dernières, et c'est ce que la rencontre avec Glissant l'autorise finalement à faire :

> Il rameuta ses expériences passées, toutes ces divagations à travers la planète, ces sensations multiples, ces rencontres insensées, il les accepta, il les planta en lui, les déposa dans le terreau de son enfance comme des plantes déracinées pourtant prêtes à fleurir. *Ces errances avaient du sens*, dut murmurer l'agonisant (BDG 812–13).

Ainsi, Balthazar se met à « fréquenter ces trois poètes » avec un « enthousiasme solaire qui fleurissait dans son corps trop usé » (BDG 813)[24].

En outre, il faut souligner que c'est surtout cette vision renouvelée de son cheminement qui semble permettre à Balthazar, à la fin du livre, d'affronter *seul* – c'est-à-dire sans l'assistance de Man L'Oubliée – la diablesse Yvonette Cléoste (BDG 850). Dans cette confrontation, tandis que Balthazar avance vers la sorcière, nous dit le

---

23 On pourrait entrevoir ici les débuts d'un discours plus conciliant à propos de l'œuvre de Césaire, qu'il sera intéressant de suivre dans les ouvrages futurs de Chamoiseau.

24 Cette récurrente association métaphorique de la poésie et du fleurissement est soutenue dans toute la dernière partie du roman, soulignant la beauté apaisante et en même temps le « naturel », ou caractère presque organique et nécessaire, de la poésie: en effet, c'est à cette époque que Balthazar délaisse le côté alimentaire de son jardin pour « cultiver ce que la poésie lui rendait essentiel. La beauté » (BDG 813).

narrateur, « nous vîmes non pas un vieux rebelle, non pas cette tragédie longuement disséquée, mais une présence humaine, toute bonne, tout ample, tout assurée d'elle-même, se porter à la rencontre de l'horrible créature » (BDG 850). Balthazar, faisant écho à l'esclave vieil homme (EVHM 135 et Chapitre 5), aussi bien qu'à Perse, à Césaire et à Glissant, semble comprendre enfin ce que cela signifie de dire « Je suis un homme ». De plus, si nous acceptons que c'est en termes allégoriques qu'il faut comprendre la conquête d'Yvonnette Cléoste par ce nouveau Balthazar (ce qui ne fait pas de doute[25]), il devient clair que cet épisode représente une victoire sur les forces de la domination, menée non pas par un rebelle marron, mais par un homme véritablement libre qui, comprenant enfin son passé, son Lieu et sa relation au monde, possède une conscience et de soi-même, et de la beauté de son parcours excentrique[26].

Dans la progression de la condition et de l'état d'esprit de Balthazar, nous assistons donc à la profonde évolution d'un imaginaire, opérée par la poésie. Balthazar lui-même souligne la puissance des trois artistes : se souvenant des gestes apparemment magiques de Man L'Oublié, il laisse entendre que ce sont les poètes qui, aujourd'hui, auraient succédé à ce genre de Mentô en ouvrant l'accès à l'Emerveille :

> En ce temps-là, mes enfants, l'incroyable traversait plus facilement nos vies, le monde avait ses enchantements et les esprits étaient encore en poésie. Maintenant, tout s'est éclairé, tout est devenu plat sous les rouleaux de la raison et de la prose qui veut tout expliquer ! C'est pourquoi, mes amis, je peuple ma vieillessse avec quelques poètes, je veux dire : *avec des enchanteurs !* (BDG 424).

Ces « enchanteurs », il le dit aussi, l'atteignent et le travaillent surtout par la voie des émotions : le poème de Césaire, en particulier « œuvrait en lui [Balthazar] une belle charge émotive », et fait avancer sa transformation (BDG 811). Cela rejoint très clairement ce que dit Chamoiseau lui-même à cet égard :

---

[25] Dans une interprétation convaincante, Watts, pour sa part, perçoit en Yvonnette Cléoste la personnification allégorique de la notion d'« Empire ». Watts, *op. cit.*, p. 905.

[26] Cette notion est déjà présente dans *L'Esclave vieil homme*, où le narrateur reconnaît qu'il aurait été tout aussi valable de faire de son protagoniste un « bonhomme [qui] aurait pu *courir tout simplement*. Une belle course, toute signifiante de sa très simple beauté, et ouverte à l'infini sur elle » (EVHM 147).

> Je crois que l'acte d'écriture est largement un acte d'émotion. Il faut retrouver les émotions, et d'ailleurs ce qui nous reste des écrivains qu'on aime ce sont des émotions, pas des exercices cérébraux ; ce sont des émotions, des bouts de phrase, des souvenirs, des choses qui nous ont frappés, etc. Et c'est avec ça qu'il faut travailler[27].

Or il est évident que toute émotion, comme tout souvenir, n'est pas agréable : il ne s'agit nullement de suggérer que la littérature apaise tous les maux, ni qu'elle guérit toutes les blessures. Mais parfois, en remuant des souvenirs et émotions, même douloureux, elle parvient à inspirer aussi un sens de l'Emerveille (ou de l'« enchantement »), et c'est alors qu'elle invite à des renouveaux (ou à des « renaissances ») radicaux : pour recourir aux termes spatiaux employés par Benítez-Rojo que nous avons cités au début de cette étude, la littérature du déplacement et de l'Emerveille restaure au lecteur comme à l'écrivain un sens de « l'*ici* » (de son pays, de son passé, de son moi...), mais l'entraîne en même temps vers le « *là-bas* »[28], c'est-à-dire dans le vaste jeu grand ouvert de la diversalité.

Cependant, si *Biblique* dépeint de façon symbolique les mécanismes de cette poétique du déplacement, du renouveau et de l'Emerveille (principalement à travers l'évolution du protagoniste et les réflexions du narrateur), il faut avouer que ce texte ne les met pas rigoureusement en pratique à tous les niveaux. Il contient, certes, de nombreux passages écrits dans ce style lyrique aux ambiguïtés mystérieuses et aux intertextualités foisonnantes qui constituent à la fois la complexité et la beauté éblouissante – bref, l'« Emerveille » – de *L'Esclave vieil homme*. Mais le texte de *Biblique* pris dans son ensemble paraît si préoccupé par la communication de son message central de libération que ces belles subtilités risquent de passer inaperçues. En effet, la « diversalité » esthétique ou textuelle se trouve quelque peu occultée par le *message* de la diversalité en général. On peut citer à cet égard la réaction déçue de Dominique Chancé qui (partant, il est vrai, d'une analyse quelque peu différente de la nôtre) y trouve :

[27] Entretien inédit du 9 mars 2000. Cette idée renoue aussi avec le beau concept de la « sentimenthèque » que Chamoiseau a inventé dans *Ecrire*, pour désigner non seulement un ensemble de lectures, mais la totalité des réactions et des souvenirs – affectifs, esthétiques et même physiques, aussi bien qu'intellectuels – qu'incitent les livres aimés.

[28] Benítez-Rojo, *op. cit.*, p. 25.

> un fléchissement des tensions, comme si la mise en œuvre formelle du réalisme-merveilleux ne permettait pas ici de libérer un texte que bride l'idéologie manifeste de son auteur et de son personnage. Ni les énumérations ni la multiplication des versions ne mettent réellement en péril la linéarité du récit, un monolithisme du point de vue, une simplification de la pensée et des enjeux de sens. En effet, on peut ressentir l'accumulation des descriptions et anecdotes comme répétitive, obéissant toujours au même rythme, aux mêmes procédés de décrochage. La narration, englobant des récits secondaires a absorbé toutes les voix, bien peu d'hétérogénéité demeure[29].

Soit dit tout de suite que nous ne partageons pas le jugement de Chancé dans tous ses détails : il nous semble difficile, par exemple, d'appliquer à *Biblique* la simple étiquette de « réalisme-merveilleux », car le roman recoupe aussi d'autres genres[30], et ses aspects étranges, miraculeux ou « merveilleux » sont toujours filtrés à travers le *récit* et les commentaires plus ou moins raisonnables et vraisemblables du narrateur. En revanche, il est vrai que sur le plan de l'intrigue et des personnages, tout dans ce roman – même les tensions entre les différents « je » se souvenant, narrant et écrivant – tend à la manifestation d'un unique parti-pris esthétique et philosophique. Le principe de la relation, tant valorisé dans les écrits théoriques de Chamoiseau, et dans le discours politique du roman lui-même, se trouve certes appliqué au niveau diégétique, par exemple quand Balthazar revoit ses péréginations comme des aventures de mise-en-relation. Mais le lecteur de cet ouvrage perd l'impression d'être impliqué dans une quête passionnante ; globalement, il a plutôt la sensation d'assister *post facto* à l'explication didactique d'une découverte du seul auteur – effet dû en partie, sans doute, à la logique surdéterminante de l'approche quasi-allégorique. De cette manière, les proliférations festives de *Biblique* sembleraient glorifier encore et encore, dans un hosanna répété sur tous les registres romanesques, le même épanouissement du rôle de l'écrivain ainsi que la perfection

29 Chancé, « De *Chronique...* », *op. cit.*, p. 877. Watts aussi se déclare déçu par la fin du roman. Voir Watts, *op. cit.*, p. 908.

30 Georges Voisset y voit pour sa part « une volonté de synthèse (sinon de syncrétisme) visant à intégrer / dépasser à la fois l'hybridization [*sic*] ou le sacré de Rushdie et de la World Fiction, le merveilleux magique latino-américain ou haïtien et d'autres propositions plus classiques ou personnelles ». Voir Georges Voisset, « Avant-propos », Georges Voisset et Marc Gontard (eds), *Ecritures Caraïbes*, Série *Plurial* 10, Rennes, Presses Universitaires de Rennes, 2002, pp. 9–15 (p. 11).

d'une vision éthique et métaphysique cohérente, vers lesquelles Chamoiseau aurait tâtonné depuis ses débuts. Peut-être, suivant l'élaboration compréhensive mais théorique et autobiographique de ces idées dans *Ecrire*, a-t-il obéi dans ce roman à ce réflexe de conteur véritable qui consiste à faire couler des notions abstraites dans le moule romanesque afin de les faire vivre sur le plan littéraire[31]. Il nous semble toutefois – comme nous l'avons déjà suggéré (Chapitre 5) – que c'est plutôt *L'Esclave vieil homme ou le molosse* qui relève parfaitement ce défi. Très bref et apparemment très simple, mais rayonnant de complexités multiples, ce petit chef-d'œuvre résume, illustre *et* incarne chacun des thèmes-clé du projet chamoisien, des origines créoles, des troubles identitaires et de l'histoire littéraire, au Lieu, à la diversalité, et à la poétique du déplacement et de l'Emerveille.

Essayiste accompli et novateur, auteur de contes réjouissants et instructifs, scénariste sensible, journaliste provocateur, Patrick Chamoiseau est d'abord et surtout un romancier brillant. Le trame de ses ouvrages, ses personnages et dialogues, ses décors spatiaux, son symbolisme riche et cohérent, son humour, son engagement culturel, politique et éthique inébranlable... tout dans les romans chamoisiens concourt à l'ensorcèlement du lecteur. Cela dit, *Biblique* paraîtrait marquer le point culminant d'une certaine évolution romanesque, du moins en ce qui concerne la représentation littéraire de l'identité et de l'écrivain antillais : une étape semble avoir été marquée, un système littéraire et philosophique semble désormais posé. On est donc en droit de se demander si l'auteur aura ainsi libéré son esprit pour partir vers d'autres innovations dans des ouvrages à venir, et notamment vers une application plus systématique de la poétique détaillée au cours des dernières pages de cette étude. Peut-être lui découvrira-t-on à l'avenir un accent plus pointu sur l'expérimentation formelle, poétique : la préoccupation de la poésie à la fin de *Biblique* et la réussite esthétique de *L'Esclave vieil homme*, son roman le plus

[31] On peut même se demander si *Biblique*, avec son rapport particulier entre écrivain et protagoniste intradiégétiques, constitue une sorte d'élaboration du rapport, dans *Ecrire*, entre le narrateur autobiographique et le « Vieux Guerrier » (dont les pensées ponctuent le texte et qui ne parle pas mais se « laisse entendre »). Chancé fait aussi observer l'intérêt de ce parallèle. Voir Chancé, « De *Chronique...* », *op. cit.*, p. 894.

« poétique », pourraient le suggérer[32]. Peut-être s'intéressera-t-il aussi de plus en plus à des espaces appartenant moins spécifiquement à la topographie antillaise réelle, mais à des pays lointains, comme dans *Biblique*, ou à des « Lieux » d'ordre abstrait comme ceux suggérés dans le « Livret » de Sarah-Anaïs-Alicia. Quoi qu'il en soit, un principe de base incontournable semble avoir été établi pour tout développement esthétique futur chez Chamoiseau, et nous ne pouvons que nous en réjouir :

> L'Ecrire orienté là. Exhausser ce Divers en partage – cette Diversalité – en valeur tutélaire, je veux dire : en point focal des charmes, des enchante-merveilles, des séductions (EPD 268).

[32] Gallagher note la pré-éminence accordée au genre de la poésie par les discours esthétiques successifs aux Antilles, y compris celui des Créolistes, les auteurs de l'*Eloge* se réclamant d'abord « une intuition profonde, une connaissance *poétique* » de la Créolité (EC 27, c'est nous qui soulignons). Gallagher démontre que la forme du poème, genre qui exploite traditionnellement la stratégie des références (externes ou internes), est particulièrement apte à véhiculer la forte tendance « référentielle » de l'écriture antillaise en général, c'est-à-dire le besoin quasi-constant de cette littérature d'établir des liens entre l'œuvre et les particularités antillaises naturelles, culturelles, littéraires, etc. Voir Gallagher, « Contemporary French Caribbean Poetry », *op. cit.* Les Créolistes reviennent sur ce thème de la poésie en 2002, dans un petit texte résumant les enjeux actuels de la littérature, où il est d'abord question des dominations linguistiques française et « anglo-américaine ». Alors, selon les auteurs: « La poésie, souveraine, délivra un peuple de ses chaînes mentales, lui enseignant la beauté d'être soi-même, et cependant 'poreux à tous les souffles du monde' ». Voir Patrick Chamoiseau, Jean Bernabé et Raphaël Confiant, « Habiter diversellement nos langues », *Lire*, novembre 2002.

Bibliographie des ouvrages consultés

Ouvrages principaux de Patrick Chamoiseau (ordre chronologique)

Chamoiseau, Patrick, *Solitude la mulâtresse*, s.l., s.n., s.d. (texte dactylographié disponible à la Bibliothèque Schoelcher, Fort-de-France).

— , *L'Epoque Delgrès*, s.l., s.n., 1974 (texte dactylographié disponible à la Bibliothèque Schoelcher, Fort-de-France).

Chamoiseau, Patrick et G. Puisy, *Les Antilles sous Bonaparte, Delgrès*, Fort-de-France, Editions Désormeaux, 1981.

Chamoiseau, Patrick, *Manman Dlo contre la Fée Carabosse*, Paris, Editions caribéennes, 1982.

— , *Chronique des sept misères*, Paris, Gallimard, 1986 ; ré-édité 1988. Ed. Folio no. 1965.

— , *Solibo Magnifique*, Paris, Gallimard, 1988. Ed. Folio no. 2277.

— , *Au temps de l'antan. Contes du pays Martinique*, Illustrations de Mireille Vautier. Paris, Hatier, 1988.

Valentin, Emmanuel, Michel Renaudeau et Patrick Chamoiseau, *Martinique*, Paris, Richer-Hoa-Qui, 1988.

Bernabé, Jean, Patrick Chamoiseau et Raphaël Confiant, *Eloge de la créolité*, Paris, Gallimard, 1989 et 1993 ; ré-édité Baltimore, Johns Hopkins Press, 1990.

Chamoiseau, Patrick, *Une enfance créole I. Antan d'enfance*, Paris, Hatier, 1990 ; ré-édité Paris, Gallimard, 1993 et 1996. Ed. Folio no. 2844.

Chamoiseau, Patrick et Raphaël Confiant, *Lettres créoles*, Paris, Hatier, 1991 ; ré-édité Paris, Gallimard, 1999. Ed. Folio Essais no. 352.

Chamoiseau, Patrick, *Texaco*, Paris, Gallimard, 1992. Ed. Folio no. 2634.

— , *Une enfance créole II. Chemin-d'école*, Paris, Gallimard, 1994 ; ré-édité 1996. Ed. Folio no. 2843.

Chamoiseau, Patrick et Rodolphe Hammadi, *Traces-mémoires du bagne*, Paris, Caisse Nationale des Monuments Historiques et des Sites, 1994.

Chamoiseau, Patrick, *Ecrire en Pays dominé*, Paris, Gallimard, 1997.

— , *L'Esclave vieil homme et le molosse*, Paris, Gallimard, 1997. Ed. Folio no. 3184.

Chamoiseau, Patrick et Maure, *Emerveilles*, Paris, Gallimard Jeunesse, 1998.

Chamoiseau, Patrick et Jean-Luc de Laguarigue, *Elmire des sept bonheurs*, Paris, Gallimard-Habitation Saint-Etienne, 1998.

— , *Tracées de Mélancolies*, Habitation Saint-Etienne, Editions Traces HSE, 1999.

— , *Cases en pays-mêlés*, Habitation Saint-Etienne, Editions Traces HSE, 2000.

Chamoiseau, Patrick, *Biblique des derniers gestes*, Paris, Gallimard, 2002. Ed. Folio no. 3942.

— , *Livret des villes du deuxième monde*, Paris, Monum Editions du patrimoine, 2002.

— , *Le Commandeur d'une pluie suivi de L'Accra de la richesse*, illustrations de William Wilson, Paris, Gallimard Jeunesse, 2002.

Films

L'Exil du roi Béhanzin, mise en scène de Guy Deslauriers, script de Patrick Chamoiseau, Kréol Productions, 1994.

*Femmes-Solitud*e, 3 parties, mise en scène de Guy Deslauriers, texte de Claude Chonville et Patrick Chamoiseau, RFO, Kréol Productions et Caribbean Vidéo Diffusion, 1995.

Un siècle d'écrivains : Edouard Glissant, mise en scène de Guy Deslauriers, texte de Claude Chonville et de Patrick Chamoiseau, Kreol Productions et FR3, 1996.

Passage du milieu, mise en scène de Guy Deslauriers, scénario de Claude Chonville et Patrick Chamoiseau, une co-production Kréol Productions, les Films du Dorlis et RFO, 1999.

Courts textes de Patrick Chamoiseau

Chamoiseau, Patrick, Quart de couverture de Tony Delsham, *Ma Justice,* Fort-de-France, Editions M. G. G., 1982.

— , Postface à Catherine Théodose, *Terre offerte. Pays choisis à la Martinique*, Fort-de-France, s.n., 1987.

— , « L'Empoisonneur et les oiseaux », in *Ecrire pour la Terre, Ecrire pour l'ASSAUPAMAR*, Editions Martinique, ASSAUPAMAR, 1989, pp. 25–7.

— , « Logique de gestion, logique de liberté », *Antilla*, 406, 25 octobre 1990, pp. 3–7.

— , « Penser Créole », *Antilla*, 407, 2 novembre 1990, pp. 32–4.

— , « Novembre créole. Joli mois pour Confiant. Le Retour achevé », *Karibel Magazine*, 1, décembre 1991 (numéro spécial sur Raphaël Confiant), pp. 42–5.

— , « Le Dernier coup de dent d'un voleur de banane », in Ralph Ludwig (ed.), *Ecrire la parole de nuit. La nouvelle littérature antillaise*, Paris, Gallimard, 1994, pp. 29–38.

— , « Que faire de la parole ? Dans la tracée mystérieuse de l'oral à l'écrit », in Ralph Ludwig (ed.), *Ecrire la parole de nuit. La nouvelle littérature antillaise*, Paris, Gallimard, 1994, pp. 151–8.

— , « Une semaine en pays dominé », in :

Antilla, 616, 20 janvier 1995, pp. 4–6.

Antilla, 621, 24 février 1995, pp. 4–5.

Antilla, 666, 26 janvier 1996, pp. 4–7.

Antilla, 671, 6 mars 1996, pp. 4–7.

Antilla, 676, 10 avril 1996, pp. 4–9.

Antilla, 705, 13 novembre 1996, pp. 23–5.

Antilla, 706, 20 novembre 1996, pp. 20–2.

— , « Louis Laouchez. Le Nouvel être-ensemble », *Cimaise*, 243, septembre–octobre 1996.

— , « Présentation », *Laouchez. Traces Caraïbes. Dix-huit reproductions augmentées d'une présentation de Patrick Chamoiseau*, s.l., Gondwana Editions, 1997.

— , « L'Angoisse du rire Confiant », in Raphaël Confiant, *La Baignoire de Joséphine*, Paris, Mille et une nuits, 1997, pp. 105–9.

— , « Avant-propos. La Spirale prophétique », *Colonisation, liberté, égalité. Choix d'ouvrages fait dans les collections de la Bibliothèque Schoelcher. Tome I*, Catalogue établi par Jacqueline Léger et al. Fort-de-France, Conseil Général de la Martinique, 1999, p. ii.

— , « Enrayer la violence en Corse », *Libération*, 27–28 novembre 1999.

Chamoiseau, Patrick, Gérard Delver, Edouard Glissant et Bartène Juminer, « Manifeste pour un projet global », *Antilla*, 867, 14 janvier 2000, pp. 15-18.

Chamoiseau, Patrick, « L'Eclaboussure Afrique », in Patrick Chamoiseau et Dominique Berthet, *Les Bois sacrés d'Hélénon*, avec 17 illustrations des ouvrages de Serge Hélénon, Paris, Dapper, 2002, pp. 9–11.

Chamoiseau, Patrick, Jean Bernabé et Raphaël Confiant, « Habiter diversellement nos langues », *Lire*, novembre 2002.

Chamoiseau, Patrick, Textes sans date, disponibles sous différentes rubriques du site internet http ://www.palli.ch/~kapeskreyol/atelier.html

« La Mise en relation »

« Dans la pierre-monde »

« Entretien avec le magazine *Nuits Blanches* »

Autres ouvrages

Abenon, Lucien, Danielle Bégot et Jean-Pierre Sainton (eds), *Construire l'histoire antillaise. Mélanges offerts à Jacques Adélaïde-Merlande*, Paris, Editions du CTHS, 2002.

Achéen, René, « Pour une grammaire de l'histoire antillaise – tentative de définition – (Martinique – Guadeloupe, années 1635–1946) », *Les Temps Modernes*, 441–2, avril-mai 1983, pp. 1815–35.

Affergan, Francis, « Je est-il un autre ou l'identité déplacée », *Les Temps Modernes*, 441–2, avril-mai 1983, pp. 2038–47.

André, Jacques, « L'identité ou le retour du même. Les discours sur l'identité et la configuration de la parenté », *Les Temps Modernes*, 441–2, avril-mai 1983, pp. 2026–37.

— , *Caraïbales : Etudes sur la littérature antillaise*, Paris, Editions Caribéennes, 1981.

Anquetil, Gilles, « La Grande course de Patrick Chamoiseau. Le Guerrier de l'imaginaire », *Le Nouvel Observateur*, 1693, 9–23 avril 1997, p 59.

Antilla Spécial, numéro spécial sur Patrick Chamoiseau, Spécial no. 11, juillet 1988.

Antoine, Régis, *La Littérature franco-antillaise. Haïti, Guadeloupe et Martinique*, Paris, Karthala, 1992.

Arnold, A. James, *A History of Literature in the Caribbean, Vol. 1, Hispanic and Francophone Regions*, Amsterdam / Philadelphia, John Benjamins Publishing Company, 1994.

— , « The Gendering of Créolité. The Erotics of Colonialism », in Maryse Condé et Madeleine Cottenet-Hage (eds), *Penser la créolité*, Paris, Karthala, 1995, pp. 21–40.

Aub-Buscher, Gertrud et Beverly Ormerod Noakes (eds), *The Francophone Caribbean Today : Language, Literature, Culture*, Barbade, Jamaïque, Trinité-et-Tobago, University of the West Indies Press, 2003.

Augé, Marc, *Non-Lieux, Introduction à une anthropologie de la surmodernité*, Paris, Seuil, 1992.

Bachelard, Gaston, *La poétique de l'espace*, Paris, Presses Universitaires de France, 1973.

Balutansky, Kathleen M. et Marie-Agnès Sourieau (eds), *Caribbean Creolization. Reflections on the Cultural Dynamics of Language, Literature, and Identity*, Floride, Barbade, Jamaïque, Trinité-et-Tobago, University Press of Florida et University of the West Indies Press, 1998.

Barthes, Roland, *Œuvres complètes*, *Tome 1 1942–1965*, Paris, Seuil, 1993.

Bébel-Gisler, Dany, *La Langue créole force jugulée. Etude socio-linguistique des rapports de force entre le créole et le français aux Antilles*, Paris et Montréal, L'Harmattan et Nouvelle Optique, 1981.

Bédarida, Catherine, « Ecrire l'esclavage », *Le Monde des livres*, 16261, 9 mai 1997, p. iii.

Benhaddouche, Ali et Georges Para, « Un marché du travail toujours fragile », *Antiane-Eco*, 56, juin 2003 (http://www.insee.fr/fr/insee_régions /guyane/publi/AE56_Activité_chomage.htm).

Benítez-Rojo, Antonio, *The Repeating Island : the Caribbean and the Postmodern Perspective*, trad. James Maraniss, Durham, Duke University Press, 2e édition, 1996.

Benoist, Jean, « L'étude anthropologique des Antilles », in Benoist, Jean (ed.), *L'Archipel inachevé. Culture et société aux Antilles françaises*, Montréal, Les presses de l'Université de Montréal, 1972, pp. 17–55.

Berthelot, Jack et Martine Gaumé, *Kaz antiyé jan moun ka rété. L'Habitat populaire aux Antilles*, Point-à-Pître, Perspectives Créoles, Ca. 1982.

— , « La dimension créole des architectures antillaises », *Les Temps Modernes*, 441–2, avril-mai 1983, pp. 2108–25.

Bhabha, Homi, *The Location of Culture*, Londres et New York, Routledge, 1994.

Bauman, Zygmunt, *Intimations of Postmodernity*, Londres, Routledge, 1992.

Bongie, Chris, *Islands and Exiles : The Creole Identities of Post/Colonial Literatures*, Stanford, Stanford University Press, 1998.

Bourdieu, Pierre, *Le Sens pratique*, Paris, Editions de Minuit, 1980.

Britton, Celia, *Edouard Glissant and Postcolonial Theory : Strategies of Language and Resistance*, Charlottesville, University Press of Virginia, 1999.

— , *Race and the Unconscious. Freudianism in French Caribbean Thought*, Oxford, Legenda, 2002.

Burton, Richard D. E., *Le Roman marron : études sur la littérature martiniquaise contemporaine*, Paris et Montréal, L'Harmattan, 1997.

Butler, Judith, « Performative Acts and Gender Constitution : an Essay in Phenomenology and Feminist Theory », *Theatre J*, 40, 4, 1988, pp. 519–31.

— , *Bodies that Matter : on the Discursive Limits of « Sex »*, New York & Londres, Routledge, 1993.

Cailler, Bernadette, « Edouard Glissant : a Creative Critic », *World Literature Today*, 63, 4, automne 1980, pp. 589–92.

— , *Conquérants de la nuit nue : Edouard Glissant et l'H(h)istoire antillaise*, Tübingen, Gunter Narr Verlag, 1988.

Caldwell, Roy Chandler Jr, « For a Theory of the Creole City. *Texaco* and the Postcolonial Postmodern » in Mary Gallagher (ed.), *Ici-là. Space and Displacement in Caribbean Writing in French*, Amsterdam, Rodopi, 2003, pp. 26–39.

Callaloo, numéro spécial sur la Guadeloupe et la Martinique sous la direction de Maryse Condé, 15, 1, 1992.

Caruth, Cathy, *Unclaimed Experience. Trauma, Narrative, and History*, Baltimore, Johns Hopkins University Press, 1996.

Catalogue de l'Ecomusée de la Martinique, Fort-de-France, s.n., s.d. (c. 1999).

Césaire, Aimé, *Cahier d'un retour au pays natal*, Paris et Dakar, Présence africaine, 1956.

— , *Discours sur le colonialisme*, Paris et Dakar, Présence africaine, 1950.

— , *Et les chiens se taisaient*, Paris et Dakar, Présence africaine, 1989.

Césaire, Suzanne, « Malaise d'une civilisation », *Tropiques*, 5, 3, avril 1942, pp. 43–9.

Chancé, Dominique, *L'Auteur en souffrance. Essai sur la position et la représentation de l'auteur dans le roman antillais contemporain (1981–1992)*, Paris, Presses Universitaires de France, 2000.

— , « De *Chronique des sept misères* à *Biblique des derniers gestes*, Patrick Chamoiseau est-il baroque ? », *Modern Language Notes*, 118, 2003, pp. 867–94.

Chivallon, Christine, « Eloge de la 'spatialité' : conceptions des relations à l'espace et identité créole chez Patrick Chamoiseau », *ASCALF Yearbook*, I, 1996, pp. 24–45.

— , *Espace et identité à la Martinique. Paysannerie des mornes et reconquête collective 1840–1960*, Paris, CNRS Editions, 1998.

Cixous, Hélène, « Le Sexe ou la tête ? », *Les Cahiers du Grif*, 13, octobre 1976, pp. 5–15.

Condé, Maryse, « Order, Disorder, Freedom and the West Indian Writer », *Yale French Studies*, 83, 2, 1993, pp. 121–35.

Confiant, Raphaël, *Aimé Césaire, une traversée paradoxale du siècle*, Paris, Stock, 1993.

— , *Dictionnaire de créole martiniquais*, ouvrage actuellement disponible uniquement en ligne à http://www.palli.ch/~kapeskreyol/dictionnaire .html

Corvol, Andrée, « La Forêt », in P. Nora, *Les Lieux de Mémoire*, Tome 3, *Les France*, 1ière partie *Conflits et partages*, Paris, Gallimard, 1992, pp. 672–737.

Crété, Liliane, *La Traite des nègres sous l'Ancien Régime*, Paris, Perrin, 1989.

Dash, Michael, « Introduction », in Edouard Glissant, *Caribbean Discourse : Selected Essays*, trad. J. Michael Dash, Charlottesville et Londres, University Press of Virginia, 1989, pp. i–xlvii.

de Beauvoir, Simone, *Le Deuxième sexe*, Tome I, Paris, Gallimard, 1949.

de Ceccaty, René, « Chamoiseau, guerrier de la douceur », *Le Monde* (supplément *Le Monde des livres*), 11 janvier 2002, p. IV.

de Certeau, Michel, *L'Invention du quotidien I & II*, Paris, Gallimard (Folio Essais), 1990 & 1994.

Degras, Priska, « La Littérature caraïbe francophone : esthétiques créoles », *Notre Librairie, Cinq ans de littératures 1991–1995 Caraïbes 1*, 127, 1996, pp. 6–17.

Delas, Daniel, « Etre ou ne pas être un écrivain créole aujourd'hui », *Notre Librairie, Cinq ans de littératures 1991–1995 Caraïbes 1*, 127, 1996, pp. 62–9.

Delbo, Charlotte, *Auschwitz et après*, 3 tomes, Paris, Editions de Minuit, 1970–1971.

— , *La Mémoire et les jours*, Paris, Berg International, 1995.

De l'Orme, Jean-Claude, « Les Transformations économiques et sociales d'un marché martiniquais », in Jean Benoist (ed.), *L'Archipel inachevé. Culture et société aux Antilles françaises*, Montréal, Les Presses de l'Université de Montréal, 1972, pp. 321–34.

Delpech, Catherine et Maurice Roelens, *Société et littérature antillaises aujourd'hui. Actes de la rencontre de novembre 1994 (Université de Perpignan)*, *Cahiers de l'Université de Perpignan*, 25, 1997.

Deltel, Danielle, « La Créativité du créole dans le roman de langue française : Patrick Chamoiseau et Axel Gauvin », in Paul Aron et al, Centre de Recherches Interdisciplinaires sur les Textes Modernes (Université Paris X-Nanterre), *Convergences et divergences dans les littératures francophones*, Paris, L'Harmattan, 1989, pp. 182–200.

Dumont, Jacques, « Le Sport : une entrée dans l'histoire antillaise », in Lucien Abenon, Danielle Bégot et Jean-Pierre Sainton (eds) *Construire l'histoire antillaise. Mélanges offerts à Jacques Adelaïde-Merlande*, Paris, Editions du CTHS, 2002, pp. 335–50.

Eliade, Mircea (ed.), *The Encyclopedia of Religion*, New York, Macmillan, 1987.

— , *Aspects du mythe*, Paris, Gallimard, 1963.

— , *Mythes, rêves et mystères*, Paris, Gallimard, 1957.

Fanon, Frantz, *Peau noire, masques blancs*, Paris, Seuil, 1995.

Fredj, Jacques, « L'Assimilation dans l'histoire antillaise », *Les Temps Modernes*, 441–2, avril-mai 1983, pp. 1836–52.

Freud, Sigmund, *Moïse et le monothéisme*, trad. Anne Berman, Paris, Gallimard, Série « NRF Idées », 1948.

Fulton, Dawn, « *Romans des Nous* : The First Person Plural and Collective Identity in Martinique », *The French Review*, 76, 6, mai 2003, pp. 1104–14.

Gallagher, Mary, « Whence and Whither the French Caribbean Créolité Movement ? », *ASCALF Bulletin*, 1994, pp. 3–18.

— , (ed.), *Ici-là. Space and Displacement in Caribbean Writing in French*, Amsterdam, Rodopi, 2003.

— , *Soundings in French Caribbean Writing since 1950 : The Shock of Space and Time*, Oxford, Oxford Univerity Press, 2003.
— , « Contemporary French Caribbean Poetry : The Poetics of Reference », *Forum for Modern Language Studies*, numéro spécial *Caribbean Connections* sous la direction de Lorna Milne, 40, 4, octobre 2004, pp. 451–62.
Gary, Romain (Emile Ajar), *La Vie devant soi*, Paris, Gallimard, 1982. Ed. Folio no. 1362.
Genette, Gérard, *Figures III*, Paris, Seuil, 1972.
Gilroy, Paul, *The Black Atlantic : Modernity and Double Consciousness*, Londres, Verso, 1993.
Glissant, Edouard, *Poétique de la Relation*, Paris, Gallimard, 1990.
— , *Tout-monde*, Paris, Gallimard, 1993. Ed. Folio, no. 2744.
— , *La Lézarde*, Paris, Seuil (Points), 1995.
— , *Faulkner, Mississipi*, Paris, Stock, 1996.
— , *Introduction à une poétique du divers*, Paris, Gallimard, 1996.
— , *Le Discours antillais*, Paris, Gallimard, 1997. Ed. Folio Essais no. 313.
— , *Mahagony*, Paris, Gallimard, 1997.
— , *Malemort*, Paris, Gallimard, 1997.
— , *Le Quatrième siècle*, Paris, Gallimard, 1997.
— , *La Case du commandeur*, Paris, Gallimard, 1997.
Gosson, Renée, « For What the Land Tells. An Ecocritical Approach to Patrick Chamoiseau's *Chronicle of the Seven Sorrows* », *Callalloo*, 26, 1, 2003, pp. 219–34.
Hanout, Florence, « L'Imaginaire tellurique dans un passage de *Chronique des sept misères* de Patrick Chamoiseau », *Recherches sur l'imaginaire*, XXII, 1991, pp. 239–55.
Haigh, Sam (ed.), *An Introduction to Caribbean Francophone Writing : Guadeloupe and Martinique*, Oxford, Berg, 1999.
Hall, Stuart, et Paul Du Gay, *Questions of Cultural Identity*, Londres, Sage, 1996.
Hazaël-Massieux, Marie-Christine, « *Chronique des sept misères* : une littérature en français régional pour les Antilles », *Antilla Spécial*, 11, 1988, pp. 13–21.
— , *Ecrire en créole : oralité et écriture aux Antilles*, Paris, L'Harmattan, 1993.
Hearn, Lafcadio, *Trois fois bel conte. Avec le texte original en créole français*, Vaduz, Calivran, 1978.
Henry-Valmore, Simone, « Une Figure de l'imaginaire antillais : le quimboiseur », *Les Temps Modernes*, 441–2, avril-mai 1983, pp. 2090–107.

hooks, bell, *Talking Back : Thinking Feminist, Thinking Black*, Boston, South End, 1989.

Janet, Pierre Marie-Félix, *Les Médications psychologiques : études historiques, psychologiques et cliniques sur les méthodes de la psychothérapie*, 3 tomes., Paris, F. Alcan, 1919–1925.

Jolivet, Marie-José, « Les Cahiers de Marie-Sophie Laborieux existent-ils ? ou du rapport de la créolité à l'oralité et à l'écriture », *Cahiers des Sciences Humaines*, 29, 4, 1993, pp. 795–804.

Kandé, Sylvie, « Les 'Créolistes' : des post-césairiens ou des anti-césairiens? », *Notre Librairie, Cinq ans de littératures 1991–1995 Caraïbes 1*, 127, 1996, pp. 70–82.

— , (ed.), *Discours sur le métissage, identités métisses : en quête d'Ariel*, Paris, L'Harmattan, 1999.

Karibèl Magazine, numéro spécial sur Patrick Chamoiseau, 3, novembre-décembre 1992.

Kemedjio, Cilas, « De *Ville cruelle* de Mongo Beti à *Texaco* de Patrick Chamoiseau : Fortification, ethnicité et globalisation dans la ville postcoloniale », *L'Esprit Créateur*, XLI, 3, automne 2001, pp. 136–50.

— , « La femme antillaise face au faubourg et à la durcification dans *Texaco* de Patrick Chamoiseau et *Mélody des faubourgs* de Lucie Julia », *LittéRéalité*, XI, 2, automne/hiver 1999, pp. 31–47.

Kesteloot, Lilyan, *Histoire de la littérature négro-africaine*, Paris, Karthala, 2001.

Khalfa, Jean, « The Discrete and the Plane : Virtual Communities in Caribbean Poetry in French », *Mantis*, 1, 2000, pp. 147–88.

— , « 'Corps perdu' : A Note on Fanon's *Cogito* », *Forum for Modern Language Studies*, numéro spécial *Caribbean Connections* sous la direction de Lorna Milne, 40, 4, octobre 2004, pp. 426–37.

Kirmayer, Laurence J., « Landscapes of Memory : Trauma, Narrative, and Dissociation », in Paul Antze et Michael Lambek (eds), *Tense Past : Cultural Essays in Trauma and Memory*, New York et Londres, Routledge, 1996, pp. 173–98.

Krouzek, Nicol Rainer, *L'Echo de sa parole : étude sur les récits subordonnés dans deux romans de Patrick Chamoiseau*, Mémoire de Maîtrise inédit, Université de Vienne, 1998.

Kugelmass, Jack, « Missions to the Past : Poland in Contemporary Jewish Thought and Deed », in Paul Antze et Michael Lambek (eds), *Tense Past : Cultural Essays in Trauma and Memory*, New York et Londres, Routledge, 1996, pp. 199–214.

« La Martinique retrouvée », signé Jo S., *Le Monde*, 12 février, 1986 ; reproduit dans *Antilla Spécial*, 11, juin-juillet 1988, p. 12.

Labat, Jean-Baptiste, *Voyage aux îles : Chronique aventureuse des Caraïbes : 1693–1705*, Paris, Livre de poche, 1998.

Lang, Georges, « Kribich, 'cribiche' ou écrevisse ? L'avenir de L'*Eloge de la créolité* », in Paul Aron et al, Centre de Recherches Interdisciplinaires sur les Textes Modernes (Université Paris X-Nanterre), *Convergences et divergences dans les littératures francophones*, Paris, L'Harmattan, 1989, pp. 170–81.

Larché, Jacques, et al, *Guadeloupe, Guyane, Martinique, La Réunion : la départementalisation à la recherche d'un second souffle*. Rapport d'information 366 – commission des lois, Le Sénat français, 1999.

Le Brun, Annie, *Pour Aimé Césaire*, Paris, Jean-Michel Place, 1994.

— , *Statue cou coupé*, Paris, Jean-Michel Place, 1996.

Lefebvre, Henri, *Le Droit à la ville* et *Espace et Politique*, Paris, Anthropos, 1972.

Letchimy, Serge, *De l'habitat précaire à la ville : l'exemple martiniquais*, Paris, L'Harmattan, 1992.

Levallois, Anne, « Histoire et trauma dans les écrits autobiographiques des écrivains antillais. La fonction de l'écriture dans l'appropriation d'une histoire pleine de 'bruit et de fureur' », in Jean-François Chiantaretto (ed.), *Ecriture de soi et trauma*, Paris, Anthropos, 1998, pp. 75–86.

Lirus, Julie, *Identité antillaise : contribution à la connaissance psychologique et anthropologique des Guadeloupéens et des Martiniquais*, Paris, Editions Caribéennes, 1979.

Ludwig, Ralph (ed.), *Ecrire la parole de nuit. La nouvelle littérature antillaise*, Paris, Gallimard, 1994.

Martinez, Victor, « La Pensée du *Tout-monde* dans l'œuvre d'Edouard Glissant », in Catherine Delpech et Maurice Roelens, *Société et littérature antillaises aujourd'hui. Actes de la rencontre de novembre 1994 (Université de Perpignan)*, *Cahiers de l'Université de Perpignan*, 25, 1997, p. 154–5.

Maximin, Collette, *Littératures caribéennes comparées*, Point-à-Pitre et Paris, Jasor-Karthala, 1996.

McCusker, Maeve, « Telling Stories / Creating History : Patrick Chamoiseau's *Texaco* », *The ASCALF Year Book*, 3, 1998, pp. 23–33.

— , « Translating the Creole Voice : from the Oral to the Literary tradition in Patrick Chamoiseau's *Texaco* », in Christopher Shorley et Maeve McCusker (eds), *Reading Across the Lines*, Dublin, The Royal Irish Academy, 2000, pp. 117–27.

— , « No Place Like Home? Constructing an Identity in Patrick Chamoiseau's *Texaco* », in Mary Gallagher (ed.), *Ici-là. Space and Displacement in Caribbean Writing in French*, Amsterdam, Rodopi, 2003, pp. 41–60.

— , « 'This Creole Culture, Miraculously Forged' : the Contradictions of Créolité », in Charles Forsdick et David Murphy (eds), *Francophone*

Postcolonial Studies. A Critical Introduction, Londres, Arnold, 2003, pp. 112–21.

— , « 'Troubler l'ordre de l'oubli' : Memory and Forgetting in French Caribbean Autobiography of the 1990s », *Forum for Modern Language Studies*, numéro spécial *Caribbean Connections* sous la direction de Lorna Milne, 40, 4, octobre 2004, pp. 438–50.

Memmi, Albert, *Portrait du colonisé. Portrait du colonisateur*, Paris, Gallimard, 1985.

Ménager, Serge, « Topographie, texte et palimpseste : *Texaco* de Patrick Chamoiseau », *The French Review*, 68, 1, octobre 1994, pp. 61–8.

Milne, Lorna, « From Créolité to Diversalité : the Postcolonial Subject in Patrick Chamoiseau's *Texaco* », in Paul Gifford et Johnnie Gratton (eds), *Subject Matters. Subject and Self in French Literature from Descartes to the Present*, Amsterdam, Rodopi, 2000, pp. 162–80.

— , « Sex, Gender and the Right to Write : Patrick Chamoiseau and the 'Erotics of Colonialism' », *Paragraph*, numéro spécial *Francophone Texts and Postcolonial Theory*, sous la direction de Celia Britton et Michael Syrotinski, 24, 3, novembre 2001, pp. 59–75.

— , « The *marron* and the *marqueur*. Physical Space and Imaginary Displacements in Patrick Chamoiseau's *L'Esclave vieil homme et le molosse* », in Mary Gallagher (ed.), *Ici-là. Space and Displacement in Caribbean Writing in French*, Amsterdam, Rodopi, 2003, pp. 61–82.

— , « Metaphor and Memory in the Work of Patrick Chamoiseau », *L'Esprit créateur*, numéro spécial *Configurations of Memory in Postcolonial Narratives*, sous la direction de Bernard Aresu, XLIII, 1, printemps 2003, pp. 90–100.

— , « Introduction », *Forum for Modern Language Studies*, numéro spécial *Caribbean Connections* sous la direction de Lorna Milne, 40, 4, octobre 2004, pp. 357–64.

Mitchell, Jon P., « Performances of Masculinity in a Maltese *Festa* », in Felicia Hughes-Freeland et Mary M. Crain, *Recasting Ritual : Performance, Media, Identity*, Londres & New York, Routledge, 1998, pp. 68–92.

Modiano, Patrick, *La Place de l'étoile*, Paris, Gallimard, 1975. Ed. Folio no. 698.

— , *La Ronde de nuit*, Paris, Gallimard, 1976. Ed. Folio no. 835.

— , *Les Boulevards de ceinture*, Paris, Gallimard, 1976. Ed. Folio no. 1033.

Morris, Rosalind C., « All Made Up : Performance Theory and the New Anthropology of Sex and Gender », *Annual Review of Anthropology*, 24, 1995, pp. 567–92.

Moudileno, Lydie, *L'Ecrivain antillais au miroir de sa littérature : mises en scène et mises en abyme du roman antillais*, Paris, Karthala, 1997.

Neumann, Erich, *The Great Mother,* trad. Ralph Manheim, Londres, Routledge & Kegan Paul, 1972.

— , *The Origins and History of Consciousness*, trad. R. F. C. Hull, Princeton, Princeton University Press, 1973.

Nora, Pierre (ed.), *Les Lieux de mémoire*, 7 tomes, Paris, Gallimard, 1984–1992.

N'Zengou-Tayo, Marie-José, « Littérature et diglossie : créer une langue métisse ou la 'chamoisification' du français dans *Texaco* de Patrick Chamoiseau », *Traduction, terminologie, rédaction*, 9, 1, 1996, pp. 155–76.

— , « The Martinican Writers of the *Créolité* Movement and History », in Gertrud Aub-Buscher et Beverley Ormerod Noakes (eds), *The Francophone Caribbean Today : Literature, Language, Culture*, Barbade, Jamaïque, Trinité-et-Tobago, University of the West Indies Press, 2003, pp. 125–36.

Perec, Georges, *W ou le souvenir d'enfance*, Paris, Gallimard, 1997. Ed. L'Imaginaire no. 293.

Perret, Delphine, *La Créolité – espace de création*, Guadeloupe, Guyane, Martinique, Réunion & Paris, Ibis Rouge, 2001.

Pineau, Gisèle et Marie Abraham, *Femmes des Antilles : traces et voix*, Paris, Stock, 1998.

Pineau, Gisèle, *L'Ame prêtée aux oiseaux*, Paris, Stock, 1998.

Relouzat, Raymond, *Tradition orale et imaginaire créole*, Martinique, Ibis Rouge, 1998.

Rochmann, Marie-Christine, *L'Esclave fugitif dans la littérature antillaise*, Paris, Karthala, 2000.

Rosello, Mireille, *Littérature et identité créole aux Antilles*, Paris, Karthala, 1992.

Saint-John Perse, *Anabase*, Paris, Gallimard, 1948.

Saïd, Edward, *Culture et Impérialisme*, trad. Paul Chemla, Paris, Fayard, 2000.

Scarpetta, Guy, « La Légende de la Caraïbe », *Le Monde Diplomatique*, février 2002, p. 29.

Schama, Simon, *Le paysage et la mémoire*, trad. José Kamoun, Paris, Seuil, 1999.

Scharfman, Ronnie, « Towards a Poetics of Hybridity », in Sylvie Kandé (ed.), *Discours sur le métissage, identités métisses : en quête d'Ariel*, Paris, L'Harmattan, 1999, pp. 191–207.

Schwarz-Bart, André, *La Mulâtresse Solitude*, Paris, Seuil, 1972.

Segalen, Victor, *Essai sur l'exotisme : une esthétique du divers*, Paris, Le Livre de poche, 1999.

Sellin, Eric, « A Congruence of Landscape and the Mind Or, the Cartography of the Colonized Psyche », *The Literary Review*, 39, 1995, pp. 492–502.

Soja, Edward, *Thirdspace. Journeys to Los Angeles and Other Real-and-Imagined Places*, Cambridge, Mass. et Oxford, Blackwell, 1996.

Suk, Jeannie, *Postcolonial Paradoxes in French Caribbean Writing : Césaire, Glissant, Condé*, Oxford, Clarendon, 2000.

Tate, Claudia, *Psychoanalysis and Black Novels : Desire and the Protocols of Race*, New York et Oxford, Oxford University Press, 1998.

Taylor, John, « Rabelais in Martinique », *Times Literary Supplement*, 10 octobre 1997, p. 32.

Toumson, Roger, *La Transgression des couleurs. Littérature et langage des Antilles (XVIIIe, XIXe, XXe siècles)*, 2 Tomes, Paris, Editions Caribbéennes, 1989.

— , « Blancs créoles et nègres créoles : généalogie d'un imaginaire colonial », *Portulan*, 1, février 1996, pp. 71–84.

Tournier, Michel, *Le Roi des aulnes*, Paris, Gallimard, 1972.

Turner, Victor, *Le Phénomène rituel : structure et contre-structure*, trad. Gérard Guillet, Paris, Presses Universitaires de France, 1990.

— , *The Anthropology of Performance*, New York, PAJ Publications, 1992.

van Gennep, Arnold, *Les rites de passage : étude systématique des rites, de la porte et du seuil, de l'hospitalité, de l'adoption*, Paris, A. & J. Picard, 1981.

Vierne, Simone, *Rite, roman, initiation*, 2e édition, Grenoble, Presses Universitaires de Grenoble, 1987.

Voisset, Georges et Marc Gontard (eds), *Ecritures Caraïbes*, Série *Plurial* 10, Rennes, Presses Universitaires de Rennes, 2002.

Watts, Richard, « 'Toutes ces eaux !' : Ecology and Empire in Patrick Chamoiseau's *Biblique des derniers gestes* », *Modern Language Notes*, 118, 2003, pp. 895–910.

Wells, Catherine, *L'Oraliture dans Solibo Magnifique de Patrick Chamoiseau*, Université Laval, Québec, GRELCA, 1994.

Williams, Patrick, « 'Faire peau neuve' – Césaire, Fanon, Memmi, Sartre and Senghor », in Charles Forsdick et David Murphy (eds), *Francophone Postcolonial Studies. A Critical Introduction*, Londres, Arnold, 2003, pp. 183–91.

Yale French Studies, numéro spécial *Discourses of Jewish Identity in Twentieth-Century France* sous la direction d'Alan Astro, 85, 1994.

Index

Table des matières